U0603209

上海教育丛书

郭金华 ／ 著

探寻适合学生发展的课程

——大同中学课程改革三十年研究

上海教育出版社
SHANGHAI EDUCATIONAL
PUBLISHING HOUSE

图书在版编目（CIP）数据

探寻适合学生发展的课程：大同中学课程改革三十年研究 / 郭金华著. — 上海：上海教育出版社，2023.1
ISBN 978-7-5720-1814-5

Ⅰ.①探… Ⅱ.①郭… Ⅲ.①中学－课程改革－研究 Ⅳ.①G632.3

中国版本图书馆CIP数据核字(2022)第239761号

责任编辑　隋淑光
封面设计　陈　芸

上海教育丛书
探寻适合学生发展的课程：大同中学课程改革三十年研究
郭金华　著

出版发行　上海教育出版社有限公司
官　　网　www.seph.com.cn
地　　址　上海市闵行区号景路159弄C座
邮　　编　201101
印　　刷　上海昌鑫龙印务有限公司
开　　本　700×1000　1/16　印张 18.5　插页 3
字　　数　283 千字
版　　次　2023年1月第1版
印　　次　2023年1月第1次印刷
书　　号　ISBN 978-7-5720-1814-5/G·1656
定　　价　47.00 元

如发现质量问题，读者可向本社调换　电话：021-64373213

《上海教育丛书》编委会

顾　　问　姚庄行　袁　采　夏秀蓉　张民生
　　　　　于　漪　顾泠沅
主　　编　尹后庆
副 主 编　俞恭庆　徐淀芳
编　　委（以姓氏笔画为序）
　　　　　王　浩　仇言瑾　史国明　孙　鸿
　　　　　苏　忱　杨振峰　吴国平　宋旭辉
　　　　　邵志勇　金志明　周　飞　周洪飞
　　　　　郑方贤　赵连根　贾立群　缪宏才

《上海教育丛书》历届编委会

1994 年至 2001 年

主　　编　吕型伟

副 主 编　姚庄行　袁　采　张民生　刘元璋(常务)

编　　委　于　漪　刘期泽　俞恭庆　江晨清　陆善涛　陈　和
　　　　　樊超烈

2002 年至 2007 年

主　　编　吕型伟

副 主 编　姚庄行　袁　采　张民生　刘元璋　夏秀蓉　樊超烈

编　　委(以姓氏笔画为序)

　　　　　于　漪　王厥轩　尹后庆　冯宇慰　刘期泽　江晨清
　　　　　陆善涛　陈　和　俞恭庆　袁正守

2008 年至 2014 年

顾　　问　李宣海　薛明扬

主　　编　吕型伟

执行主编　夏秀蓉

副 主 编　姚庄行　袁　采　张民生　尹后庆　刘期泽　于　漪

编　　委(以姓氏笔画为序)

　　　　　王厥轩　王懋功　仇言瑾　史国明　包南麟　宋旭辉
　　　　　张跃进　陈　和　金志明　赵连根　俞恭庆　顾泠沅
　　　　　倪闽景　徐　虹　徐淀芳　黄良汉

总　序

　　建设一流城市，需要一流教育。办好教育，最根本的是要建设好教师队伍和学校管理干部队伍。

　　在长期的教育实践中，上海市涌现了一大批长期耕耘在教育第一线呕心沥血、努力探索，积累了丰富经验的优秀教师；涌现了一批领导学校卓有成效，有思想、有作为的优秀教育管理工作者。广大优秀教育工作者教育教学和管理工作的经验，凝聚着他们辛勤劳动的心血乃至毕生精力。为了帮助他们在立业、立德的基础上立言，确立他们的学术地位，使他们的经验能成为社会的共同财富，1994年上海市领导决定，委托教育部门负责整理这些经验。为此，上海市教育局、上海市中小学幼儿教师奖励基金会组织成立《上海教育丛书》编辑委员会，并由吕型伟同志任主编，自当年起出版《上海教育丛书》（以下称《丛书》）。1995年上海市教育委员会成立后，要求继续做好《丛书》的编辑出版工作。2008年初，经上海市教育委员会领导同意，调整和充实了《丛书》编委会，并确定夏秀蓉同志任执行主编，协助主编工作。2014年底，经上海市教育委员会领导同意，调整和充实了《丛书》编委会，确定尹后庆同志担任主编。《丛书》的内容涵盖了基础教育和中等职业教育的各个方面，包含有较高理论水平和学术价值的著作，涉及中小学教育、学前教育、师范教育、职业教育、校外教育和特殊教育，以及学校的领导管理与团队工作，还有弘扬祖国优秀文化、促进国际教育交流等方面的著作，体现了上海市中小学教育改革与发展的轨迹，体现了上海市中小学教育办学的水平与质量，体现了优秀教师和教育工作者的先进教育思想与丰富的实践经验。《丛书》出版后，受到广大教师、教育工作者及社会的欢迎。

　　为进一步搞好《丛书》的出版、宣传和推广工作，对今后继续出版的《丛书》，我们将结合上海教育进入优质均衡、转型发展新时期的特点,更加注重反映教育改革前沿的生动实践,更加注重典型性、实用性和可读性。希望《丛书》反映的教育思想、理念和观点能起到抛砖引玉的作用,引发大家的思考、议论和争鸣;更希望在超前理念、先进思想的统领下创造出的扎实行动和鲜活经验,能引领当前的教育教学改革工作,使《丛书》成为记录上海教育改革历程和成果的历史篇章,成为广大教师和教育工作者的良师益友。限于我们的认识和水平,《丛书》会有疏漏和不尽如人意之处,诚恳地希望广大读者提出宝贵意见,帮助我们共同把《丛书》编好。

《上海教育丛书》编委会

2022 年 3 月

序

　　提起上海市大同中学，上海基础教育的同行多不陌生，他们的办学经验也曾经在《上海教育丛书》中反映过，而我却仍然希望我们的教育丛书能聚焦大同中学的课程改革，完整梳理三十多年的发展历程。为什么我会特别看重大同中学的课改经历呢？这要从上海教育的拨乱反正说起。

　　党的十一届三中全会召开之后，我国教育界虽然经历了整顿教育秩序和恢复高考工作，并且开始了拨乱反正的进程，但是对于基础教育的发展方向和目标的认知却还停留在"努力恢复十七年"（指自1949年中华人民共和国成立至"文革"开始的1966年所经历的17年）的水平上。当时提出教育工作的重点转移还只是从"政治运动"转为"提高质量"，至于什么是质量，为什么要提高质量，并没有深入的战略性思考，还处于"为教育而教育"的狭隘观念和封闭、凝固的思想状态之中。

　　1983年邓小平同志为北京景山学校题词"教育要面向现代化，面向世界，面向未来"，其思考教育问题的视野和气魄可谓石破天惊，震撼着教育界，被誉为教育的"三个面向"。"三个面向"题词既是对教育适应党工作重点转移和全面进行社会主义现代化建设的指引，更是小平同志为我国长远的教育改革和发展指明的根本方向，提出的正确的战略方针和明确的改革任务。上海敏锐地抓住"三个面向"题词发表的机会，全力推动教育界学习题词，解放思想，更新观念，进而推动教育的突破性改革。

　　自此，上海教育改革的浪潮风起云涌，基层学校的创新突破层出不穷。大同中学的课改探索以及许多至今仍然享誉全国乃至海外的改革典型，比如一师附小的愉快教育、闸北八中的成功教育、上海实验学校的实验探索、青浦教改的经验等,就是在"三个面向"题词指引下不断涌现和不断创造的一个又一个成果。

其中,大同中学于20世纪80年代中期起,提出从单一的学科改革推进到课程结构的整体改革,从局部、零散的改革走向系统整体的改革,并于1987年开展了"减少必修课,增加选修课,加强活动课"的高中课程结构整体改革的实验,从必修、选修、活动层面开启了剖析课程的认识和深化课程的实践。当时的上海市教育局一直支持和推动大同中学的课程改革,帮助学校不断对课程方案进行提炼和调整,也不断积蓄并酝酿着全市教育改革的推进步伐。

1988年,上海市推出了面向21世纪的基础教育课程改革。上海之所以坚定而勇敢地在全国率先和主动地进行课改有三大动因:一是基于上海教育改革"先一步、高一层"的目标定位;二是基于现代化建设和未来社会发展对人才素质的紧迫需求;三是基于此前一些学校广泛开展的改革实践已经为全市整体系统的全面改革奠定了必要的基础,其中大同中学的课改探索就极其宝贵。

课程改革是关乎国家、民族和地区未来的大事,关乎每一个孩子的终身发展,也是关乎从宏观决策到微观实施各个环节的重大命题。它具有内在的专业属性且牵一发而动全身,它的神经末梢落在每一所学校、每一个课堂的师生互动中;它的系统运行需要强有力的心脏搏动,需要有效的政策设计和机制保障,还需要学校创造性、针对性的探索,为面上的改革提供样本依据。大同中学的可贵之处不仅是义无反顾地率先进行课程改革的大胆探索,并且在课程改革的每个阶段都取得了突破性、标志性的成果,从而成为上海课程改革的一面旗帜。

本书稿系统梳理了大同中学从1987年启动高中课程结构整体改革实验到2022年落实国家"双新"改革实践三十五年的课程改革历程,是大同中学课程改革的一部发展史,是几代大同人课程改革的探寻之旅、反思之旅和创新之旅。从"减少必修课,增加选修课,加强活动课"课程结构改革的启程,到基于"基础型、拓展型、研究型"课程校本化实践的发展;从学校课程实施中学习时空的有限性,到课程资源的丰富性、基础标准的共同性以及学生个性发展多样化的破解之道;从教师教学的集体性与学生学习的个别化中的路径选择;从国家课程的落实,到学校实施特色培育之间的课程统整与深化;从高考新政背景下学校课程供给改革的重构,到五育融合体系的构建,等等,可谓全方位、全历程地再现了大同中学走过的课程改革探索之路。

　　大同中学的课程探索不仅还原了上海课程改革走过的历程,彰显了课程改革所倡导的"以学生发展为本"的理念,还突出地反映了其自身的特点。

　　其一,是坚持课程改革与育人目标的自觉统一。大同中学虽然很早就主动投入到课程改革探索中,却并没有把课改看成是学校的符号,而是始终把育人作为办学和课改的目标,在"笃学敦行,立己达人"办学思想的引领下,着意培养新时代的建设者和接班人。大同从一开始就提出了"全面贯彻教育方针,使学生德智体美劳全面发展;面向全体学生,使各种层次的学生全面开花;全体教职工要对学生全面负责"的"三全思想",随即强调要"全面发展,学有特长""坚持和谐发展,全面提高素质,健康发展个性,培养四有新人",提出"学会做人,学会学习,学会生活,学有特长",进而提出"人格健全,学力出众",以及"人格健全、才学出众、科学思维、国际视野",乃至"五大素养、八大能力"。不难发现,学校在发展的不同阶段的培养目标在表述上虽有所差异,但指向都十分明确,坚持育人为本,促进学生全面而有个性地发展。其共同的追求在于始终把人的"全面发展,学有特长"作为育人的主旋律,始终把德育放在育人的首位,始终把学生学习能力、创新能力和实践能力作为学生发展的重点。

　　其二,是把课程改革与学校自身的发展紧密结合在一起。课程改革之所以会成为世界范围教育改革关注的重点,在于它上承国家意志,下涉国民素养和个体幸福,而这些诉求的实现集中落实在学校场域中,这就是我们强调课程领导力的原因所在。大同中学作为一所历史名校,既没有躺在名校的荣誉和光环之上,也没有躲在历史的阴影和压力底下,而是守正创新,以课程改革为引擎,不断落实育人目标,不断提升办学品质,不断彰显办学特色,不断解决现实问题,引导学校持续健康发展。我们可以看到,"坚持课程改革,实践现代教育"的传统被大同历任校长继承下来,一茬接着一茬干,不断地去研究学生成长和教育发展的规律,不断地去开拓立德树人的路径,不断探寻适合学生成长的课程。在传承中创新,在创新中突破。

　　多年前,我曾经论述过《21世纪历史名校的使命》。我认为学校之"名","名"在文化传统的赓续和面向未来的开拓,名在校长、教师、学生活跃的思维品质和无限潜能的挖掘,名在学校不断地在把握从历史走向未来进程中的创新。大同中学作为一所历史名校,三十多年的课改经历表明它能及时意识到身边已经、正在和将要发生的变化,能够积极主动调整办学目标并建构实现目标的运行方式;能够尽力创设宽广的空间,让每一位学生的个性得到积极的发展,让每一位学生的潜能得到充分的发挥;能够创造更多的机会让学生体验丰富的人生;也能够让教师成为学生人格发展的促进者,把学校成员焕发的精神转换成富有生机的教育行为。

其三,是把握学校课程实践的内在逻辑,注重系统整体地推进学校变革。在当代,课程概念的外延虽然有日益泛化的趋势,但课程改革并不是学校教育中的孤立事件,学校课程领导力的充分实现需要确立系统思维和整体推进,这是学校课程实践的内在逻辑。通过本书,我们既可以看到大同中学在各个不同的发展阶段领悟教育改革的要求所提出的课改思想,又能清晰地感受到课程理论不断深化的发展脉络,同时还能领略到学校对于课程统整的驾驭和系统推进课程的特征,这些都殊为可贵。

唯愿已有110年历史的大同中学能够在"勇立潮头唱大风"中不断与时俱进,敢想、敢试、敢为样本,在深化课程改革的进程中永葆历史名校的青春!

是为序。

2022 年 12 月

目录

解密赋能学校内涵发展的课程"基因"

课程是教育活动的基本构成和核心构成,课程领域的变革,是学校教育改革的关键与核心。纵观人类社会的教育沿革历史,不论是国家层面的教育顶层设计和整体变革,还是学校层面的具体改革发展,往往都是从课程的改革入手,并最终通过课程领域理念和实践的重构得以最终实现的。

教育与人类社会共生共存,课程则与教育的存在和发展相生相伴。尽管课程的存在样态及其思想源远流长,但是课程作为一个独立的研究领域从教育的"母体"中分离出来还是 20 世纪初的事情。从当前的情况看,这种"分离"也只是相对的,因为任何层面课程的研究和实践都无法摆脱教育变革发展整体环境的制约、需求和赋能。根据美国教育史学家克雷明的研究,课程领域的研究崛起于 20 世纪"进步时期"初年。这一时期,随着教育者专业培训数量和规模的增长,有关课程编制的文献日渐增多,课程发展为一个独立的研究领域。[①] 1918年美国著名教育学者博比特出版了《课程》一书,该书的正式出版被视作课程成为一个独立研究领域的标志。[②] 因此,从某种意义上说,课程有着悠久的过去,

---

① Cremin,Lawrance. A. Curriculum-Making in the United States [J]. Teachers College Record,1971(73):207,212.

② 张华.课程与教学论[M].上海:上海教育出版社,2000.11.

但是从正统的研究范式建构上看,"它只有短暂的历史"①。

正统的课程研究尽管历史不长,却在 20 世纪得到了快速的发展,除博比特之外,还涌现出查特斯、拉尔夫·泰勒、施瓦布等课程研究"大牛",科学化课程开发理论、学术中心课程理论、实践性课程开发理论等次第登场,引领了课程研究与实践此起彼伏的改革浪潮,也在客观上带来了教育教学领域的大发展,使得教育成为推动一个国家经济社会发展的最强劲动能之一。

20 世纪 70 年代以来,西方教育科学领域发生了重要的研究"范式转型",这种转型的核心是——由探究普适性的教育规律转向寻求情境化的教育意义。这种"范式转型"在课程和教学研究领域表现得尤为明显。课程研究与实践领域开始超越以"泰勒原理"为代表的具有典型的理性主义的课程开发范式,逐渐走向课程理解范式,即把课程作为一种多元"文本"来理解和建构的范式②。在这种"范式转型"之中,不仅课程研究的话语体系发生了重要的转变,"璀璨夺目、魅力四射"的课程研究成果不断出现,而且在课程建构的价值导向上也悄然发生着变化。从学生的成长需求出发,立足于学校实际,开展学校本位的课程建设与变革成为一种课程研究与实践的独特思路,并在课程变革的历史大潮中持续产生着影响。

学校本位的课程开发脱胎于施瓦布的实践性课程开发理论。按照施瓦布的理解,课程是由教师、学生、教材、环境四个要素构成的,这四个要素之间持续的相互作用便构成实践性课程的基本内涵。在施瓦布看来,实践性课程是班级或学校的完整文化,在学校和其他教育机构中,影响或改变学习者的思想、感情、观点和行为的一切都包括在课程的四个要素之中,因而是课程的合理构成部分。施瓦布在《实践 4:课程教授要做的事》一文中提出了"课程集体"的概念,认为学校应该建立由校长、社区代表、教师、学生、教材专家、课程专家、心理学家和社会学家等组成的课程集体负责课程的审议。施瓦布强调,实践性课程开发是以具体实践情境的特殊需要为核心进行的课程开发,因此,实践性课程必然植根于具体的实践环境,教师和学生是课程开发的核心。因此,施瓦布理想

① Tanner, D. & Tanner, L. N. Curriculum Development: Theory into Practice [M]. New York: Macmillan,1980:4.

② [日]佐藤学.课程与教师[M].钟启泉,译.北京:教育科学出版社,1999:1.

的课程开发基地自然是每一所学校,这种课程开发也就相应地被称作学校本位的课程开发。①

　　学校本位的课程开发催生了学校层面的课程变革,自此,校本课程、校本课程开发、校本课程变革等逐渐成为课程领域研究的"热词",通过对学校层面课程建设与改革的回溯,也能够管窥整个教育改革发展的历史进程,这种特殊的思路和研究方法正逐渐成为教育研究的"显学",并在很大程度上丰富和拓展着课程改革和学校教育整体变革的理论与实践体系。

　　教育的发展,学校的成长,必然伴随着课程改革。课程改革是一个复合词,谈论课程改革,涉及对改革和课程的不同理解和侧重。由于课程定义的多义性与不确定性,改革活动本身的复杂性、系统性和多层次性,使得人们难以对课程改革形成一个准确的定义。② 认识课程改革,首先要弄清楚什么是改革。对课程改革中"改革"的认识,不同学者分歧很大。一种有代表性的观点主张把课程改革等同于课程变革,强调课程改革是对课程的创新或概念的重建,强调课程改革是文化的转型、破旧立新的运动,是一场教育革命。③ 另一种有代表性的反对意见则认为,课程改革只能是课程的调整或微调,而非课程革命,④课程改革不能采取运动式、突变式和大跃进式的改革。⑤ 但是,不论我们以怎样的方式理解课程改革,都能够清晰地感受到这种改革背后实际上是课程理念与实践的不断推陈出新,是对制约课程和教学改革发展诸因素的不断审视和破解。正是在这一过程中,学校的课程结构不断走向合理,教学不断走向高效,学校的办学特色和品牌不断得以形成。

　　课程改革是教育理念不断得以落实的载体,也是实现学校内涵发展和持续发展的动力。新世纪以来,我国新一轮基础教育课程改革以一种全新的教育理念掀起了基础教育领域的一场革命。它立足于当代科学知识综合化的大趋势,以先进的教育理念为教材编写的立足点,以全面提高学生的综合素质为宗旨,

　　① 张华.课程与教学论[M].上海:上海教育出版社,2012:21-24.
　　② 胡定荣.课程改革历史研究的概念澄清与理论分析框架构建[J].中国教育科学,2019(6):100-114.
　　③ 钟启泉.中国课程改革:挑战与反思[J].比较教育研究,2005(12):18-23.
　　④ 王策三.保证基础教育健康发展——关于由"应试教育"向素质教育转轨提法的讨论[J].北京师范大学学报(人文社会科学版),2001(5):59-84.
　　⑤ 查有梁.论新课程改革的"软着陆"[J].教育学报,2007(2):16-23.

以培养学生的创新精神和实践能力为重点,以促进学生变被动接受式学习为主动探究式学习为突破,顺应社会的要求和时代的潮流,为每个学生的终身学习以及生活和发展奠定良好的科学基础。① 总体而言,此轮课程改革,以全新的话语体系规划了我国新世纪基础教育课程改革的蓝图,反映了当代课程理论和课程改革实践的进步趋势。它从保障每一个人的"学习权"的高度,明确提出改革的基本理念。为了中华民族的复兴,为了每位学生的发展,不仅推出了"三级课程管理"的基础教育课程政策,而且针对应试教育的弊端提出一整套推进大众主义教育的改革方略。② 如今新一轮基础教育课程改革已经开展了 20 余年,在认同其各领域丰富成就的同时,也有必要对课程改革的理念、进程、路径与结果进行反思。

课程改革的前提是变革思维方式,重建话语系统。长期以来,我国的教育理论界和实践界存在着一种对课程教学的"简单思维"偏好,总是希望得到极端的、普适的秘诀。但是实际上,每一所学校都是不同的,每一个学校的教师和学生都有着各自鲜明的特质和差异性的需求,试图通过一种"放之四海而皆准"的课程建构模式解决所有地区、所有学校的课程建设问题是不现实的。也正因为如此,课程改革的一个重要价值指向就是课程权利的重新分配,学校,学校里的教师和学生,成为重要的课程开发主体,这也在很大程度上重新强调了学校本位的课程建设与改革的重要价值。从某种程度上说,我国新一轮基础教育课程改革在实践中之所以还存在这样那样的问题,除了课程政策、课程保障、课程文化等领域存在的问题之外,更为重要的是学校层面的积极性没有得到充分的调动,基于学校课程建设与改革实践形成的个性化的、本土化的课程改革经验与范式还不够丰富。因此,在当下和未来的课程研究之中,更需要微观领域的视角和思路,通过学校层面课程建设的回顾、审视和总结反思,形成本土化、个别化的校本课程改革经验,探索具有中国特质、区域特色和学校特点的课程改革之道。

课程改革的本质是追求课程民主,要真正实现课程的民主意蕴只有将课程改革的理念落实到学校之中。正如有的研究者所说,不论国家课程还是地方课

---

① 吴滨.学校在课程改革中要处理好的几个关系[J].基础教育研究,2003(6):27.
② 钟启泉.中国课程改革:挑战与反思[J].比较教育研究,2005(12):18-23.

程,都必须回到学校这个具体的教育教学环境中才有意义。因此,从课程实践化角度而言,只存在具体化了的学校课程,而不存在什么抽象的国家课程、地方课程。在这里,学校课程体系建构的逻辑框架必须回到国家课程领域中去,任何一个国家课程领域都存在三种课程形态,即校本化的国家课程和地方课程以及体现学校独特育人价值的校本课程①。只有在学校层面扎扎实实地推动课程变革,课程的理念才能得以落实,学校的人才培养定位和目标也才能获得更为坚强的实践载体。

2020 年,国家修订和发布《普通高中课程方案》,全面推进新课程新教材实施,标志着我国新一轮课程改革的启动。新一轮课程教材改革强化了课程教材是国家事权的观念,强化了语文、思想政治和历史三科教材统编地位,强化了统一课程标准下的教材编写和教学实施。要立足教育要适应和促进社会发展的视角强化"国家意志",立足课程要适应和促进个体健康成长视角强调"校本实践"。国家课程的校本实践及学校课程建设都是"校本课程"的表现。校本实践的过程,能够最大程度上发挥国家课程的统一性与学校课程丰富性的优势。

课程改革是一场前后相继的反思之旅、探究之旅、实践之旅和创造之旅。

上海市大同中学创办于 1912 年,是首批命名的上海市实验性示范性高中。钱其琛、钱正英、曾培炎等党和国家领导人,39 位院士以及华君武、朱建华、陶璐娜等社会知名人士曾就读于此。学校地处上海世博园区,占地 50 亩,拥有 400 米标准运动场,室内体育馆,图书馆,剧场,交响乐民乐排练厅,理、化、生、体艺、电子等 20 余个专用教室及温馨的学生宿舍。大同中学设施完善,环境优美,是上海市中心城区规模最大、设施最先进的学校之一。

学校以"坚持和谐发展,全面提高素质,健康发展个性"为目标,努力使每一个学生都能够"学会做人,学会学习,学会生活,学有特长"。学校在上海率先开展课程改革,形成了成熟的课程体系和丰富的课程内容。扎实的基础型课程教学,多元化的拓展型课程选择,自主性的研究型课程及法语、德语等特色课程,丰富了学习途径,保障了学生全面而又个性化的发展。

学校积极开展国际教育交流,与美、德、英、法、瑞士、新西兰、日本等 13 个国家 30 余所知名学校结成友好学校关系。

---

① 张志勇.课程改革的本质就是课程民主[J].中国教育学刊,2014(5):1.

学校教学质量上乘,高考一本录取率保持在80%以上,每年有近百名学生进入北大、清华、人大、复旦、上海交大等国内知名高校深造,并有十多名学生被耶鲁、麻省理工等世界一流高校录取。

学校注重培养学生的综合素质与综合能力,学生在学科竞赛、科技竞赛、高校自主招生考试与面试中表现突出,每年有大批学生提前被北大、清华、上海交大、复旦等国内知名高校录取。

大同中学的发展历史,从某种程度上说,就是一部探寻适合学生发展需求的课程改革史。当今学校的功能体现在文化的传递,文化的批判、创造与更新上,学校不仅要传承人类优秀文化,更要探究、孕育和创造新质文化,这样,社会发展才能保持外在的张力和内在的生机与活力。所以,学生不仅有接受前人既定文化的权利,也有作为知识的探究者和意义的创造者来反思、批判既定文化,创造新的不确定文化的权利和义务。从这个角度出发,在终极的教育目标上来看,学校的课程建设与改革要着眼于学生的全面发展和个性的自由自主发展,[1]课程的变革也需要充分保障学生的权利,吸引学生参与,打造出真正适合学生的课程体系,这种适合,是对学生生命个性的尊重,对生命差异性的认可,对生命成长多样性的满足,也是对学生课程参与权利的保障。

立足国家意志和学生立场建构和探寻课程变革之道,既是教育本质在课程建设领域之中的显现,也是大同中学三十年课程改革之中一以贯之的"根"与"魂"。

自1987年启动课程结构整体改革实验起,上海市大同中学不为升学率所束缚,不怕种种困难。一代代大同人抓住课程改革不放手,在改革的实践中转变观念,提升水平。在三十多年的课程改革中坚持为党育人、为国育才,不断探寻适合学生发展的课程。学校每个阶段都有标志性的课程改革设想、标志性的课程改革实践和标志性的课程改革成果。

课程改革是教育发展中的普遍现象,尤其是在现当代,世界各国的课程改革已成为教育改革的主旋律。改革道路不仅决定课程改革的方向与立场,而且决定课程改革的品质、逻辑与方法。处于十字路口的课程改革迫切需要对以往改革道路进行深入、透彻的反思,为课程改革寻求出路应成为今日课程改革探

---

① 邱德乐.论学生的课程权利[J].课程·教材·教法,2015(3):48-52.

究的主题。① 特别是在中国经济社会发展进入新时代的历史方位下,如何讲好课程改革的中国故事,总结课程改革的中国经验,不仅是国内课程教学改革关注的重要命题,也是世界教育改革大潮中的重要声音。国外有学者坦言,在世纪转折之际,中国知识界要做的应该是站在中西交汇的高度,用中国概念重新诠释中国思想传统。如果不做这一工作,下一世纪中国思想传统将为西方概念所淹没,成为西方思想的附庸。② 这不是危言耸听,而是敲响了新世纪中国文化、中国思想研究的警钟,也为当下的课程改革研究提供了新的方向。应该指出的是,尽管这些年中国的课程教学研究已经在很多领域取得了长足的进步,但不可否认的是,在课程教学研究领域,西方的理论和话语体系一直占据主导地位,特别是近些年,随着西方“经典”与“新经典”教育论著以及作为教育思想之支撑的其他人文社会学科的“经典”与“新经典”学术论著越来越多地被介绍和翻译至国内,国内教育学界尤其是一些青年学人中出现了对于这些论著的一种“尊奉热”。③ 这种“尊奉热”不仅表现在学者们对西方学者概念和观点的大量引用,也较为集中地表现在对西方教育事件、人物的强烈研究兴趣。④ 这种教育研究的“西化”现象也不可避免地波及课程教学领域,研究和介绍西方课程改革思想与实践的成果在课程教学研究占据了相当比重,这种现状已经到了必须要改变的时刻。

无论课程是一种载体文化还是一种文化载体,文化与课程之间的特有关系是谁也无法遮蔽的。文化的深处未必是课程,但课程的深处一定是文化。因此,文化自信必然要求课程自信,课程自信方能彰显文化自信。课程改革的过程,也是一个实现文化自觉与建立文化自信的过程。文化自觉与文化自信应该贯穿在建构课程改革的理论基础、深化课程改革的实践进程中以及国家中长期基础教育课程改革与发展各方面。从实践的角度看,作为一个具有悠久历史文化积淀的基础教育课程改革的大国,在世界课程文化的舞台上不能没有自己的

---

① 郝德永.从两级到中介:课程改革的路径选择[J].教育研究,2010(10):33-37.
② 王京生.中华民族的伟大复兴就是中华文化的复兴[N].中国文化报,2012-07-15(10).
③ 吴康宁.“有意义的”教育思想从何而来——由教育学界“尊奉”西方话语的现象引发的思考[J].教育研究,2004(5):19-23.
④ 刘涛.我国教育思想研究的现状与展望——基于对核心期刊文献的计量分析[J].华东师范大学学报(教育科学版),2015(2):10-16.

课程文化与课程理论声音,①而这种文化和声音的凝练,显然离不开学校层面课程改革故事的梳理和传播。

　　基因是一个生物学概念,原意是产生一条多肽链或功能 RNA 所需的全部核苷酸序列。基因支持着生命的基本构造和性能,储存着生命的种族、血型、孕育、生长、凋亡等过程的全部信息。生物体的生、长、衰、病、老、死等一切生命现象都与基因有关。基因的概念引申到课程建设领域,是指从学校发展的历史沿革中寻求课程改革的核心与本质,寻求一条可复制、可传承的学校课程变革之道。基于这样的理念,本书以大同中学"坚持课改领先,实践现代教育"三十年课改实践的典型案例为研究对象,将学校改革实践置于基础教育发展、上海课程改革发展背景下,梳理中国特色的普通高中课程改革历程,总结通过课程改革促进学校内涵发展、特色发展的经验,探寻普通高中创新育人模式、实现教育现代化的路径,为发出新时代学校课程改革中的"中国之声"提供一种可行的样态。

---

① 刘启迪.中国课程改革需要文化自觉和文化自信[J].当代教育科学,2012(22):14-17.

第一章

铸魂

——学校办学思想的传承创新

学校的发展不是随意的行为,发展背后有具备共性的教育哲学作为支撑和引领。近年来,随着新课程改革和学校发展研究的深入推进,学校教育哲学逐渐受到我国教育研究者和中小学校长的关注,①这种关注既体现在理论研究领域对学校教育哲学内涵、结构、价值的思辨,也体现在通过历史的回溯和现实的审视,探寻学校教育哲学的生成与变革之道,并通过学校教育哲学的凝练和运用促进学校办学思想和办学内涵持续发展的实践之中。

学校的教育哲学,通俗而言,就是学校共同的教育信仰。按照美国教育学者斯宾塞·马克西的理解,"学校教育哲学是学校作为一个组织或者共同体整体看待自身的一种方式,主要包括对待学校共同体成员的方式、对待学校工作的态度以及学校的使命与愿景,其目的是为了寻求学校教育的幸福"。② 在当下的学校教育教学改革中,越来越多的学校管理者认识到,学校的教育哲学是学校办学的灵魂与核心,也是研究和破解一所学校成功变革"基因密码"的首要元素。

在现代教育体系中,学校的教育哲学一般可以从三个维度解构:使命、核心价值观及学校发展愿景。学校使命作为学校组织存在的根源,是学校凝聚力的焦点,是学校教育哲学的具体表现,因为只有具备共同的使命才能更好地协调学校成员的步伐,实现学校愿景。学校教育哲学如果不能激发学校成员"崇高的使命感",就难以成为学校成员共同的教育信念。学校的核心价值观是学校在办学过程中对教育的意义和学校存在价值的一种终极判断,要求回答"学校是什么""学校发挥什么作用"等一些基本问题。它是学校教育哲学的核心要素,规定和制约着学校教育哲学的其他方面。一旦学校核心价值观成为学校全体成员共同拥有的信念,将对学校组织的建立、维系、发展产生感召和凝聚作用,并从深层次上影响学校成员的思想方法与行为方式。愿景,即学校的发展

① 陈建华.论学校教育哲学及其提炼策略[J].教育研究,2015(10):57-63.
② Spence·J. Maxcy. Happiness in Education through the Development of a School Philosophy [J].Education,2001(4):107-119.

方向,是一种对学校整体发展近期的和长远的设计,这种愿景把所有学校成员凝聚在一起,朝着共同的目标奋斗,从而使学校的管理由外在控制转变为内在驱动。①

学校教育哲学的形成不是空想出来的,而是在学校改革发展的历史进程中逐渐明晰的。也就是说,教育哲学是学校教育实践的能动反映,存在于学校的个体情境之中,②并通过学校独特的历史和文化得到体现与传承。每个学校都有自己的历史文化,都有属于学校和全体师生的特殊记忆。学校是一种特殊的组织,组织记忆是组织认同的前提。学校记忆是学校成员共同建构的"隐形学校",是维系学校组织性的心理纽带,它将学校成员的认知、情感乃至精神世界联系在一起,构筑起共同的精神家园。③ 同时,对这种记忆的追寻也能够更好地把握学校发展的根脉,理解学校历史进程中的文化传承和精神坚守,而这正是学校教育哲学的内在要素和精神之源。

创建于 1912 年的上海市大同中学,长期以来,全面贯彻党和国家的教育方针,确立了引导学生"学会做人,学会学习,学会生活,学有特长"的教育哲学,坚持不懈地进行课程改革。④ 建校 110 年来,十三任校长,一以贯之,以"教育救国,为国育才"为己任,融会中西文化之长,坚持传承创新,形成了"勤奋,朴实,活泼,进取"的校风,"严谨,扎实,求真,创新"的教风,"刻苦踏实,好学多思,全面发展,学有特长"的学风,以及"团结,改革,创新,实干,奉献,进取"的大同教师团队精神。

学校始终将育完整大同人作为育人方向:从"全面贯彻教育方针,使学生德智体美劳全面发展;面向全体学生,使各种层次的学生全面开花;全体教职工要对学生全面负责"的"三全思想"到"全面发展,学有特长";从"坚持和谐发展,全面提高素质,健康发展个性,培养四有新人"到"学会做人,学会学习,学会生活,学有特长";从"人格健全,学力出众"到"人格健全,才学出众,科学思维,国际视野",到"五大素养,八大能力"。学校发展的各个阶段的指导思想、培养目标在表述上虽有所差异,但始终把育人为本作为主旋律。

① 李宝庆.新课程背景下的学校教育哲学变革[J].教育发展研究,2008(18):23-28.
② 沈曙虹.学校教育哲学的观念要素与结构体系[J].教育研究,2019(9):87-94.
③ 刘云生.论学校记忆[J].教育科学研究,2011(11):39-47.
④ 李宝庆.新课程背景下的学校教育哲学变革[J].教育发展研究,2008(18):23-28.

第一节 学校办学理念的历史回溯

任何学校都无法脱离历史而"绝对自由"地存在。我们对学校当前价值观念和行为方式的认识,有着无法摆脱的前结构,那就是历史传统。学校唯有形成文化传承的自觉意识,主动总结和探索学校发展演变的规律和走势,正确认识学校传统中必要且可能弘扬的内在根据,在传承的基础上积极做出符合时代要求的文化重构,才能在学校未来发展选择中取得自主地位,[①]才更有可能建成底蕴深厚、内涵丰富、品质优良的特色学校和现代化学校。正是在此意义上,一所学校现代化的标志并非现代化的学校建筑和设备,而是它悠久的历史文化底蕴。[②] 这也意味着,研究和反思学校的课程变革,必须将其置于学校整理历史沿革与发展的大环境之中,在学校历史文化的回眸中审思和探究学校课程变革的动因、路径和成效。

一、百年校史的峥嵘岁月[③]

清王朝覆灭,民国创立后,中国社会进入了一个崭新的时代。这个新的时代最突出地体现在教育制度的精神面貌和教学方式方面,中国对现代教育开始产生了强烈的要求,这同前一个时期的偏见形成了鲜明的对照。

1911 年,清华园里 11 名中国教员有感于美国人对教育的蛮横干涉,成立了立达学社。立达源自《论语》"己欲立而立人,己欲达而达人"。这是中国文化中"为人"的思想精髓。他们以"立达"铭志:办中国人自己的教育,培养中国人自己的人才。

那时,这个民族已被步入现代工业文明的西方列强欺凌了整整七十年。11个立达同仁抱着"种族将日就荒落"的忧患,在 1911 年离开清华,到上海办学。第二年的春天,大同学院诞生在上海老城厢外的十多间民房里。

大同学院首任院长为胡敦复,这一年他仅 27 岁,但已卓然硕学,蜚声国际。

---

① 沈曙虹.文化传承:学校创新发展的必然使命[J].中小学德育,2014(10):38-41.
② 刘铁芳.小心守护学校的历史[J].教书育人,2007(12):69.
③ 盛雅萍,马学强.沪上名校百年大同研究[M].上海:上海辞书出版社,2012.

胡敦复从小随其叔父胡雨人读书,12 岁到上海,就读于南洋公学,后入震旦学院、复旦公学研习,先后从马相伯、蔡元培等名师学习,有着良好的教育背景和丰富的社会经历。胡敦复与南下的清华同仁共同商议兴办学堂,经过反复商讨,决定创办"大同学院",以"研究学术,明体达用"为宗旨,以"在明明德,在亲民,在止于至善"为校铭。"大同"之校名,系取义《礼记·礼运》篇,揭大同之意。从此,上海有了一所颇具气象、名叫"大同"的学校。

(一) 筚路蓝缕——大同学院的十年探索

从 1912 年创立到 1922 年教育部立案改称大学,这一时期为大同学院的十年探索时期。

要办好一所学校受制于许多因素和条件,诸如经费、师资、生源等,但是人的因素始终是最重要的因素。胡敦复等人创办大同学院,有其深厚的社会与人文积淀。大同学院的创始人大多出身江南世家、诗礼之族,潜移默化地延承了士大夫的创业精神和办学传统。同时,他们中的大多数人,又有海外求学的经历,颇具世界视野,对于西方教育改革发展的精髓有一定了解,这种"出入中西之间,贯通新旧之学"的精神风貌赋予了大同学院非同一般的气象与格局。

大同学院成立伊始,无所凭借,无所依靠,办学条件非常艰苦。这十年中,学校从租赁校舍办学到自建校舍,从多方筹措经费到努力扩大生源,从依靠社员讲学到引进留学欧美名校的青年才俊,从编译国外教材到编辑出版自己的教材、讲义并建设学校自有的图书馆,大同人用自己的努力和坚守书写了筚路蓝缕的创业篇章,学校的办学影响力与知名度也随之得以快速提升。

1922 年,大同学院迎来了她的创办十周年庆,各界人士前来祝贺,纷纷称赞学校办学成绩卓著。6 月 28 日,大同学院举行了隆重的毕业仪式,校友欢聚一堂,马相伯、章太炎等著名人士也来到学校,与毕业生合影留念。

回溯大同学院初期的十年办学探索,其办学特色可以归纳为以下几个方面:

其一,大同学院较早在全国实行了选科制、学分制。大同学院实行选科制是有其渊源的,与胡敦复在北京清华学校的经历有关。大同学院还在全国最早实行学分制。此后,选科制及学分制,成为全国各校通行之制度。

其二,男女同学同校。大同学院的创办者,素以通达开明著称,所以办学上有自己的理念与主张。自 1916 年起,"大同"实行男女同校。实行之初,社会上一些人士群起非议,但胡敦复、吴在渊等人不予理会,首先让自己的妹妹、女儿来校读书,胡敦复还让夫人亲自陪堂妹胡卓上学。从这个角度而言,大同的办学可谓开风气之先,也是教育公平的重要探索。

其三,注重应用性。这也体现胡敦复校长一贯主张的"分科崇实"理念。"大同以历来课程切实有用,校风敦厚简朴,所有离校之学生,在社会各阶层服务,又能表现实际之能力,故能见信于社会,来学者因之日益增加。"这一对大同学院人才培养的评价恰如其分地展示了当时的办学定位和特色。

(二) 顺势而为——办学体制的转型调整

从 1922 年大同学院正式立案并改称为大同大学,到 1952 年全国高等学校院系调整时被撤并,这整整三十年,是学校发展历史上的私立大同大学时期。这一时期,最具里程碑意义的事件是北洋政府和南京国民政府的两次立案。

1922 年 5 月,大同学院按照私立大学规程,呈请北洋政府教育部立案,经教育部所派专员视察后,正式准予备案。根据教育部批示,校方商议后决定大同学院自 1923 年起正式改称为"(私立)大同大学(校)"。1926 年,学校制定了《大同大学章程》。这是学校管理和发展进一步规范化、制度化的重要体现。

1927 年 4 月,南京国民政府正式成立。民国时期是上海私立学校特别繁盛的一个历史时期。由于不平等条约对外资在华办学的开放性规定,也由于民国政府对民间私人办学的政策引导和鼓励,尤其是上海民营经济或曰私人经济的相对发达,整个民国期间上海的私立学校为数极多,几乎可以视为近代中国与上海的一大奇观。民国时期上海教育行政管理机构在私立学校管理问题上采取的是一种不同于市立学校的管理思路,即"间接管理模式",其基本精神是:学校具体事务交由董事会和校长全权负责,市教育行政则承担重大事务的规定、审查、监督与执行。其具体表现为:确立私校内部管理的二权分立模式,为间接管理创造前提;借助立案管理的基本手段,规范和引导私立学校的办学行为。[①]

这一时期政府对私立学校管理模式的变化也直接影响了大同大学在第二次立案时所做出的一系列改革措施。1928 年 2 月 4 日,立达学社在召开例行会

---

① 施扣柱.民国时期上海对私立学校的管理模式[J].社会科学,2007(2):99-109.

议时明确提出了"议决组织大同大学校董会"这一条目,并"推叶上之先生、平海澜先生、朱香晚先生草订校董会组织大纲"。仅时隔一周,立达学社再次举行特殊会议,一致通过了《大同大学校董会组织大纲》,并拟聘马相伯、吴稚晖、蔡子民、杨杏佛等 11 人担任大同大学校董。立达学社的两次会议除了见证大同大学校董会的成立外,还通过了两个重要决议:其一,全体社员决议,立达学社社长不得兼任大同大学校长,大同大学校长也不得兼任立达学社社长;其二,全体社员推举曹惠群担任大同大学校长。正是这位"为人至忠直,友谊尤厚,困苦不避,任人急难,恒先于己,有古君子之风"的好校长,引领着大同大学迈出了快速发展之步。

1928 年 9 月 20 日,大同大学正式在南京国民政府教育部立案,这也是大同大学的第二次立案。经过两次立案,私立大同大学的行政体系逐步完善,院系设置基本成型,进入全面发展的繁荣时期。这一时期,学校办学的影响力持续扩大,成为全国知名的私立学校。这一时期教育部的一份考察报告称:"综合言之,此次视察六校(指:复旦、沪江、大同、大夏、光华、暨南),据视察结果,办学精神极为贯注者,为大同、沪江二校。理学院办理较有成绩者,亦为沪江、大同二校。"1928 年以后,大同大学在教学设备、教学人员等方面都有了很大的扩充,赢得了很高的社会荣誉和认可,据史料记载,"曾与天津的南开大学相并称"。

1933 年,大同大学改制。其中学部(即普通科)向南京国民政府教育部正式立案,改成(私立)大同大学附属中学,分为初中和高中两个部分,学程各 3 年,这标志着大同的中学体系开始尝试从私立大同大学中独立出来。这种独立虽然更多的是"名义上的独立",因为大同中学在办学发展和日常管理的各个领域依然对大同大学有较强的依附,但是这种办学体制的调整,对于大同的发展历史具有重要的意义,大同中学对于课程的建设和探索也由此拉开序幕,并逐步建立起了相对完善的初中、高中课程体系(表 1-1,表 1-2),①特别是学分制的设计、高中选修课程的设计、对英语教学的重视等,为后续的课程改革提供了可借鉴的思路,奠定了良好的改革与发展基础。

---

① 大同中学.上海市大同中学[M].北京:人民教育出版社,2002:10-11.

表 1-1　大同大学附属中学初中课程设置

学年	第一学年		第二学年		第三学年	
课时学分	周课时	学分	周课时	学分	周课时	学分
党义	2	4	2	4	2	4
国文	6	12	6	12	6	12
英文	5	10	5	10	5	10
历史	2	4	2	4	2	4
地理	2	4	2	4	2	4
算学	5	10	5	10	5	10
自然科	2	5	2	5	2	5
生理科	1	2	1	2		
图画	2	2	2	2	2	2
音乐	2	2	2	2	2	2
体育	5	3	5	3	5	3
工艺	2	3	2	3	2	3
童子军	3		3		3	
职业科目					3	5

表 1-2　大同大学附属中学高中课程设置

学年	第一学年		第二学年		第三学年	
课时学分	周课时	学分	周课时	学分	周课时	学分
党义	2	4	2	4	2	4
国文	4	8	4	8	4	8
英文	5	10	5	10	3	6
算学	4	8	4	8	2	3
历史	2	4	1	2	3	6
地理	3	6				
物理					3	8
化学			3	8		
生物	2	8				

（续表）

学年	第一学年		第二学年		第三学年	
军训	3	2	3	2	3	2
体育	4	3	4	3	4	3
选修科目						
国学概论	3	6				
英论文	2	3	2	3	2	3
外国史	3	6	3	6	3	6
社会科学					3	6
经济学概要			3	6		
哲学伦理学					3	6
微积分大意					3	6
力学					3	6

（三）破旧立新——大同中学的独立办学

1949 年 10 月 1 日，中华人民共和国成立。从新中国成立初的实际情况来看，国家面临着一个"满目疮痍的破旧摊子"，快速、有效地进行全国范围的政治、经济改革，成为举国上下的首要任务。在这种特定的政治、经济结构背景下，高等教育政策已经被理解为范围更广、层次更高的政治、经济治理活动中的一个组成部分，有着浓厚的政治意义和意识形态色彩，超越了大学改革本身的意义。[①] 新中国成立初期的全国高校院系调整，是中国共产党和中央人民政府对高等学校进行改革的一个重大举措，是建立新的高等教育制度的开端。[②]

实际上，在全国院系调整之前，中央政府已经开始逐步改造和限制私立大学。当时的私立大同大学也面临着这个艰难的问题。上海解放前夕，私立大同大学全校的专业设置处于办学历史上最完善的状态，全校共设有文、理、商、工四个学院，下设文学、哲学教育、史地政治、数学、物理、化学、经济、会计、银行、工商管理、电机工程、化学工程、土木工程、机械工程等十四个学系，及英文、数学系办专科，学

---

① 张烨.重读五十年代的院系调整——基于教育政策借鉴理论的视角[J].华东师范大学学报（教育科学版），2007(1)：87-96.

② 李琦.建国初期全国高等学校院系调整述评[J].党的文献，2002(6)：71-77.

生曾达一千七百余人,其中土木工程、电机工程在当时的上海享有很高的声誉。到上海解放后,学校教育也有其明显特色,如私立大同大学先后成立校务委员会及政治教育委员会,而在系科设置方面,为了集中力量办好重点系科,于 1950 年春将史地政治系及英文、数学专修科等停办。同年秋又将文学院撤销,文学系并入圣约翰大学,教育系则停止招生。至 1952 年 10 月,随着全国高等学校的院系调整,私立大同大学全校院系被撤并,其 40 年的大学办校历史到此也宣告结束。在这次调整中,学校的数学、物理、化学三系并入复旦大学;电机工程、机械工程两系并入上海交通大学;土木工程并入同济大学;化学工程系并入华东化工学院;教育系并入华东师范大学;经济、会计、银行、工商管理四系,并入上海财经学院。此后,大同大学建制取消,大同教育开始了另一个阶段的发展,原大同附中一院改为上海市私立大同中学,学校便在大同附中一院的校址——南车站路 401 号(现 353 号)上开办起来,而原新路校区则归属静安区,由此开始,大同的教育学脉也汇聚到了 1912 年最初的办学之地。虽有大学建制撤销的遗憾,但是能够回到办学之梦开始的百年福地继续扬帆远航,寻求教育报国之理想,诚可谓大同人的精神寄托和心灵慰藉。

从 1952 年到 1978 年的二十多年间,大同中学的建构并非一成不变。学校经历了很多变化,不仅合并了一些学校,校名也几经调整(表 1-3),到 1978 年,最终正式确定校名为上海市大同中学,沿用至今。

表 1-3 1952—1978 年大同中学校名、校内变迁大事记

时间	事件
1952.10	大同附中一院改为上海市私立大同中学
1953.08	私立经世中学高中部并入私立大同中学
1956.01	私立大同中学改为公办,改名为上海市第五十七中学,同时私立女子中学(原圣心女中)并入大同
1958.12	两江中学部分师生并入
1959.09	学校被定为上海市重点中学,恢复"大同"校名,全称为上海市大同中学
1969.04	上钢三厂工人毛泽东思想宣传队进驻大同中学,大同中学与培坚初级中学合并,改名为"上钢三厂五七中学",由上钢三厂接办
1978.01	学校最终恢复上海市大同中学的校名

在这二十多年里,大同中学发生了多次重要变革。从学校建制上来说,从私立大同中学成为公办上海市大同中学,并在 1956 年被确定为上海市重点中学,这两次变革对于学校的发展至关重要。按时间段来划分:1952 年—1954 年期间,为大同大学撤并后私立大同中学的过渡时期,学校的教育基本延续之前的设置,主要精力用于调整与稳定学校的各项工作。1954 年—1966 年是大同中学新格局确定的关键时段,学校教育工作的重新调整、师生情况的不断优化、校园建设的逐渐完善,这是新大同精神的培育萌芽时期,1966 年—1976 年间(十年"文革"),大同中学迫于社会整体局势的改变,学校整体工作陷入低迷时期,各项事务也烙刻着鲜明的时代印记。

"1952 年—1978 年"时期大同中学的课程和教学改革之道,归结起来就是"双基"理念的个性化理解和坚守。

当很多学校对于提高教学质量的思路还停留在大搞题海战术时,大同中学就已强调从基础抓起,同时对"基础"的概念进行全新阐述,将其延伸至内涵更为丰富的"双基"理念。对此,时任大同中学校长王季娴是这样理解的:"中学教育是学生从少年到青年德智体全面打基础的教育,初中学生进来时还懵懵懂懂,高中毕业时已经有了自己的思想。"所以,对学生,首先要打好做人的基础;在学习上,要抓好"双基",掌握基础知识和基本技能。针对当时社会上所流行的一句话,"学会数理化,走遍天下都不怕",大同中学的教育中更强调要打好语、数、外的基础,这些基础打好了,学习其他学科也容易了,更无须沉于题海。学习有了余力就有了自学的基础。

在大同新教学方法的推行中,王校长强调课程的发展已经考虑到了人的发展需要,打基础的主阵地就在课堂,搞好主阵地的主力是教师。首先是要抓好教师的基础,而教师的基础,最直接体现于课堂教学的质量。对教学内容的基本要求是日日清、周周清、月月清,绝对不搞题海战术。

更为难得的是,除了语、数、外、理、化、生以外,大同中学同样重视对人的发展具有独特作用的音、体、美,为此还任命了专职的副教导主任。音、体、美各科都有出色的教师,他们不仅在课内受到学生喜爱,课外在他们指导下,更是将校园文化开展得有声有色。学校曾发动师生搬砖运土建造游泳池,从此游泳成了学生的必修课。被许多学校视为"小三门"的音、体、美,在大同成为一大特色,培养出了一批知名的艺术、体育人才。在此基础上,学生的课余时间增多,能有机会大量阅读课外书,不仅开了眼界,也加强了自学能力和对学科知识的理解力。这些改革创新的基因,实际上都很好地传承到了学校后续的发展之中。

（四）凤凰涅槃——改革开放后的快速发展

1978年,党的十一届三中全会做出了改革开放的伟大决策,教育领域随之拨乱反正,开启了快速发展的新篇章。时任党和国家领导人邓小平同志非常重视教育事业发展,指出社会主义现代化必须把科学技术和教育同农业、能源和交通一起看作战略重点,并提出了"教育要面向现代化,面向世界,面向未来"的指导思想。邓小平要求各级党委和政府要重视教育事业发展,保障教育事业优先发展。彼时,两个鲜明的特征在教育领域表现得尤为突出:

其一,领导者必须转变观念,在思想上落实"优先发展"。邓小平要求全党提高对教育战略地位的认识,要求各级党委和政府的主要领导要亲自抓教育,少讲空话,多办实事。教育的战略地位不是口号,而是行动的指南,贵在落实,而首先是领导者思想上的落实,否则,就会出现有钱不往教育上用的怪现象。邓小平强调说:"忽视教育的领导者,是缺乏远见的、不成熟的领导者,就领导不了现代化建设。"这指明,保证教育优先发展,领导者认识上的转变是根本的根本。

其二,要舍得增加教育投入。教育事业发展的规模和速度,又取决于教育投入的多少。教育是事业单位,它的主要功能是为社会培养人,它能生产人的劳动能力,能创新科学技术,但它本身并不直接创造物质财富。可是,没有教育的优先发展,国民经济也不可能得到高速发展。所以,为了确保教育的优先发展,使整个教育事业适应国民经济的发展要求,邓小平提出,"各行各业都要来支持教育事业,大力兴办教育事业",要求"国家计委、教育部和各部门,要共同努力,使教育事业的计划成为国民经济计划的一个重要组成部分"①。

在这样的整体背景下,上海的教育改革发展也迎来了重要的历史机遇期。1978年2月,上海市教育局根据国务院批准教育部《关于办好一批重点中小学的试行方案的通知》,确定了上海的一批重点中小学,大同中学名列其中。根据当时的通知精神,对于这些重点学校的物资、经费安排,在自力更生、艰苦奋斗、

---

① 杨兆山.论邓小平教育思想的核心与基本点[J].东北师大学报(哲学社会科学版),1996(2):93-96.

勤俭办学的前提下,上海市有关方面要给予必要的支持,尽快充实和改善这些学校的仪器、图书等教学条件,保证这些学校在当年秋季开学后,能根据新的教学计划、教学大纲和教材进行教学。

大同中学抓住时机及时作出重大调整:"坚决把学校工作的重点转移到教学工作上来,坚持全面贯彻党的教育方针,以教学为中心,安排和组织好学校各项工作,从实际出发,用辩证唯物主义思想,分析矛盾,解决矛盾,迅速扎实地提高文化知识质量;继续以《条例》精神为章程,完成学校各项整顿工作,为把学校办成名副其实的重点中学打下基础。"

改革开放以来的大同中学,继承历史上大同办学的优良传统,遵循办学规律,根据社会需要与本校发展的实际情况,适时更新教学理念,自觉提出了符合时代特点的教育改革新思路,与时俱进,创新发展,各个阶段各有侧重,各有特色,卓有成效,教学改革由此不断深化,极大地丰富了这一时期大同办学的内涵。

(五) 长风破浪——高位发展的辉煌篇章

1983 年,邓小平为北京景山学校题词:"教育要面向现代化,面向世界,面向未来。"这是在新的历史条件下,根据我国国情,从党的总路线总任务出发,适应世界新的技术革命的发展趋势提出来的。它是邓小平在新的历史时期对教育工作指导思想的精辟概括。结合当时的形势,大同中学在王孟斑校长(1978 年2 月至 1989 年 8 月任大同中学校长)的带领下极有魄力地提出"看破红尘,全面裁军",在全国率先开展"减少必修课,增加选修课,加强活动课"的课程结构整体改革试验。大同中学的这一改革创举,不但没有降低教育质量,而且极大地激发了学生的求知欲望和个性特长的发挥,对大同的发展具有里程碑意义。

20 世纪 90 年代初的大同中学,课程结构整体改革继续推进,内涵也不断深化,在高中"二一分段,高三分流"的教学格局基础上探索试行组合式的课程计划,实施"一三二"学程分段、必修课分层、选修课分科的机制。"这样,有了必修课、选修课和活动课作为课程主体,更辅之以微型课程(如讲座、晨会、午会等)和隐性课程(校园文化、环境、校风等),扩展为'五个板块',它们之间既互相联系、相辅相成,又各有侧重、各自发挥不同功能,共同组成'育人'的载体"。[①] 学生们向

---

① 王世虎,陈德生,张浩良,等.育人之路二十载——大同中学教改纪实[M].上海:上海教育出版社,1999:6.

往的"上午上课,下午追求个人爱好"的学习生活逐渐形成。至 1992 年上半年,学校在高中已开设 72 门选修课和 16 门活动课,可供学生选择。对一些对某学科学有余力的学生,学校还酌情为他们免去该学科的上课、作业、测验、考试,有的甚至可以免修,图书馆、资料室的书库对他们全部开放。学校还为特长突出的学生举办了科技文明、钢琴、书法、绘画等个人成果展。据统计,1992 年上学年大同中学高中生中有 60 多人次获得上海市级以上学科竞赛等第奖项,在体育比赛中获得 5 个团体前五名,有 50 多人次获个人前六名。一批有特长的学生脱颖而出。经过多年的教育教学改革,"重视培养学生兴趣爱好,发展个性特长"已成为新时期大同中学的一个传统,由此促进了大同学生素质的全面提高和个性的健康发展。大同为高校输送了一大批高素质的学生,大同学子在国内外各类学科竞赛中也频频获奖。据统计,1989 年至 1995 年间,大同学子在市级以上各学科竞赛中获奖者达 700 多人次。其中张浩同学获第 27 届中学生国际奥林匹克数学竞赛一等奖;学校还曾获得国家教委和中国数学学会授予的"培养数学英才,奋力为国争光"的锦旗。①

(六)踔厉奋发——接受世纪挑战,培育时代新人

1999 年,为了引领上海市高中全面实施素质教育,上海市启动"上海市实验性示范性高中建设"工程。创办实验性示范性高中"是扩大优质教育资源,满足百姓对教育需求的一大措施,也是贯彻上海市教育工作会议的具体行动,旨在采用新的机制,调动各方办学的积极性,整体提高高中的质量"。② 大同中学积极落实上海市教育工作会议精神,坚持改革领先,实践现代教育,提出了"使学校具有自主办学能力和自我评估自我发展能力,德育和课改工作领先,教科研和管理工作优秀,师资队伍和硬件设备优化,体育、艺术和科技教育有特色,把大同中学办成一所教育质量高、社会效益好、国内一流的实验性示范性高级中学"③的办学目标,学校以针对学校与学生实际的两个"构建"为学校基本特色,一个"聚焦"为学校工作重心,三个"建设"为落实学校基本特色与工作重心的重要保障,从而全面提升学校德育、智育、体育、艺术与科技教育等素质教育和谐

① 今日"大同"风采依旧——访上海大同中学[N].光明日报,1998 年 1 月 19 日第 2 版.
② 28 所实验性示范性高中命名[N].文汇报,2005 年 2 月 26 日"国内新闻版".
③ 引自:上海市大同中学创建实验性示范性高中规划(1999—2002).

发展与学生个性的健康发展的平台。两个"构建":构建学校德育操作体系,构建学校课程体系。一个"聚焦":将教育教学改革的着力点与课程实施工作的主要精力聚焦于课程教学中,充分发挥学校改革与创新的主动性、积极性、主体性,确保教育教学质量的提高。三个"建设":根据课改新要求,进一步加强学校师资队伍建设、课程与学业评价建设、教育教学管理体制建设。2005 年,学校被命名为首批上海市实验性示范性高中。

在改革中前行的大同中学进入到第九十五个年头,上海的基础教育也进入一个"教育转型期",如何夯实素质教育的学校内涵,如何铸高学校现代化发展的平台,特别是学校教育如何为建设"创新型"国家服务,成为摆在大同人面前的重要课题。大同中学领导审时度势,"在传承中创新,在创新中发展",确立了建设"活力大同、和谐大同"的发展主题,开展了学子培育工程、精品课程开发工程、名师培养工程、文化建设工程、教育国际化工程,学校持续高质量发展,社会声誉和办学成效显著,获得全国首届"文明校园"荣誉称号。

回溯改革开放以来三十多年中大同教育事业的发展,大同中学六任校长一以贯之,全面贯彻国家的教育方针,虽各个阶段的指导思想、办学目标、培养目标在表述上有所差异,但都坚持育人为本,在促进学生全面而有个性发展的基础上丰富和创新。其共同的追求在于始终把"全面发展,学有特长"作为育人的主旋律,始终把德育放在育人的首位,始终把学习能力、创新能力和实践能力作为学生发展的重点。

此后,学校围绕办好重点中学的目标和"守正创新"的育人思想,扎实工作,改革创新,从改进课堂教学、提高教学质量入手,花大力气抓好重点班级,切实提高各年级的教学工作,不断推出新的课程教学改革举措,从"三个全面"的探索,到"四个学会"落实素质教育,再到实验性示范性高品质高中建设,活力大同、和谐大同建设和创造适合学生发展的教育,大同人一步一个脚印,用智慧和汗水书写着新时代学校改革发展的美丽篇章。

二、立己达人的文化信仰

学校管理,通常具三重境界的意蕴,分别是经验的管理、制度的管理、文化的管理。的确,文化是一所品质学校不可或缺的精神之钙和最为本质的内涵体现,当一所学校经过长期建构、积淀,形成富有个性的文化时,学校就拥有了区别于百花的独特魅力和持续发展的核心能力。所以,培育学校文化、彰显文化个性是品质学校管理的高级形态和品牌发展的务本之道,而一个学校的优秀之处,往往也正是源于其独特的文化基因。

文化的概念纷繁复杂。20世纪50年代初,美国人类学家克鲁伯和克拉克洪在《文化述评:概念与定义》一书中,罗列的从1871到1951年80年间的文化定义就达164种;近年来,我国研究者的研究文献中,文化的定义已经多达300余种①。可以认为,文化是社会课程研究领域最难以界定的定义。但是,不论怎样界定文化的内涵,从学校管理的角度看,都无法否认"学校文化是学校的灵魂"这一共性认识,都无法脱离"学校文化对学校改革发展起着重要作用"的价值论断。从这个意义出发,学校的真正改革必然始于学校文化的驱动,学校文化左右着课程改革的全过程,影响着学校的教与学。学校一旦形成具有自己特色的文化,将会促进效率的提高和目的的达成。萨乔万尼指出,"最成功的学校领导会告诉你,形成正确的文化以及关注教师、学生及其家长所共同认同的意义,是人们普遍认为创造成功学校的两条基本规律"。② 在课程改革的进程中,要真正使学校的改革获得成效,必须首先在学校内形成符合课改理念的核心价值观,凝聚重要的变革力量,使学校文化能引领学校的发展方向,为师生成长的愿景导航。③

文化是现实的,也是历史的,这种特殊的基因蕴含在学校改革发展的整个进程之中,并通过特殊的形式表现出来。回溯大同中学的课程改革与学校发展历史,学校特殊的文化孕育的大同精神始终是改革的最强劲、最持久、最内在的动力。

教育是文化的重要载体,具有传承、吸纳、更新、创造文化的功能。学校就是承担这种功能的场所,百年名校,之所以有名,从根本上看就在于文化传承。今天,大同中学已经走过了百年历程,大同中学的立校动因就是爱国知识分子不满外国主事控制校政,以"自立立人,自达达人"为宗旨,以天下大同为理想,以为国育才为目标,立志走教育救国之路。一百多年来,大同中学随民族命运

---

① 郑金洲.教育文化学[M].北京:人民教育出版社,2000:2.

② Sergiovanny,T.J. Organization or Communities? Changing the Metaphor Changes the Theory [J]. Eeducational Administration Quarterly,1994(30):77 - 84.

③ 崔允漷,周文叶.学校文化建设:一种专业的视角[J].教育发展研究,2007(5A):29 - 33.

一起沉浮,与时代脉搏一起跳动,在学校管理和课程建设方面持续创新,在爱国斗争方面的事迹也可歌可泣。新中国成立后,特别是改革开放以来,大同中学全面贯彻党的教育方针,坚持改革创新,学校的文化底蕴也日渐深厚丰富。百年大同的文化到底是什么,或许很难用一两句话进行概括,但是回顾学校的发展历史,我们可以清晰地感受到"团结、爱国、创新、包容"是大同文化的底蕴和精髓,"爱国办学、育人报国、改革创新""团结、改革、创新、实干、奉献、进取""育人为本、育德为先、坚持改革、发展自我、服务社会"是这种文化在不同时期的延续和发展。①

溯源大同中学的文化根脉,一切似乎都源于学校建校之初的"立达情怀"。

1911年一个夏日,在清华学堂任教的胡敦复与一批主要来自江南的教员朱香晚、华绾言、顾养吾、吴在渊等人,考虑到当时教育尚未发达,决定成立一个名为"立达"的学社。作为一个学术团体,"立达"学社有自己的章程。章程的第二条明确了该社的宗旨:"自立立人,自达达人"。

"自立立人,自达达人"是儒家学派创始人孔子的著名论断,与中华传统文化中的"自立自强"有着相近的内涵与价值。

自立,就是自己要能够独立,不依赖于父母师长,可以独当一面;也可以说是通过自身努力而得到社会认可,实现经济独立。自立,这一点很重要,对国家而言,没有原创性的发明创造,就很难自立,势必受到别人的限制。而对个人而言,自立只是手段,目的是立人。如果自立不能够立人,这样的自立就毫无意义。

自达,自己事业通达,这也只是手段,目的是什么呢?目的就是达人。就是为了别人也能事业通达。这里的达人,达是个动词,意思是使之通达。

孔子的这个思想强调了自我与他人的关系,自我必须要自立自达,而自立自达的主要途径就是学习,孔子因此特别强调"三人行,必有我师"。那自立自达的目的是什么呢?是为了立人和达人。即使你学富五车、才高八斗,可是只是为了满足一己之私利,对他人和社会都没有任何贡献,这样的自立和自达毫无意义。立人和达人的目的,简单说就是要首先自己长本事,有了本事再去帮助别人,使别人也有本事;这其实就是一种处理个人与他人关系的准则。个人

---

① 杨明华,张瑞田.承担名校文化使命 培育时代大同新人[J].上海教育科研,2003(9):59-61.

如果不能自立,则很难立人;如果不能自达,则很难达人。自立自达是前提,通俗点说,就是要练好本领,努力学习;自立自达后,再去立人达人。

"自立立人,自达达人"的思想是大同中学的精神之源,也是学校文化最为核心的表达。从这一思想之源出发,学校在百年的发展中不断传承和创新,最终形成了以"笃学敦行,立己达人"为表达样式的学校办学价值追求。

"笃学敦行"语出《论语·泰伯》"笃信好学,守死善道"及《礼记·曲礼上》"博闻强识而让,敦善行而不怠,谓之君子"。笃,深厚也,笃学即专心好学;敦,勤勉也,敦行即勉力而为。这句话反映了大同创办人的办学理念,也显示了大同人办学倡导知行统一的原则。

"立己达人"语出《论语·雍也》"夫仁者,己欲立而立人,己欲达而达人"。立己,即自律自强;达人,即兼济天下。此语为大同创立之源,代表大同人严以律己,对社会尽心尽责。

校训"笃学敦行,立己达人"即专心好学,勉力而为,自律自强,尽心尽责。强调大同师生崇学尚行,知行合一,修德敬业,兼济天下。

大同中学的校歌《大同之歌》也是这一文化的重要承载和延续:

大同,大同,天下为公。

笃学敦行,与时俱进共同。

大同,大同,天下为公。

立己达人,报效家国志宏。

群贤共济,伟岸大同。

吾辈相勉,荣光大同。

群贤共济,伟岸大同。

吾辈相勉,荣光大同!

三、今日大同的多样风采

近年来,学校在"坚持和谐发展,全面提高素质,健康发展个性"办学宗旨基础上,提出了"笃学敦行,立己达人"的校训,以"学会做人,学会学习,学会生活,学有特长"为培养目标。1982年学校最早在全市恢复学生党建工作,1987年率先在全市开展课程改革,每年有85%以上的学生进入全国重点大学,十余名学生被耶鲁、麻省理工等世界一流高校录取。

学校注重培养学生的综合素质和发展能力，交响乐团、民乐团、足球队、跳高俱乐部全市知名。国际交流起步早，与美、德、英、法、瑞等13个国家34所知名学校结成姊妹学校，设国际部开设PGA国际课程，成为剑桥大学中国遴选中心生源基地、法国工程师文凭学校推荐基地。

百年筚路蓝缕，学校为国家输送了六万余名优秀人才。39位"两院"院士，钱其琛、钱正英、曾培炎等党和国家领导人以及华君武、傅雷、朱建华等知名人士曾在此就读。

一百年弦歌不断，一世纪风华正茂。如今的大同中学，已经成为上海乃至全国知名的学校，是政府认可、家长信赖的学校，是师生幸福成长的乐园。学校两度荣获"全国精神文明建设工作先进单位"称号，获评首届"全国文明校园"，并获得"全国教育系统先进集体""教育创新全国百所名校"等荣誉，以及连续十八次获评"上海市精神文明单位"，近年来，学校共获得省部级以上奖励50多项。

学校近年来的快速发展，吸引了社会媒体的关注，《光明日报》《人民日报》等权威媒体也对学校的改革发展情况进行了专题报道，从这些专题报道中，我们能够真切感受到今日大同之品质与荣光。

上海大同中学：笃学敦行　立己达人①

走进春天里的上海市大同中学，"笃学敦行，立己达人"的校训墙格外醒目。"笃学敦行，立己达人"，伴随着百年大同的辛勤耕耘，见证着一代代大同人的成长。

2017年，大同中学获得首届"全国文明校园"称号。大同中学校长郭金华表示，文明校园的创建是非常重要的载体，也是深化教育教学改革的重要动力，通过文明创建让学校的师德建设、课程建设、教育管理、学习生活呈现文明和谐、充满活力的景象。

环境树人，激励学子追梦之路

"星光中记录了多少辉煌，沉默中包含了多少沧桑，梦想着有一天，自己也能将一块空白填上。"大同中学高二年级学生陈佳音笔下所描写的，正是她每天放学时看到的校园十景之一——大同院士墙。

---

① 曹继军，颜维琦.上海大同中学：笃学敦行　立己达人[N].光明日报，2018年4月9日第4版.

一馆一阁一长廊,校训院士校友墙,一鼎两壁合四塑——大同中学将学校的历史和文化浓缩为校园十景。校长郭金华告诉记者,大同以有形文化为基,激励学生志存高远,让学生感受到沉甸甸的学校文化,激励学生成为优秀的大同人。

如今,一馆——大同博物馆已成为黄浦区爱国主义教育基地,大同中学的学生作为志愿者为来访者提供讲解。"讲解能使学生在了解大同的文化的同时,找到标杆,获得前行的力量,将爱校荣校植根于心中。"郭金华说。

而在院士墙上,39位大同院士校友的名字周围留有许多空格,这个留白无声地激励着正在大同学习的学子们。"我梦想有一天,自己的名字也能出现在院士墙上。"刚获得"白猫杯"化学应用竞赛一等奖的陈佳音对自己的未来已经有了规划,"我想学医,这样就能把我喜欢的化学和生物结合起来。"

导师育人,导航学子的成长之路

大同中学校园深处,有一条蜿蜒的林荫小道,葡萄架下,是一块块镌刻校友名字和寄语的红砖,一条条原木的长凳,这就是"校友砖读书廊",也是学生最喜欢和自己的"人生导师"交流的地方。

在大同中学,每个授课老师还有另外一个身份——人生导师,每位导师不仅要能教书,更要承担育人的责任。大同中学英语教师谢媛媛告诉记者:"有些话学生不愿和家长说,也不和班主任说,而导师的身份恰好是他们之间的桥梁。"比起以前老师坐着说,学生站着听的谈心方式,谢媛媛更喜欢和学生打成一片,用微信和家长交流。"现在师生的关系更近了,家长也更信任我们了。"

郭金华表示,上海实行新高考模式后,分数不再是唯一的评判标准,如何帮助学生探寻自己的兴趣,提高综合素质,为学生生涯做规划就显得尤为重要。"过去家长和学生对未来没有规划,只看成绩、专业的热门程度来选择志愿,忽略了学生的兴趣和心理需求。"大同中学的导师们通过建立学生成长档案、与学生谈心、家校沟通、共同参与实践体验活动等多种形式,指导学生开展生涯发展规划。

课程育人,德育工作润物无声

"你的名字是怎么来的,你的姓氏背后有什么故事,你的名字有长辈的何种寄托……"课堂上学生们正饶有兴趣地听着老师讲解名字和姓氏的由来。

正在为学生上课的是大同中学语文教师宋士广。深爱传统文化的他在课程和德育结合的过程中,不断探索。校本教材《说名道姓》是他通过多年积累编写的,宋士广告诉记者:"教材通过对姓的起源,名的讲解,使学生对自己的家族产生了兴趣,回去追着长辈问家族的故事,长辈也愿意和孩子讲他们以前奋斗的故事。"传统文化潜移默化地扎根在学生的心中,在学习中不知不觉"润物细无声"。如今,《说名道姓》已经成为上海市黄浦区中小学特色共享课程。

类似这样的课程在大同中学有 11 门。郭金华表示,学校通过整体多元、个性发展的课程,满足不同学生的发展需求;同时重视课程的育人价值,通过学科德育和德育课程化,形成育人合力。记者了解到,除了优异的升学率,大同的学生在精神文明评比、科技创新大赛等活动中成绩傲人。

上海市大同中学:让青春在这里闪光①

"星光中记录了多少辉煌,沉默中包含了多少沧桑……梦想着有一天,自己也能将一块空白填上。"

这首小诗,是上海市大同中学高二(8)班学生陈佳音题写给"大同院士墙"的。陈佳音说,"大同院士墙"上镌刻着 39 位毕业于大同中学的两院院士的头像,每天经过时,总心生感触。学校评选"大同校园十景",向全校师生征集诗歌,她把自己的心情写成诗,没想到就印在了"大同校园十景"的书签上。

"趁着年轻,写点诗吧!"即使到了高三,大同中学每周还有一节语文课专门用来读诗赏诗。"五月诗会",学生自发举办了 8 年,不是一个社团、少数爱好者参加,而是全员参与、人人写诗。2017 年,学校 105 周年校庆之际,一本学生诗作精选集《以青春为名》,引来邵燕祥、席慕蓉、赵丽宏等诗人的赞叹和关注。

"学校更看重诗化教育,通过一起读诗写诗,让学生能在学习中去功利化、更好地审视世界和自己的内心。"语文老师宋士广这样解读大同的校园诗歌运动。

不仅仅是诗歌,大同博物馆、校友砖读书廊、大同广场校训墙、大同院士墙、大同校友墙等校园景观,时时处处,都在激励学生志存高远,"学会做人,学会学

---

① 姜泓冰.上海市大同中学:让青春在这里闪光[N].人民日报,2018 年 4 月 10 日第 10 版.

习,学会生活,学有所长"。五大类 31 个学生社团遍地开花,社团进社区、"一班一居委"活动已经持续 10 余年,60 多支志愿者服务队、近千名志愿者经常活跃在街道、社区、养老院。

校长郭金华告诉记者,作为一所百年老校、首批上海市实验性示范性高中,大同中学一直秉持"为国育才"理念,恪守"笃学敦行,立己达人"的校训,把文明校园创建作为重要活动,贯穿于学校德育建设、人才培养、课程改革、学生社团建设、国际交流等各个方面。学校曾连续获得了 18 届"上海市精神文明单位"称号,荣获"全国精神文明建设工作先进单位""全国教育系统先进集体"等数十项国家级表彰。

问大同中学的学生最喜欢什么,多数回答是学校的各种创新研究型课程。从数码音乐创作、中医药研究、定格动画、机器人实验室,到击剑、攀岩、交响乐演奏,每种都是围绕学生综合素养和学习能力提升而设。一节"中医药研究"课,有人设计配方、实验开发,有人设计海报、宣传推广,几位同学分工合作,就在化学老师的指导下打造出了独家的"中药面膜"。

教学质量是每所学校办学的重心。作为上海率先开展课程改革的学校,大同中学用扎实的基础型课程教学、多元化的拓展型课程选择、自主性的研究型课程、开放灵活的课堂形式,吸引学生更好地投入学习。从大同中学走出的学生通常思维活跃,发展后劲足,又有责任担当。

"'党风促教风,党性铸师魂'是根本。"郭金华介绍,大同中学的每位党员教师都是学校博物馆的义务讲解员,在引导学子成长中,人人做导师。校长每月都开学情调研会,收集掌握学生第一手资料,引领他们的知行身心,从 1982 年开始成立的党章学习小组,已传承了 34 届。教师为人为学为师堪当表率,学生对教师的满意率超过 96.9%。

第二节　学校育人思想的守正创新

高质量的人才培养是国家强盛、民族振兴的基础,也是时代发展、社会进步赋予教育工作的神圣使命。对于每一所学校而言,都要基于国家的发展需要、战略需求和培养目标,在深入分析学校实际情况的基础上建立起具体的、便于在实践中落实的、能切实引领学生发展的育人目标。① 但是应该指出的是，不论是育人目标的确立，还是具体的育人工作的开展，都不是随意行为，其背后都应该有育人思想的指导和引领。这种思想也不是一成不变的，而是随着社会发展、国家教育政策的沿革而呈现出不同的样态和重心。回溯大同中学的课程改革历史，我们能够感觉到，课程和教学始终是围绕人才培养服务的，而人才培养的理念则能够根据时代发展和教育政策变革实现动态性的灵活调整，从某种程度上说，也正是因为这种动态的调整，才让大同中学的课程教学改革与人才培养始终走在教育改革发展的前沿。

一、三个"全面"：探索重点中学之"重"

从1978年到1992年，大同中学的课程教学改革和人才培养探索，主要围绕"三个全面"展开。

1978年改革开放之后，教育拨乱反正，各类学校迅速恢复和发展，大同中学迅速走出"文革"的阴霾，紧紧抓住学校建设的重点领域，迅速提升教学质量。与此同时，学校领导也对此前的教育体制进行了深刻反思，特别是认识到，如果不能深刻把握时代发展的形势，不真正触动教育体制和教育方式，就没有办法真正培养适合时代发展的人才。结合当时的教育形势，特别是邓小平同志提出的"教育要面向现代化、面向世界、面向未来"，学校开始思考究竟应该培养怎样的人才，应该怎样培养人才。经过细致的讨论和反复思考，以时任大同中学校长王孟斑为代表的大同人提出，"要全面贯彻教育方针，使学生德智体美劳全面发展；要面向全体学生，使各种层次的学生全面开花；全体教职工都要对学生负责"，这就是大同中学改革发展历史上广受认同并影响深远的"三个全面"办学思想。

王孟斑是一位有丰富教学经验和管理能力的校长，有远见卓识的教育改革先行者。1978年王孟斑奉调大同中学，他大刀阔斧地整顿教育秩序，抓好学校各项基础工作，使遭受"文革"严重破坏的大同中学复苏改观。1979年，在哈尔滨召开的全国部分重点中学校长会议上，王孟斑针对片面追求升学率的倾向，鲜明地指出"重点中学应该重在全面贯彻教育方针上，重在为国家培养合格人

---

① 曲艳霞.学校育人目标：生成与落实[J].中小学管理,2011(7):22-24.

才、优秀人才上"。他提出的"三全"办学思想受到与会者一致认可,从思想层面解决了重点中学人才培养的"重点"在哪里的问题。在"三全"办学思想的引领下,王孟斑身体力行,带领全校教工坚持按教育规律办事,使学校工作迅速转入健康的稳步发展轨道。

这一时期,在教学工作中,大同中学提出必须处理好三组关系:即知识与能力、教与学、课内与课外,这对大幅度提高教学质量起了指导作用。学校认为,德育要做到深化、强化、自动化、序列化、多样化的要求。1982 年学校又率先恢复高中学生党建工作,形成大同中学有特色有成效的德育新局面。学校提出"立足经常、着眼整体、男女分班、健康分组"的体育教学要求,使学校体育传统项目的运动水平和学生体质保持全市领先水平。学校还倡议试办理科班、体育班,加强校园文化建设,发展学生特长,等等。这些举措引导学生学得趣味盎然,一批批优秀人才脱颖而出,学校被评为上海市精神文明单位、全国教育系统先进集体。①

促使王孟斑校长和大同中学持续推进"三全"理念下的育人改革,除了社会发展、政策制度、教育改革层面的宏观原因之外,学生的诉求,学生学习成长过程中的渴望,也起到了重要作用。

"当前学校每天的主要功课就是背!背历史、背地理、背外语、背政治⋯⋯" 1984 年,上海大同中学高二学生洪光磊在竞赛作文《幻想?》里这样描述高中学习的状态。洪光磊的"抱怨"不是个案,而是代表了当时高中学生的普遍感受。在一切为了"应付高考"的僵硬应试教育体制下,学校课程结构单一、学生课业负担过重是高中教育饱受诟病的两点。难得的是,《幻想?》一文获得了竞赛一等奖,洪光磊的"抱怨"得到了教育系统内的关注及理解。大同中学时任校长王孟斑亦深受触动,开始在学校探索课程改革的试验。

在《幻想?》一文中,洪光磊幻想了未来的学校:"将来去办一所新学校,这所学校将取消一切不合理的教学方法,每天上午统一上课,下午各人去追求各人的爱好。"

王孟斑曾在一篇文章里谈起他读后的感触:"我们激动地思考着,具体地设想着,设想怎样把必修课的教学压缩在每天上午进行,腾出下午的时间让学生

---

① 王孟斑——浦东教育人物专题[EB/OL]. http://ren. bytravel. cn/history/5/wangmengban. html,2021 – 06 – 27.

参加选修课和课外小组活动,使学生的兴趣爱好特长得到充分的发展。"

1987年起,王孟斑带领教师在全市率先开展高中课程整体改革的试验,提出"看破红尘,全面裁军",实行"减少必修课时,增设选修学科,加强课外活动",以全面提高学生的素质,健康发展学生的个性。

"全面裁军"首先是减少语、数、外的必修课课时,新设48节选修课,课程门类包括文科、理科及知识技能类。"选修课就是针对怎么拓展学生的知识,怎么提高学生能力,满足学生兴趣和爱好这些方面开设",选修课采用走班上课的方式。

推行之初,有老师担心学生成绩下降。当时一名化学老师害怕学生的学业水平考试竞争不过其他学校,经常留下学生加课。校长发现后,为打消老师的顾虑,甚至提出即便将来这个班的学生成绩比不过竞争校,仍然要奖励老师。时至今日,笔者依然记得王孟斑老校长的一个观点:"我们不以升学率、获奖数量自豪,而是以促进学生个性发展自豪。①"

20世纪80年代下半期,针对学生学习负担过重、教学要求一刀切的情况,学校又在"三全"育人理念的基础上提出"全面发展、学有特长"的育人思想。为了让学校教育更好地关注到每一个具体的个人,促进学生个性特长的培养,王孟斑校长的继任者陈德生校长明确提出,我们鼓励学生不要追求门门高分数,但要发展特长,鼓励冒尖,个人成果的取得就是一种人才培养的导向。

"三全"教育理念和"全面发展、学有特长"育人思想引领下的课程教学改革结果是多方欢喜,学生成绩和教学质量并没有担心中的下降。减少必修课的课时,增加可根据自己兴趣和能力选择的课程后,学生学习的投入状态变得非常积极。"全面发展、学有特长"进一步细化了学校的人才培养理念,也是对"三全"思想的继承和创新,二者在思想价值上是一脉相承的,基于这些思想开展的课程教学和人才培养变革,是改革开放以来大同中学课程改革历史上的浓重一笔,也为今日大同的腾飞奠定了坚实基础,注入了良好的变革基因。

二、四个"学会":全面实施素质教育

1992年到1997年5年间,学校的人才培养主要顺应时代发展的需求,围绕

---

① 搜狐网.上海大同中学:做"不热闹的课改"![EB/OL].https://www.sohu.com/a/192136914_227364,2021－06－27.

全面实施素质教育的基本导向开展。

进入 20 世纪 90 年代之后，人类在激动中憧憬新世纪的曙光，学校的教育改革和人才培养也进入一个新的时期。这一时期，围绕如何有效迎接 21 世纪的挑战，培养跨世纪的一代新人，世界各国、各地都在思考和进行探索，这一时期，也是世界课程教学改革历史上高质量文献产出的重要时期。

对学校而言，如何着眼于新世纪的人才培养需求，改革学校的人才培养理念和方式，也是摆在面前的一个重要现实问题。1992 年 10 月成为大同中学校长的王世虎充分认识到世纪交替带给学校课程教育改革的紧迫使命。经过系统的思考，王世虎提出"坚持和谐发展，全面提高素质，健康发展个性，培养四有新人"的培养目标，并具体落实在要求每个学生做到"学会做人，学会学习，学会生活，学有特长"上。在"四个学会"中，王校长尤其注重教学生"学会生活"这一条，他认为："这是基础教育的重要内容，是我们教育工作者的职责。愿我们的学生都能学会生活，愿我们的学生将来都有一个美好幸福的人生。"

为了配合"四个学会"的人才培养目标，在学校原有的"学分制"管理的基础上，王世虎校长牵头推出了"学分管理制"的课程管理和评价制度。这项管理和评价制度的特点之一便是全面性，除必修课外，学生的选修课、活动课都被纳入这一体系之内，甚至包括学生的校外活动。

学分制课程管理结构上包括两块：学时学分和奖励学分。学时学分是学生正常修习课程结束时获得的学分，这也是基本学分。奖励学分是根据学生在这门课的表现另外奖励给学生的学分。拿语文学科来说，它的正常修习学分是 4 个学分。到期末总评时，如果某个学生的成绩在年级前 20%，就会奖励两个学分，最终语文这门课，这名学生就获得了 6 个学分。除此之外，学生参加志愿服务活动、社团活动也会获得奖励学分。还有一些学生参加社会上的计算机、英语类考试获奖，也可以加学分。期末，学生成绩便是以学分的形式呈现。基本学分作为学生升留级的标准。此外，评选先进、确定自主招生推荐名额或者保送生都要参考学分。

学分制改变了原来单一的课程管理及评价方式，从多个维度观察、记录学生的学习成长过程。而随着学生学分数据的累积，学生学习结构的差异也就显现出来了。对某两个同学的学分进行比较时可以发现，他们在某个学习领域表现出明显的差异，比如同样在自然科学领域，可能一个学期下来，一个同学是 9

个学分,另一个是 6 个学分,这一差异可以看出个体学生的兴趣和素质结构差异,而这对后面指导学生选课、职业生涯规划都有重要的参考价值。

另外,王世虎还提出了"特长认定制度",延续上任校长提出的"学有所长"的育人理念。学校对学生的特长进行校、区、市三级认定。为了保障认定的专业性和权威性,对外语特长能力的认定,学校请上海外国语大学的专家,艺术特长就请艺术院校的老师,认定以后实际上对学生后来升学非常有意义。这一特长认定制度与"五免制度"相互辅助。

大同中学甚至还曾一度做了一个更大胆的试验:学习能力强、学习进度快的学生可以提前毕业。学年制规定学生必须在 3 年内修完所有课程,但学分制就没有时间上的限定了。大同中学在当时做一个试验,让修完学分的学生提前毕业。试行第一年有三名学生提出申请,学校向上海市教委打报告,最后三名学生也都考入了不错的大学。不过后来,学校也在反思这项提前毕业的试验的可行性。讨论结果是,将三年的学习内容压缩到两年,可能会让学生的学习更加辛苦,压力也可能会增大,这对学生的后续发展也可能产生不好的影响。试行一段时间后,大同中学没有继续这个试验,而是采用学年和学分相结合的课程管理方式。尽管这一改革没有延续下去,但是学校基于学生实际不断变革课程、教学和人才培养方式的"基因"却得到了很好的传承和延续。

素质教育理念的提出是世纪之交中国基础教育改革的最强音之一。素质教育为补充"应试教育"而出现,[①]是一种蕴含着美好期待的教育理念,是教育宗旨的中国式表达,是对教育目标逻辑起点的回归和反思。[②] 素质教育也是国民性的教育,是符合教育大政方针的战略性思想,旨在提高全体国民素质的教育,是以培养学生实践能力和创新精神为重点的教育。[③] 大同中学认识到,学校素质教育的实施是一个系统性工程,只有深入持久地开展教育改革,方能真正实施素质教育。这一时期大同中学的改革,不论是理念层面"四个学会"的顶层设计,还是实践层面"三个板块"的课程建构、"三三制"的德育格局,抑或是加强教

---

① 张娜,马致颖.从素质教育到核心素养:我国校本课程开发理念的演进[J].现代教育科学,2019(12):132-136.

② 毛红芳.从素质教育到核心素养:全面发展教育的中国实践与理论发展[J].国家教育行政学院学报,2018(3):44-49.

③ 柳斌.新时代把素质教育进行到底[J].基础教育论坛,2018(27):4-6.

育研究的引领和学校管理的规范,实际上都是着眼于学生全面发展和综合素质的提升,也在实践之中探索形成了具有学校特质的素质教育之道。

三、五大理念:推进实验性示范性高中建设

1997 年到 2007 年的十年间,大同中学抓住上海市实验性示范性高中建设的良好历史机遇,提出"育人为本,育德为先,坚持改革,服务社会,发展自我"的办学理念,扎实推进实验性示范性高中建设,让学校改革发展和人才培养再上新的水平。

1999 年,为引领上海市高中全面实施素质教育,上海市启动了实验性示范性高中建设项目。根据相关文件的解读,实验性示范性高中建设是上海市基础教育现代化的重要组成部分。建设实验性示范性高中,目的在于通过促进学校形成依法治校、自我约束、自主发展的内驱机制,推动学校不断追求新的发展,形成一支学校教育改革的先锋队,一支攻克素质教育难题的攻坚队,对整个高中教育和基础教育起示范、辐射和引领作用,从而带动基础教育的整体发展与提高,促进本市率先基本实现教育现代化。

实施实验性示范性高中建设,宗旨是引领普通高中全面实施素质教育,市、区(县)实验性示范性高中应是本市和各区县实施素质教育的领头羊,并充分发挥示范辐射作用。原有市、区(县)重点中学将逐渐淡出。今后市、区(县)教育行政部门也不再命名市、区(县)重点中学。

实验性示范性高中建设项目实行社会评价和政府评价相结合的机制,在学校申报和区(县)教育行政部门审核推荐的基础上,按照"学校规划评审、规划实施中期检查、规划实施总结性评审"的程序,对学校进行全面评估。通过实验性示范性高中评估的学校,由上海市教委授予"上海市实验性示范性高中"称号。

创办实验性示范性高中,是扩大优质教育资源,满足百姓对教育需求的一大措施,也是贯彻上海市教育工作会议的具体行动,旨在采用新的机制,调动各方办学的积极性,整体提高高中的质量。以实验性示范性高中的筹备、申报和立项建设为契机,大同中学积极落实上海市教育工作会议精神,坚持改革领先,实践现代教育,在张浩良校长的主持下编订了《大同中学创建实验性示范性高中规划(1999—2002 年)》,在坚持学生"全面发展,学有特长"办学特色的基础上,把学生培养成有正确的政治信念和强烈社会责任感,有高尚的道德情操、扎

实的基础和较强学习能力,初步具有批判性思维、创新精神和课题研究能力、解决实际问题的能力,身心健康,有社会交往能力的优秀学生。

20 世纪 90 年代末,中共中央国务院颁布《关于深化教育改革全面推进素质教育的决定》,为落实《决定》精神,上海启动二期课程教材改革。二期课改的试验过程,也恰逢实验性示范性高中规划的实施过程。学校确立"育人为本,德育为先,坚持改革,服务社会,发展自我"的办学理念,弘扬"爱国、民主、创新"的学校文化,提出"人格健全,才力出众"的培养目标。时任校长杨明华认为"适应新世纪社会发展需要的人,既有崇高的人格,又有杰出的才力;既有传统的精神又有时代的意识;既有成才报国之志,又有创新发展之力"。

四、守正创新,追求卓越:建设活力大同、和谐大同

2007 年至 2018 年,在国内中小学教育教学改革轰轰烈烈开展的整体背景下,在培养创新人才,提升学生综合素质、核心素养、关键能力等改革理念的引领下,大同中学也在思考如何顺应时代发展,探寻更加契合时代发展和人才培养要求的学校育人之道。学校提出"守正创新,追求卓越"的发展理念,着力建设活力大同、和谐大同。

这一时期,伴随上海自贸区的建立,上海市正迎来新一轮发展机遇——建设经济金融中心和国际化大都市。全球化带来的竞争与合作、知识经济与服务产业的兴起、第三次工业革命等都正在或将要深刻改变对人才素质的要求。未来大同的毕业生需要具备更多、更新技能,才能更好地应对 21 世纪的新挑战。

2010 年,全国和上海市陆续推出中长期教育改革与发展纲要。高中多样化发展与特色建设、创新素养培养、深化课程教学改革等都逐步从局部试验走向整体综合改革。中共十八届三中全会更是对普通高中改革提出更高的要求,如深化普通高考制度和大学招生制度改革,建立综合评价多元录取机制等。可以预期,此后几年学校将面临更多机遇和挑战。在此背景之下,学校需提升自主变革和创新的能力,以更好地适应外部制度环境;学校需要站在更高视角,主动把握未来对人才的需求趋势,并将其转化为自身的培养目标及其相应课程与教学,从而引领变革;学校应紧密围绕立德树人,培育学生的社会责任感、创新精神与实践能力,将原有改革探索和特色实践引向深入,不断提升教育的实践效益。

2012年,大同中学迎来了百年校庆。以百年校庆为契机,学校经过持续努力,初步形成了大同文化育人体系。2007—2012的五年里,学校对百年大同历史进行了系统梳理;构建起体现大同文化的景观,如院士墙、大同博物馆、大同广场、校友砖;持续完善大同文化校本课程;围绕百年校庆开展系列主题活动,提升了大同文化的感召力和全校师生的认同度。

与此同时,学校紧密围绕大同学子培育工程,依据学生发展特点和需求,结合改革开放三十周年和世博会契机,构建起分年级序列主题活动;持续发展德育拓展型课程链,整合校本课程与社会实践活动,提升德育实效性;聚焦班级文化建设和班主任专业发展,建立四个班主任工作室,从四个专业方向深化德育研究。

这一时期的学校课程建设,也实现面上推进,点上突破。以教育部规划课题"学校课程整合实施的深化研究",推进四个层面的课程整合;创设高中预备期课程,整体规划高一新生的学习预备;推进创新素养早期培养的课程建设,"CIE"(创意创造创业)课程取得较好效益;继续完善校本课程的实施,大科技课程和大人文课程得到一定发展;创立"院士讲坛",积极开设各类学术讲座,创立五月诗会等,丰富了学生学习经历。

伴随课程改革,学校"活力课堂"得到一定发展。学校围绕"活力课堂"的教学愿景,以"六个反思"引导教师教学反思;以"一组一特色"为要求,推动各学科教研组加强教学改进和研究;以精品课建设工程为载体,加大课堂教学设计研究;建立特级教师导师团,实施三阶段教学视导;加强学校教学过程监控。

在上述办学基础上,学校于2013年制定了百年大同新征程上的第一个五年发展规划,规划重申了"育人为本,德育为先,坚持改革,服务社会,共享幸福,追求卓越"的办学理念,着眼于时代发展和学校人才培养的历史积累,强调"大同中学所培养的学生应该具备适应21世纪生存的优异气质和素养,即正气(人格健全)、大气(国际视野)、才气(才学出众)、锐气(创业精神)和灵气(高阶思维)",明确通过五年的发展,基本构建起与国际大都市精品教育相适应的,具备高挑战性、高支持性、高成长性和高前瞻性的国内一流、国际知名高中,实现五个维度的追求:高挑战性——学校能为师生创造挑战性、高价值的发展机会;高支持性——学校能为师生提供个性化、人性化的成长支持;高成长性——学校能让师生在已有的基础上获得更大的发展;高前瞻性——学校能在主动回应时代需求中引领教育的潮流。

本轮规划突出"守正创新，追求卓越"的价值导向，以"为大同新百年发展奠基"为诉求，守大同之正，继承和发扬"教育报国""文化自觉""立己达人"的百年大同文化核心价值观；创大同之新，以高度的历史与社会责任感，主动回应时代和社会对教育的新要求，积极探索和创造学校教育教学实践的新举措，成就充满活力、和谐和幸福的卓越大同。

基于"守正创新，追求卓越"，建设活力大同、和谐大同的价值追求，学校采取了如下发展策略，系统推进"文化树人""课程创新""成就名师""领导变革""时空开拓"等领域的工作，描绘了大同新百年的蓝图，也让学校在守正创新中继续探索适应新世纪要求的课程教学改革与人才培养之道。

未来眼光：关注 21 世纪全球化竞争与合作所需能力及素养，关注现代教育信息技术前沿，把握趋势，积极回应，善于创造。

文化浸润：挖掘大同文化的历史底蕴与时代意蕴，让大同文化滋养师生的精神世界，激励师生的主动成长，激发师生的无限智慧。

深度变革：聚焦学生学习的方式优化与效能提升，积极探索课程与教学的统整、变革与创新，在课程链、动态分层、书院课程、创新社团、课程云等方面有较大建树。

再造机制：创建在追求卓越过程中成就幸福的机制，用愿景引领人，用精神激励人，给空间释放创意，搭平台成就努力，让管理服务一线，最终让师生在自我肯定、自我挑战与超越中获得积极的幸福体验。

五、留住"乡愁"：创造适合学生发展的教育

时光飞逝。依然清晰地记得人类迎接 21 世纪新曙光时候的兴奋心情，转瞬间，21 世纪已经走过了五分之一。

2018 年，我履新大同中学校长，成为这所百年名校的第十三任接棒人。这一时期，高中教育的改革发展面临着更加不同于以往的国内国外环境。从国际环境的角度看，世界教育正处于大发展、大调整、大变革的重要时刻。科技革命和经济全球化加剧了世界各国对于高素质人才的需求，时代在不断发展，教育要培养符合当前时代发展需求的人才，就必须作出相应的变革，否则将如逆水行舟，不进则退；从国内情况看，党的十九大胜利召开，宣告中国特色社会主义

进入新时代,随着我国社会主要矛盾的转型,人民群众日益增长的对高质量教育的需要和教育不平衡不充分的发展之间的矛盾日渐凸显,教育改革过程中充斥着素质教育与应试教育之争、科学教育与人文教育之争、传统文化与社会主义思想之争、极端利己主义与道德教育之争,①在这样的背景下,学校如何选择自己的道路,积极承担"为党育人、为国育才"的责任和使命,就成为一个迫切需要思考的命题。

我始终认为,新世纪以来的教育变革,尽管不同时期有不同的重心和要求,但是贯穿其中的一个本质要素始终没有发生变化,那就是对教育立德树人的初心和"以人为本"的尊重,倡导从人的视角呼唤教育本质的回归。教育的本质是回答何为教育的问题。教育理论和实践中的许多问题都与对教育本质的理解有关。从成人到国家的人,有用的人,完整的人,自由的人,追求真、善、美的人,优良的教育并不是为了物质财富的占有而获取各种人生在世的资本,而是为了人自身的完满,为了人格的健全。② 教育的"人"的本质,就是倡导要从学生的视角,把学生视作具体的人、成长中的人,从他们的成长需要出发打造适合他们的教育,这是新时代高中教育改革的应然逻辑起点。

学校是什么? 学校是学生留下成长记忆的美好家园。2019 年年初,习近平总书记在北京老城前门东区看望慰问基层干部群众时,说出了一句意味深长的话:"让城市留住记忆,让人们记住乡愁。"这句话引发了很多城市人的共鸣。同年年底,总书记在考察上海的时候,高度肯定滨江岸线从昔日"工业锈带"到如今"生活秀带"的靓丽转型,强调要妥善处理好保护和发展的关系,注重延续城市历史文脉,像对待"老人"一样尊重和善待城市中的老建筑,保留城市历史文化记忆,让人们记得住历史、记得住乡愁,坚定文化自信,增强家国情怀。③ 乡愁,是中国人对故土山水人文的悠长眷恋。作为一个普通公民,这份眷恋可能体现在对父母的牵挂,对儿时伙伴的想念,对故土的魂牵梦萦,也可能就体现在家乡的一碗饺子、一碗面。同样,对于学生而言,学校就如同他们的故土,他们

---

① 唐宇.新时代教育发展趋势探究——基于基础教育改革视角[J].基础教育研究,2020(5):5-10.

② 孟筱,蔡国英,周福盛.新时代教育发展的历史逻辑、理论意涵与实践路径[J].北方民族大学学报(哲学社会科学版),2019(6):149-153.

③ 金佳绪.让城市留住记忆,让人们记住乡愁[EB/OL].https://baijiahao.baidu.com/s?id=1653877732115174033&wfr=spider&for=pc,2021-07-10.

在离开学校之后是否还会怀着愉悦的心情回忆起高中的生活,在很大程度上体现了学校教育的成功抑或失败。城市要让人们记住乡愁,学校也要成为学生"乡愁"的凝结地,基于这样的认识,在延续"全面发展,学有特长"的育人理念下,从新时代教育改革发展的特征、要求出发,融合对学校教育价值的理解,我提出"创造适合学生发展的教育,打造留住学生乡愁的学校"的办学理想,希望大同中学能提供适合学生成长的教育,在这所学校里学生快乐成长,教师幸福工作,每一个经历过大同生活的人都有获得感,每一个离开大同的人,都会留下一种特殊的美好回忆。

2019 年,在接受澎湃新闻《名校长访谈》栏目采访的时候,我曾经对大同中学的办学历史进行过简要总结,我认为,一个学校要走向成功,其背后总有些关键要素在发生作用。回顾历史去寻找大同中学能够在上海教育占有一席之地的原因,我们不难发现以下几项因素起了重要作用:

一是确立了"全面发展,学有特长"的育人理念,学校有共同的价值追求;

二是历任校长一以贯之,注重在传承中创新,在创新中发展;

三是与时俱进,三十年以课程改革为抓手提升学校影响力;

四是有一支结构合理、业务优秀的教职员工队伍,尤其是培植了"团结、实干、奉献、改革、创新、进取"的团队精神;

五是相对稳定,在全市具有有一定竞争力的生源。

新时代的大同中学走向何方,如何发展,显然其基础是要延续过去百年的改革精神和经验。

基于对历史的传承创新,着眼于"创造适合学生发展的教育,打造留住学生乡愁的学校"的价值目标,把学校发展的战略改进重点放在"教师发展、课程重构、制度再造、文化凝聚"四个领域。

教师发展:教师是学校的核心竞争力,树立"教师第一"的观念,将教师的专业发展放在学校发展的第一要务。创新制度,激活教师专业发展的热情;创设平台,成就教师专业发展的获得感;创造机会,提升教师学校生活的幸福感。

课程重构:学校是通过课程为学生的成长服务的,课程是学校的核心产品。你不能改变生源,你就得改变课程。课程改变了,学校才会改变;课堂"优质"了,教育才会优质;教学创新了,学生才会创新。

制度再造:制度具有相对的稳定性,但也具有相对的惰性,如果不进行与时俱进的改造,制度就会成为走向成功的阻力。

　　文化凝聚:要继承和弘扬优秀的学校文化,守住教育"立德树人"的使命,"以文立校,以文化人",让优秀的学校文化进入教师的心灵,体现在教师的行动上,真正实现文化认同、文化自觉和文化自信。

　　对于新时代大同中学的人才培养,在我的心中,也有一个美好的勾画:我们不把取得好的学科成绩作为评价学生学习的唯一标准,要知道教科书不是学生的全部世界,学生得在与他人的交往中"学会做人",得在参与社会里"学会生活",得在知识的建构中"学会学习",更应成为一个"学有特长"的自己,做一个"全面发展,学有特长"的人,做一个有"立己达人"情怀的人。我们不希望大同的学子是只会做题目的"考生",更希望他们能对学习、生活中的一些困惑有提出疑问的勇气。① 人文素养、学科思维、学习品质、创造潜质是大同学子身份特征的关键词,也是我们新时代课程教学和人才培养改革的持续目标。

---

　　① 澎湃新闻.大同中学:学生不应只会做题,要有提疑问的勇气[EB/OL].https://www.sohu.com/a/319082240_260616,2021 - 07 - 11.

第二章

回望

——学校课程改革的整体脉络

课程改革是学校改革中最活跃、最关键的领域。回溯学校的办学历史和育人理念的沿革历史,是为了更好地展现和理解大同中学课程改革的历史脉络。

课程的建设,本质上是一个不断守正创新的实践过程。在课程理论演进的历史中,课程作为一种实践的理解,是一种有着鲜明的改革特色的传统。施瓦布以实践作为"课程的语言",强调实践"总是具体的",总是"来自与我们自身息息相关的事态",推动课程理解和建构向实践导向的转化,这种转化,不仅让实践成为课程理解和实施的重要价值导向,也体现了课程建设本身的实践属性。当今课程改革中有一个很有意义、很有影响的比喻:"课程不再是跑道,而是跑的过程自身"①,学习也因之成为意义、体验的建构过程。从跑道到跑的过程,生动地反映着当今时代课程理念的变革。② 从这种理念出发,可以认为,学校课程"不是单纯静态的'公定框架'、学校的'教育计划',它是师生在一定的教育情境中展开文化探索的动态生成的过程。③"

社会在变化,时代对人才培养的需求在变,学校的教育情境在变。大同中学始终抓住时代育人需求,不断调适学校的课程体系,释放学生个性化发展的时空。从一期课改"减少必修课,增设选修课,加强活动课"到二期课改"形成研究型课程方案,建设拓展型课程序列,实验新教材",从以"学校课程统整"为策略开展提升课程领导力行动研究到"基于选择性、个性化学习"的学校课程供给改革,三十年课程改革,从"一期课改"到"二期课改",从提升课程领导力的深化,到高考新政背景下的主动建构,学校课程满足每一个学生发展的需要,从单一走向多元,从多元走向统整,课程的丰富性、学习的选择性大大增强。

---

① [美]小威廉姆.E.多尔.后现代课程观[M].王红宇,译.北京:教育科学出版社,2006.
② 胡萨,宁虹.课程:作为一种实践[J].首都师范大学学报(社会科学版),2009(6):120-123.
③ 钟启泉.课程的逻辑[M].上海:华东师范大学出版社,2008.

第一节　启程:高中课程结构整体改革(1987—1997)

课程结构是课程的各种类型、各个组成成分或要素按照预定的一定准则形成的相对稳定的相互联系。[1] 它是将课程理念转化为课程实践的关键环节,直接影响着课程价值的实现程度和人才培养的质量。[2] 近年来,随着课程改革的深入,特别是课程权利向学校层面的下放,很多学校开始考虑课程结构的优化调整问题,课程结构也逐渐成为课程研究的一个重要分支。

实际上,回溯大同中学的课程改革历史,对于课程结构的关注和调整由来已久,也正是这种结构性的调整拉开了改革开放三十年来大同中学课程改革的历史序幕。

大同中学高中课程结构整体改革试验起步于 1987 年,旨在突破课程单一化的体系,改变教学"一刀切"的做法,减轻学生过重的学业负担。通过体系保障、转变观念、论证调研、分步实施等举措贯彻"减少必修课,增设选修课,加强活动课"的改革方向,形成了必修课、选修课、活动课的课程整体结构,实现了学生全面而可持续的发展及综合素养的显著提升。

一、改革的背景

课程改革不能独立于社会发展和教育整体改革而单独存在。大同中学自1978 年恢复为市重点中学以来,进行了一系列教育改革探索和实践。在教学领域,学校围绕"落实双基"进行教学方法改革;根据"加强基础,培养能力,发展智力"的要求,提出正确处理"教与学""知识与能力、智力""课内与课外"三个关系。

随着教学改革的开展,学校教学发生了很大的变化,传统的教育思想、教材内容和教学方法受到了很大的冲击。但是学校已开展的教改举措还只是局部的,没有打破统一的、单一的课程结构,没有跳出为升学服务的轨道。我们看

---

[1]　皇甫全.现代课程与教学论[M].北京:人民教育出版社,2014.
[2]　杨清.论学校课程结构设计[J].河北师范大学学报(教育科学版),2019(6):109-114.

到,学生被排得满满的统一的必修课程统得很死,很少有自主发展的余地。为了应对高考,各学科在教学改革中不同程度地反映出片面强化本学科的倾向,在时间和内容上都做"加法",相互争夺"阵地",造成学生课业负担有增无减,可自由支配的时间越来越少,无暇顾及自己的兴趣爱好。这种状况不但不利于学生个性特长的发展,而且影响了学生的身心健康。学生对此不满,他们向往着"每天上午上统一的课,下午各人去追求各人的爱好"的学习生活,呼吁进一步改革。据此,学校明确了改革的方向,以改变封闭的、单一的课程结构为突破口,进行教育的整体改革,对学校走出"应试教育"踏出了坚实的一步。

前文中提及的洪光磊同学的《幻想?》一文,就是这一时期学校教学状态、学生成长状态的最直观表达:

当前学校每天的主要功课就是背!背历史,背地理,背外语,背政治……,此外,还得应付上课提问、测验、考试,最终是"应付高考!"……好不容易捱到放风时间里。

无论如何,这种教育制度是要改革的,尤其是高中!它限制学生视野,束缚学生的思维,忽视培养学生的能力,造成了越来越多的离开书本便无能为力的"畸形儿",和时代的发展极不适应!和青少年的思维发展极不适应!亟待改革!

将来去办一所新学校,这所学校将取消一切不合理的教学方法,每天上午统一上课,下午各人去追求各人的爱好。或许这只是空想、幻想罢了,只能寄希望于未来。但我们的愿望是能够实现的。

二、改革的思路

学校课程结构整体改革的试验目标是改革课程单一化的结构,改变教学"一刀切"的做法,改变学生负担过重的状况,建立适应社会发展需要和学生自身发展需要的统一性与灵活性相结合的课程体制,使学生素质得到全面提升,个性得到健康发展。

改革的基本思路是:减少必修课,增设选修课,加强活动课,建立由必修课、活动课和选修课组成的课程结构;以上午上必修课,下午重点开设选修课和活动课的形式安排教学,建立两个课堂并重的教学体系;推进教材、教法、教学手段、教学管理等系统性改革,确保试验目标全面落实。

减少必修课:各学科必修课每周教学时数比教学大纲规定的课时数减少1节,计算机课改为选修课,安排在两年内人人必选、轮换修习。这样,每周必修课教学总课时由原来的34—36节缩减为25—26节,为学生参加选修课和活动课留出了时空。

增设选修课:三年以内,试点年级共开设有48门选修课。选修课大致分为两类,即知识类和技能类。知识类科目主要为加深、拓宽和提高学生的基础知识,扩大学生的学科视野,满足不同层次学生进一步学习的需要;技能类科目旨在让学生在不同方向上掌握一定实际有用的本领,在不同程度上提高实际操作和动手能力。

加强活动课:学校在试点年级组织学科活动、体育活动、艺术活动、社会活动和学生社团活动等形式多样的活动课程,以丰富学生的学习生活,发展学生的兴趣特长。三年中,学校组织有各类活动小组19个。各班级成立为民服务小组、为残疾军人服务小组,长期开展志愿服务并利用假期或课余时间不定期地组织社会调查和社会实践,使学生的个性特长得以全面发展。

三、改革的实践

纵观整个学校课程结构形态的演变历史,我们发现,以往关于课程结构问题的探究大多陷入了工具论的理论视野。主要表现在:其一,以工具性追求代替价值性追求的倾向,具体表现为课程结构变革的理性主义传统对人的非理性发展的漠视及知识观的狭隘化。将课程结构视为一种传递知识的工具,实质上忽视了课程结构对人的发展的价值性倾向。其二,求统一化的形式化倾向,企图寻求尽善尽美的结论,而无视偶然性的客观存在性,无视群体中存在的个性差异。多把课程结构标榜为一种统一化的模式,而缺乏对学校、学生的个性差异关注。其三,追求终极真理,寻求单纯的因果解释框架,将课程结构看作一个封闭系统,未能体现动态发展和变革的保守倾向。[1] 大同中学的课程结构调整,从某种程度上说,就是要打破这种传统学校课程结构设计中存在的问题,从学生真实的发展需要出发建构课程,通过课程结构的创新和课程内容的重构,跳出课程设置的工具理性,让课程建设真正回归到促进

---

① 赵文平.中小学学校课程结构研究的方法论思考[J].教育学术月刊,2012(9):92-94.

学生成长发展的价值导向上来。基于这样的价值认同,大同中学的课程结构改革实践,主要采取了如下方式:

必修课:基于学生发展的共性和人才的基础素质的共同要求,设置必修课,使学生得到基本素质的各种训练,获得必须具备的基础知识和基本技能。

各学科必修课每周教学时数比教学大纲规定的课时数减少1节,计算机课改为选修课,安排在两年内人人必选、轮换修习。这样,每周必修课教学总课时由原来的34—36节缩减为25—26节,为学生参加选修课和活动课留出了时空。

必修课教学贯彻"少而精"的原则,合理安排三年的教学内容,确定每学年每学期的教学重点,精选内容,精心组织,抓住重点,讲练结合,采取学生自学、集体讨论、教师讲解或单元整体教学等方法,促进课堂教学改革。

选修课:从学生个性的差异和为培养多方面、多层次人才打基础的不同要求出发,设置选修课,开阔学生视野,培养兴趣爱好,强化素质训练,发展个性特长。

选修课选题,结合社会实际,注重实用性;结合学生兴趣爱好,发挥导向性;结合教学实际,注意可行性。选修课主要设置知识类和技能类科目:知识类科目,主要为加深、拓宽和提高学生的基础知识,扩大学生视野,满足不同层次学生进一步学习的需要;技能类科目,旨在让学生在不同方向上掌握一些实际有用的本领,在不同程度上提高实际操作和动手能力。

每学期每个学生可选3—4门科目,三年期间学生可选修8—12门科目。

活动课:通过活动课,进一步满足学生自我发展的各种需要,为学生自由充分地发展个性进一步提供条件。

在辅导老师指导下,有明确的计划和具体的要求,组织开展学科活动、体育活动、艺术活动、社会活动和学生社团活动等形式多样的活动课程。

通过对试验效果开展评估,相关结果表明学生课业负担明显减轻。减少必修课课时和降低既有偏高的教学要求后,学生作业量及相应学习压力显著降低。学生普遍感到课余生活较为丰富,有自我发展的余地。学生素质显著提升,个性特长得到健康发展。学生必修课的学习质量未受改革影响,学习质量均达到规定要求,各科合格率达100%(表2-1)。

表 2 - 1　大同中学课程结构表(1987—1995)

课程类型		科目
必修课程		语文、数学、英语、物理、化学、生物、政治、历史、地理、体育
选修课程	文科类	新闻写作与报道、俄语、日语、辩证唯物主义常识、天文知识与观察等
	理科类	计算机、数论、物理(化学)概念与实验、数学理论与实践等
	劳技类	英文打字、电工常识、盆景花卉等
	讲座类	新科学知识讲座、国情教育等
	基础知识	基础知识补偿课
活动课程	学科活动	数学、外语、化学、物理兴趣小组,半导体小组,政治经济学小组
	体育活动	足球队、排球队、乒乓球队、围棋队、桥牌队
	艺术活动	合唱团、舞蹈队、朗诵与演讲等
	社团活动	浅流文学社等
	其他活动	集邮小组、针灸推拿小组等

第二节　发展:高中素质教育课程体系的构建(1997—2010)

　　1995 年—1999 年,学校以学生发展为本,以学校为本,重点探索、实践课程目标整体性、课程结构多元性和课程教学差异性三个方面,并以其为原则构建了大同中学素质教育课程体系。课程体系梳理了显性课程与隐性课程,必修课程、选修课程与活动课程,前瞻性与操作性三对关系,将必修课作为基础型课程的主体,作为培养学生基础性学力、加强学生素质教育的主要阵地;选修课作为拓展型课程的主体,在加强学生素质教育的基础上,更注重培养学生的发展性学力,拓展学生的知识与能力;活动课结合高中学生自身发展的需求,作为探究、研究型课程注重发展学生的创造性学力,但我们不能把某一种课程功能完全划属于某一类、某一门课程中"①,设置了学校的基础型课程、拓展型课程和研究型课程,初步建构了着眼于新世纪教育改革发展和人才培养的高中素质教育课程体系。

一、改革的背景

人类文明进程发展到 21 世纪,经济的发展将比以往任何时候都更加依赖于知识的生产、传播和应用,知识将成为我们经济社会发展的驱动力。科学技术尤其是高新技术将成为社会生活的重要内容,成为推动社会进步的重要力量。伴随着科学技术的进步,国际竞争与合作的加强,全球一体化趋势已成为不可逆转的历史潮流。这一深刻的时代背景表明 21 世纪各国人才的竞争越来越表现为智力性人才的竞争。

所有这一切都对当今基础教育提出了强有力的挑战。为了培养适应新世纪社会发展需要的创新人才,保证新世纪教育质量,就必须根据时代的特点来进行教育教学改革,以使我们的教育教学为培养适应时代发展的人才奠定坚实的基础。

上海教育因时而动,确立了"以学生发展为本"的基本理念,提出通过"基础型、拓展型、研究型"三类课程为学生提供品德形成和人格发展、潜能开发和认知发展、体育与健身、艺术修养和发展、社会实践等五大方面的经历,从而实现学生全面而有个性的发展。

上海市大同中学是一所市重点中学,又是上海市首批命名的实验性示范性高中之一,根据学校自身发展和时代发展的要求,我们将学校定位在把大同中学办成现代化社会主义国际大都市中心城区的"面向现代化、面向世界、面向未来"的,国内一流、国际知名的高水平实验性示范性学校。由此,我们提出学校的培养目标:以邓小平同志"三个面向"和江泽民同志"四个统一"精神培养、激励学生,坚持使学生"全面发展、学有特长",把学生培养成有正确的政治信念、强烈社会责任感和高尚的道德情操,有扎实的基础和较强学习能力,初步具有批判性思维、创新精神和课题研究能力、解决实际问题的能力,身心健康,有社会交往能力的优秀学生。

---

① 张浩良.以课程改革为素质教育的突破口[N].光明日报,1999 年 11 月 3 日第 6 版.

学校课程改革的目的是促进课程发展,最终满足学生全面个性发展和社会多元发展的需求。① 从这个意义出发,学校培养目标的达成,也必然需要构建指向于培养目标的课程载体。一所站在新世纪的学校一定要构建起适应新时代、适应学生、适应学校自身发展需要的课程体系。

二、改革的思路

教育"面向现代化,面向世界,面向未来",在当时的大同中学看来,学校教育应以"育人为本,服务社会,促进成长"为目标,培养出适应新世纪社会发展需要的,既有崇高的人格,又有杰出的才力,既有传统的精神,又有时代的意识,既有成才报国之志,又有创新发展之力的人才。因此,学校课程的设计注意前瞻性,学校课程的目标注重发展性,学校课程实施注重选择性和主体性。

在传统的学校课程结构中,国家课程是占据绝对主导地位甚至是唯一地位的。国家课程作为国家规定的课程,它是专门为培养未来公民而设计的,是依据未来公民接受教育之后所要达到的共同素质而开发的课程,反映的是符合大众利益和共识的教育内容。② 国家课程的建设为培养学生奠定知识、学力及素质的基础提供了有力的保障,对学生思想品德素质、科学文化素质、身体心理素质、劳动技能素质等诸方面全面发展提出了共同的要求,但不易为学生的个性发展提供足够的时间和空间。

因此,学校还必须着眼于时代的要求,以学生的发展为本,把学生身心全面发展和个性、潜能开发作为核心,构建学校课程,为学生人格和才力的自我发展、终身学习意识与能力的养成提供足够的时空。

随着国际交往的扩大和信息网络化的普及,人们的社会生活越来越依赖于现代信息技术手段和外国语言工具。因此,学校课程的实施应当将课程教学与现代信息技术、外国语言工具有效整合,使学生在课程学习中掌握现代信息技术手段和外国语言工具,并学会用现代信息技术和外国语言工具促进对学校课程的学习。

---

① 胡定荣.课程改革历史研究的概念澄清与理论分析框架构建[J].中国教育科学,2019(6):100 -114.

② 杨清.论国家课程校本化实施的四个着力点[J].河北师范大学学报(教育科学版),2018(2),92 -97.

（一）以培养学生创新才力为目标的学校课程构建

创新是一个民族进步的灵魂，是国家兴旺发达的基本动力，新时代的知识经济的发展离不开创新。21世纪，科学技术的进步，知识量的剧增，知识创新、知识创造性地传播与应用，使培养学生创造性的学力，即创造性地解决问题的能力、批判性反思的能力、团结协作的能力、有效地运用现代技术的能力、终身学习的能力越来越显现出其重要性。围绕培养学生创新精神与实践能力的素质教育的重点，学校课程的设置着力于培养学生联系社会生产生活发现、提出问题的能力基础；着力于培养学生搜集、利用信息构建知识模型进行科学探究、创造性地解决问题的气质与能力基础；着力于培养学生批判性反思的能力基础。

为此，我们尝试提出以问题研究为载体，以培养学生创新精神与实践能力发展基础为目标的学校研究型课程结构。该课程构建以问题的探究或研究为核心，强调通过课程的构建与课程学习的过程，使学生能够自主地从现实生产生活中发现并提出有价值的问题，通过科学的探究过程达到对知识的理解并创造性地运用到解决生活问题中去，从而在掌握基本知识、掌握基本科学思维方法的基础上，形成创造的精神与能力以及批判性反思的能力基础。

综合课程群的构建能够把随着科学技术和社会经济的高速发展，人们在社会生活中面临的愈来愈多的综合性、多重性、前沿性的复杂问题统整在一起，有利于学生形成合理的知识结构，有利于培养学生创造性的思维能力和综合解决问题的能力。其目标指向学生知识的增广与统整、能力的培养与提高、知情意行的协调发展，内容上具有明显跨学科的性质，学习方式又是灵活多样的。其结构体系可严密也可松散，内容的组织安排较为便利，能及时反映新动态，具体的实施也比较灵活，有助于开阔学生的视野，克服科学知识的割裂，使学生学会主动求知的方法，增强他们对世界的整体认知能力和横向思维能力，促进知能的迁移，为培养学生结合社会生活提出问题、分析并解决问题的能力打下基础。

课题研究课程是学生进行实践体验的课程。学生在学习综合课程的过程中提出研究问题，在此基础上，在教师的指导下自主确立课题，收集、整理、处理课题的信息资料，制定课题研究的目标、途径与方法，聘请辅导老师，确定课题成果的表达形式等，具体经历包括社会调查、社会实践、案例调查、专题讨论、问题探究等的体验,有利于挖掘自身潜能,进行创造性的学习。

知识论课程是具有研究型课程内涵的思辨型课程。该课程注重探讨人们认识世界万事万物的基本方法,并尝试加以检验,其目标不在于深入学习任何一门特定的科目,而是要将中学各科目的真理、方法、价值观和相互关系作为知识的整体加以反思,使学生能从已有的知识中洞察并获得最佳的思维方法,从而通过"过程学习"重于"内容学习"的研究型学习方式,培养学生以正确的态度、创新的精神对待知识、研究学问,初步学会研究的本领。

现代信息技术研究与应用、创新实验、机器人、创造发明、应用科学、新知识论坛(讲授高科技、新社会政治经济等知识)等课程反映着科学技术与社会、经济、生活等领域的发展面貌,学校应当针对学生学习与发展的不同要求设置。

(二) 以培养学生人格发展为目标的课程构建

学生学力的培养,需要德育内涵的意识、态度、进取性等的主导支撑;学生德育的开展,也需要以实践与创新的教育载体加强,以增进实效。德育课程与智育课程,作为培养新时代大同人的两翼统整在一起,形成相互渗透、融合、互补、促进的有机整体。"人类发展的目的在于使人日臻完善,使他的人格丰富多彩,表达方式复杂多样;使他作为一个人,作为一个家庭和社会的成员,作为一个公民和生产者、技术发明者和有创造性的理想家,来承担各种不同的责任。"新时代的知识经济带来人们的思想观念、价值趋向、行为方式和生活兴趣的纷繁复杂的变化,我们的教育要适应这种变化。学校课程不仅应该强调培养学生拥有健康的个性,还应该拥有勇于承担对家庭、社会、自然、国家、民族的责任的意识与能力。学校教育要为学生的人格塑造打好基础,就是为学生在现代生活与生产中所应具有的道德情意、意志信念、人的本质和力量的养成等方面打好基础。现代的大同人,既要有成才报国的传统精神,又要有高尚的人格,还应在道德、价值、尊严、责任、自我约束等方面达到非凡的水准,这就需要有一定的德育课程(显性的和隐性的)作为保障。学校在课程内容构建上强调基本行为、基本道德的同时,还要帮助学生形成正确的价值观,并将之应用到与他们自身、他人、社会以及世界普遍相关的实际中去;强调形成积极的个人观、社会观、道德观以及精神观;强调适应时代发展并着眼于未来的意识与能力的养成。

主体德育课程在强调学校课程培养目标的整体性、智育课程德育培养的渗透性基础上强调了以下因素：

一是强调培养学生的全球意识。21 世纪是人与自然协调、可持续发展的新世纪，是东西方文化激荡交融的新世纪，是科学精神与人文精神交融统一的新世纪，新世纪的人才必须适应经济全球化、国际化的竞争与合作，新世纪人才的语言能力、文化、知识、视野必须全球化、国际化。

二是强调培养学生"学会关心"的意识与能力。在联合国教科文组织召开的关于 21 世纪教育的国际研讨会上，与会专家提出：21 世纪教育的共同指导思想，应当是教育青少年关心全球性问题，"关心社会与国家的经济、生态利益""关心全球的生活条件""关心全球的物种"，关心生态、能源、人口以及民族文化传统等一系列问题。学校有责任通过课程教育，为学生这方面的意识与能力打下一定的基础。

三是强调传统与现代的协调。科学技术的发展永远都是一把双刃剑，在迈向现代化的征途中，传统的道德、观念对人的健康人格的发展具有重要的自我调节、约束的作用，我们应当继承。

（三）基于上述两个维度目标的大同课程体系

教育是一个属人的世界，且是一个由现实的、具体的人构成的世界。因此，在人性论上，教育应实现从"抽象的人"向"具体的人"的转变，这已经是许多学者的共识。[①] 受教育者是具体的人，从"具体的人"的视角看待教育，就是要关注具体的人的生存、生活和生命，[②]这种关注的前提是尊重和承认生命之间的个体差异性。人的客观差异性，决定了学生在智力和智力发展上的差异性。应当承认，每个学生在个性特长、兴趣爱好、学习能力、发展方向等方面存在着诸多差异。基础型课程（国家课程）强调培养学生掌握基本知识，形成基本态度、基础能力，在培养学生创造精神与创新意识方面虽然起着主渠道的作用，但并不能满足每一个学生全面发展的需要，不能满足学生个性特长、兴趣爱好、能力倾向发展的需要，在 21 世纪，人的发展拥有了更多选择性，因此学校课程构建还应根据社会发展和学生的需求设置具有针对性的多元化的课程，提供给学生更多的选择。

① 李润洲."具体人"及其教育意蕴[J].清华大学教育研究,2013(1):49-53.
② 刘徐湘,胡弼成.教育学中"具体的人"——现象学的视域[J].高等教育研究,2005(3):17-22.

我们应当承认,面向 21 世纪,学生应当根据自己的兴趣爱好、个性特长、发展愿望,自我设计学习的目标、学习的内容,并通过自我探索实现自我发展,因此,学校课程要帮助学生形成具有个人特征的素质结构。在课程实施中,我们根据国家三级课程体系和功能型课程的分类,尝试针对不同学生的特点采用模块组合的方案(图 2-1)。

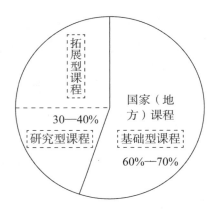

图 2-1 大同中学课程模块组合方案

在上述课程模块组合中,国家课程是培养学生掌握基础知识、形成基本态度与基本能力的课程,是每个学生共同修习的课程,这部分课程占学生修习课程的 60%—70%。

学校课程中的拓展型课程是拓展学生兴趣特长,发掘不同学生的潜质,尊重学生差异,尊重学生发展需要的课程。学生在修习时,根据自己的特点和需求在教师指导下进行选择与组合。

研究型课程是满足学生根据自己的兴趣爱好、学习能力、自我发展的需求,在教师指导下,进行选择组合的课程。学校根据该课程的培养目标构建多元化的研究型课程群,提供不同层次学生发展与选择的更大机会。拓展型课程、研究型课程占学生修习课程的 30%—40%。

学校应根据学生自主选择需求的不同组合成不同的模块进行课程实施,既达到培养学生全面发展的共同要求,又为培养学生个性特长和促进学生自我发展提供足够的时间和空间,从而最大限度地发挥学校课程教育的优势,满足学生需要,促使学生选择性地学习,发展性地学习。

知识是不断发展变化的,这就决定了课程也是一种发展的过程。随着时代的发展,学校的课程结构也必将呈动态的发展过程、动态的完善过程。我们对学校课程构建的思考,也不是一个封闭的完善过程。面对新世纪,学校一直本着"面向现代化、面向世界、面向未来"的要求,用发展的眼光,在开放中追求最优的、最适合学生发展的学校课程结构。

三、改革的实践

教育改革、课程改革作为一种社会实践活动,是在一定的价值观指导下的有意识、有目的的活动。价值是人与世界交往过程中的经验累积,表达了人类相互依存所构成的生活关系。人是教育的出发点和最终归宿,教育改革、课程改革的最重要价值指向应该是人的发展。无论是从社会发展的最终方向还是从教育本身的价值追求来看,无论是从人类社会发展的历史趋势还是从我国社会发展的现实要求来看,教育改革和课程改革必须以人的全面发展为根本的价值标准。[①] 应该指出的是,教育领域对于人的全面发展的呼声由来已久,但是在现实的课程和教学设计之中,往往又在无形之中消弭了这种全面发展的价值,在片面追求分数和升学率的泥淖之中失却了教育改革、课程改革对于人的全面发展的关照。

正是基于这样的问题,作为上海市课程教材改革的试验基地,自 1995 年起,大同中学立足于促进学生德智体美劳等诸育和"知识与技能""过程与方法""情感、态度、价值观"课程目标的全面和谐发展,立足于学生自身发展需求和个性特长发展的差异性,立足于学生主动学习、主动发展的需求,使课程实施更加有利于减轻学生过重课业负担,为学生的全面发展夯实基础,更加有利于学生兴趣爱好的培养和个性特长的发展,更加有利于学生创新精神和实践能力的培养。大同中学重点探索实践了课程目标整体性、课程结构多元性和课程教学差异性三个方面,并以其为原则构建学校素质教育课程体系。

(一) 课程指导思想

1. 课程目标整体性

培养目标的整体性决定了课程目标的整体性。课程目标整体性需要明确三个整体关系。

---

① 袁国,贾丽彬.人的全面发展:教育改革的基本价值标准[J].教育理论与实践,2018(20):7-9.

其一,课程目标与学校培养目标、办学目标的整体关系。学校课程是在国家课程、地方课程基础上,为更好地全面贯彻党的教育方针,全面提高学生素质,落实以德育为核心、以培养学生创新精神与实践能力为重点的素质教育,造就能"面向现代、面向世界、面向未来""有理想、有道德、有文化、守纪律的德智体美等全面发展的社会主义事业建设者和接班人",结合学校与学生实际,利用校内外教育资源优势,而开发、建设的课程。学校课程是贯彻学校素质教育培养目标的具体化实施,是学校校长办学理念的具体化实施。作为一个整体,学校课程要体现培养目标、办学目标的要求,做到制订课程目标明确、实施课程目标可行、落实课程目标有效。我校课程要做到:立足于促进学生德智体美劳等诸育全面和谐发展,总体布局课程方案:立足于学生自身发展需求,建设具有学校个性的特色课程,实施具有差异性、个性化的课程教学;立足于学生自身选择、主动学习需求,创设、完善全面客观、激励进取的课程管理制度,从而使素质教育在我校课程设置上有依托,课程教学上有支撑,课程管理上有保障。

其二,课程目标与学校教育活动的整体关系。课程是教育活动的主要载体,学校的教育活动主要是环绕课程教育、教学展开的。实施素质教育必须把德育、智育、体育、美育等有机地统一在教育活动的多个环节中,使诸方面教育相互渗透、协调发展。作为一个整体,以教育活动为中心的学校课程要体现实施素质教育的要求,促进学生各育全面发展和个性健康成长。

其三,课程目标与学校管理、师资建设等工作的整体关系。学校管理、师资建设等多方面工作,主要是环绕着学校的教育活动开展的。在学校课程体系中,各类课程都以实施素质教育为目标,而学校管理、师资建设等各方面工作,也都以实施素质教育为目标。作为一个整体,学校管理、师资建设应该是学校课程开发、建设的支撑点,应该服务于学校课程的开发建设、促进学校课程的开发建设。

2. 课程结构多元性

素质教育的多元性决定了课程结构的多元性。环绕素质教育的目标,从学校的实际出发,使学校课程设置呈现多元性。

学校课程设置旨在拓展学生的知识视野,加强学生应用知识解决实际问题的能力,培养学生的发展性学力,并为学生创新精神与创造性学力的培养铺路筑基。学校在课程设置方面,注重综合性课程的建设,注重对学生进行人文精神教育,注重培养学生的自身发展与完善意识,而开设文科综合选修课程。注重对学生进行科学素质、把知识与社会实际相结合的能力,以及人的发展必须与环境相协调的意识的培养,而开设理科综合选修课程。

规范学校的志愿者服务队等实践活动以及集劳动、示范、值勤于一体的值周班活动,将其列入学校课程计划,努力做到有目标、有计划、有考核,以加强对学生的劳动教育,并在实践岗位上增强其社会责任感。

学校注重建设为终身学习、可持续性学力打基础的信息技术应用选修课程。为加强培养学生的思辨学习、创新精神与创造能力,开设注重探讨人们认识世界事物的基本方法,培养批判性思维,使学生能从已拥有的知识中获得更佳思维方法的知识论选修课程。引导学生自主选择学习内容,探索研究并解决问题,注重过程学习的学生课题研究活动,等等。学校还与德国公司、上海交通大学联合设立了创新实验室,从点到面探索培养学生创造能力的新课程。

围绕素质教育目标,使课程教学类型呈现多元性。学校课程的设置,有的为必修课,有的为选修、活动课。选修课、活动课中,有的为学校指定性的,有的为学生自主选择性的,等等。

围绕素质教育目标,使课程教学模式和方法呈现多元性:学校各课程虽都有一定的教育课时、教学内容、计划、要求和测评,但有的着重于高中基础学力,有的着重于知识能力的拓展,为兴趣和个性特长的发展打基础,有的着重于探究与研究,为实践能力、创新意识培养,个性特长发展提供展现的舞台。学校各课程有的着重于教师的讲解,展开师生活动;有的着重于教师辅导,发挥学生的学习主体作用;有的着重于学生自主学习、探索研究,结合教师的适度点拨。学校各课程有的以教学班课堂教学为主,有的根据学生兴趣爱好、学习基础的不同层次重组教学班;有的以课内外、校内外相结合,注重学生体验、考察的开放型教学为主,有的是以学生自学、讨论研究为主,等等。

围绕素质教育的目标,使课程教育周期呈现多元性:学校设置的课程根据其教学目标、内容、模式,决定其教育周期的长短。有的科目是长周期的,覆盖整个高中阶段;有的以学年为周期;有的以学期为周期;有的是以几周为周期的微型课或不定期的专题讲座课;有的课程,如课题研究活动的周期可由学生自主决定。这样的设置使课程教育周期环绕素质教育目标呈现多元性。

课程结构多元性,立足于素质教育目标整体性,归结于切实提高全体学生的全面素质、发展学生个性特长的有效性。课程结构多元性需要处理好三个关系:

其一,显性课程与隐性课程之间的关系。课程按其形态载体的表现形式划分为显性课程和隐性课程。从对人的影响的角度讲,隐性课程对学生的身心发展有重大影响,是人的思想意识形成的重要诱因。可以说,不重视隐性课程的教育不是真正的教育,或者说是残缺不全的教育。显性课程与隐性课程不是对立的,而是一个统一体,二者总是以合力的形式对受教育者施加影响。[①] 就各素质的教育而言,有的是显性的,已经由课程科目化加以规范教育;有的是隐性的,很难以课程科目化加以规范教育。但应该看到,学校现有的课程、科目设置很难符合学生素质教育目标多方面的需求,因此,素质教育课程科目化是当前课程教材改革的重要前提之一。如学生心理素质的培养,在现有各课程科目中是属隐性教育的,我校在选修课程中开设心理学基础科目,开展专题教育。学校认为,对某些素质有明显教育功能的有关教学内容,不能因为原来各学科有所渗透教育,就不开设专题课程,也不是要将各种原来隐性教育的内容,都一一开设专题课程,而是根据学生认知规律与自身发展需求,为更好地提高学生素质,结合学校实际,选择必需的、可能的、有效的内容开设课程。将这些原属隐性教育的内容设置为显性课程,也并不是在各学科中不再渗透教育,而是在各学科结合学科特点开展隐性教育的同时,以专题课程显性教育加强整体教育,形成合力,使之更有利于学生德智体美全面发展。

其二,各类课程之间的关系。必修课作为基础型课程的主体,占教学时间的大部分,应该是培养基础性学力、加强学生素质教育的主要阵地;选修课作为拓展型课程的主体,在加强学生素质教育的基础上,更注意培养学生的发展性学力,拓展学生的知识与能力;活动课结合高中学生自身发展的需求,作为探究、研究型课程,可以更注重发展学生的创造性学力,培养学生的创新精神与实践能力。但要明确,这三类课程的目标都是全面提高学生素质。我们不能把某一种课程功能完全划属于某一类、某一门课程中。随着教改的深入,有些必修

---

① 何玉海.课程改革中隐性课程的作用不容忽视[J].教育理论与实践,2004(2):34-36.

课、选修课教学中也注重学生的活动;有的拓展型选修课程中也包含着学生探究、研究课题、案例调查、社会实践的内容,各类课程功能有所侧重,功能应该交叉、渗透、互补。同时,还应处理好课堂教学课程与开放性课程,单科与综合课程之间的关系。课堂教学是课程教学的主要形式,是素质教育的主要阵地,但是单一的课堂教学形式有其局限性,在学校课程中设置一些开放性的课程,加强学生亲身体验、过程化教育,提高学生知识联系实际的能力,初步领会科学探索精神、观点、方法,初步掌握解决问题的能力,引导学生在社会大教育环境中主动获取知识与能力,这也是根据学生的发展需求,加强德育与培育创新精神、实践能力所必需的。

其三,前瞻性与可操作性之间的关系。由于课程教材、教学内容具有滞后性的特性,学校课程设置及其教学内容应该具有一定的前瞻性:让学生透视、分析、讨论国际与国内政治、经济、社会、文化的热点,开展有关教育,让学生了解一些高科技的发展趋势和知识经济的特点,拓展知识视野;增强研究学问的意识,为学生的可持续发展打好基础等,都是必要的。另一方面,课程教材、教学内容也要符合学校的实际,必须按照学生身心发展的规律,切合学生身心发展与社会发展的必需,探索并确保课程教学实施的可操作性。课程设置与教学具有相对的稳定性,专题讲座、讨论可以在灵活性方面发挥重大作用,但我们仍不能将众多新的、动态的、认为学生应该知道的知识,都在学校课程教学中讲授,而且实际上,学生的知识与能力的获取,并不是完全来自学校课程教学。学生的学习是终身的,在高中阶段,学生主要接受基础教育,拓展型、研究型课程也是基础教育的一部分。对属于学生发展需求的知识,学校应尽力创设条件开设课程,实施教学,如我校的第二外国语(德语、日语)课程。还比如,注重学科交叉性,注重培养思维能力的"化学中的数学思维方法",注重操作实验研究的"机器人制作",注重提高美育的"交响乐鉴赏"等课程,都是请校外专家、教授授课。但是需要明确的是,学校课程的开发,应立足于学校及学校可利用的社会教育资源,依靠学校教师的优势,或积极开发青年教师肯学敢教,能边学边教,在实践中充实、完善、提高的资源优势,来开设课程。课程开设前,要对其可行性进行充分的论证研讨,开设后,要不断地在实践中研究、总结、调整、充实教学策略、教学模式,乃至教育目标,使操作过程更趋成熟、完善。学校课程的开发建设,是系统工程,必须经过艰辛的探索实践历程,立足可操作性,放眼前瞻性,这是学校课程开发建设的前提。

3. 课堂教学差异性

学生发展的差异性,决定了课堂教学的差异性。差异教学是为了促进所有学生在原有基础上得到充分的发展,教师针对学生在学习态度、学习方法、学习速度、能力倾向、兴趣爱好等多方面的巨大差异,通过调整教学内容、过程和学习成果的呈现方式,以满足不同学生的个性化需求的教学活动。① 素质教育必须坚持以学生发展为本。学校课程的设置,必须遵循高中阶段学生发展的差异性和不同学生自身发展的差异性规律,为学生在高中阶段素质的全面发展与可持续发展,创造相对宽松而有效的发展条件。要允许并针对学生在高中阶段完成基础知识能力上的差异性,在获取知识能力深广度上的差异性,设计课程教学的差异性。长期的教学实践使我们深深感到,许多学生对现行的教学不适应,相同的课程、教材、教学进度、教学方法和手段等,有些学生吃不饱,有些学生还跟不上,导致学生兴趣不高、发展成效不好等现实问题,②违背了素质教育的初衷。因此,着眼于学生的固有差异,彰显课堂教学的差异性,成为课程改革过程中的理性选择。

学校课程结构的调整为实施课堂的差异性教学奠定了良好基础,在具体实践中,大同中学的差异性教学主要运用了三个方面的举措:

其一,在全面性基础上,根据学生的需求,尊重学生选择学习的权利。学生是教育的主体,理应享受相应的课程权利。课程权利是指学生在学校课程设置、实施、评价与管理等方面所应享有的权利,是学生在学校的课程学习方面所应具有的个人权利,它是学生受教育权和学习权的主要表征。③ 学生的课程权利,更多地体现在课程实施的过程之中,也就是学生应该有一定的权利来自主选择学习的内容、方法和过程。全面推进素质教育,要坚持面向全体学生,为学生的全面发展创造相应的条件,并结合 21 世纪社会对教育的要求,培养学生选择的意识,使学生在选择中学会选择,养成选择的能力。根据我校的课程设置,在同一必修课课程中,可由学生在某一阶段选择多学、少学;选修课,有的是由许多科目组成一个模块,由学生自主选择;有的是科目为指定

① 张朝珍,杜金山.指向学生差异的教师教学决策框架[J].全球教育展望,2010(10):25-29.
② 杨白莉.素质教育呼唤差异性教学[J].吉林教育,2006(10):33.
③ 邱德乐.论学生的课程权利[J].课程·教材·教法,2015(3):48-52.

选修，但在高一、高二年级中，可由学生自主选择学的时间；还有许多科目可由学生自主选择学或不学。有的活动课如社会公益服务、志愿者服务队、学生课题研究，其学习或活动目标、要求、方式、地点、对象、成果形式乃至指导教师，都可由学生自主选择。在实践中，尽管学生在选择学习中呈现出成熟程度的差异，学生学会选择学习也需有一个过程，但是，给予学生在一定范围内学习并进行自主选择学习的权利，是针对学生发展差异性实施课程教学差异性的基本前提。

其二，立足差异性，针对学生实际进行分层教学，拓展学生兴趣特长，促使不同的学生得到自身发展。自从夸美纽斯正式提出班级授课制以来，班级授课制就以大容量、高效率、低成本等诸多优点迅速风靡欧洲，并推广到全世界。然而，随着人们对教育改革研究的深入，班级授课制的不足也渐渐显露出来。其中，特别受诟病的是，班级授课不顾学生实际，搞"一刀切"，在对学生的差异化辅导、独立性培养等方面捉襟见肘。19世纪末20世纪初，能力分组（班）的分层教学形式在美、德、英等国被普遍采用，[①]并逐渐扩展到全球，成为教学改革的热点领域。不论怎样质疑，有一点可以肯定，分层教学对于学生差异性的满足是一种有效的方式。学生对学校课程的不同选择，本身就体现了分层教学的内涵。在学校课程设置中，选择一些同一的选修、活动课程乃至必修课程，开展分层教学，各层次在教学进度、课时、要求、方法、测评等方面都有一定的差异性，由学生在教师指导下选择相应的层次进行学习。这样，根据学生实际水平开展针对性的教学，以教学的差异性提高学生的学习信心、兴趣，发展学生的特长，满足不同学生自身发展的不同需求，确保教育教学的实效。

其三，实施弹性课程，确保学生个性的充分发展。学校安排学生自主选择课程与开展分层教学，在学校课程设置与教学实施中，就必须在"面"上具备一定的灵活性与弹性。在"点"上，对部分确有特长的学生，在课程及其教学上应更给予更多的弹性。我校多年来已实施"五免"制度，对部分确有特长的学生，经过一定的申报、审核制度，可免去一些学科的作业、测验、考试，免修一些课程，乃至跳级免试直升等。如：我校曾为有信息技术应用特长的学生，开设"学

①　李成彬、俞佳慧、陈大伟.论分层教学与教育公平[J].教育科学论坛，2019(4)：5-10.

校网络开发,计算机应用"活动课,为他们特设联网小机房,聘请校外专家指导,允许他们免修一些选修课、活动课,以有较充足的时间参与校园网建设、学科多媒体软件设计及制作等课题学习与研究,边学习边实践,并给予相应的学习量计算。在结合成果进行学分核算时,有的学生获得比必修学科学时学分高出 5 倍的奖励学分。这些学生撰写的许多论文在市有关专家与教授参加的学生特长认定评审会上获得好评。我校一位高一学生,通过自学,经学校考核提前获得高二必修课的学时学分,在高二年段以自学为主,学校也为他专门开设相应的辅导自学的课程。后来他通过了上海市统一的有关学科会考,经申报,学校同意他提前高中毕业,并呈报市教委基教办与考试院。经批准,该同学提前一年(1998 年)参加高考,并以高分被复旦大学数学系录取。实践证明,课程教学的差异性、弹性的课程教学实施,是学生个性充分发展的重要保证,是加速确有特长的学生成才的有效措施。

(二) 课程体系架构

课程建设的核心领域是课程体系的建构。课程体系建设是根据社会需要、学生需要和教育发展需要,基于宏观层面,针对国家教育目的和学校办学目标,着眼于提高教育质量和课程质量进行的建设。[①] 课程体系的建设,既需要充分体现国家的课程要求、人才培养导向,也要注重体现学校特色,体现学校在人才培养和课程改革中的独特创造。

大同中学将基础型课程、拓展型课程、研究型课程的功能形态再进行校本整合,通过必修课程的设置,落实学科课程标准的共性要求,"保住底线",打好学生共同发展的基础,为学生提供共同修习的课程,是国家课程的一部分。通过限定选修课程的设置,落实学科课程标准对学生不同发展方向、不同基础的要求,"发展差异",发展学生不同的基础,是国家课程和校本课程的一部分。通过自主选修课程的设置,满足学生个性化发展需求,为学生适应未来多样化生活奠定基础,"鼓励冒尖",培养学生的个性特长。研究型课程作为课程的一种形态,以项目或课题形式保证学生有共同修习的经历;同时渗透在学科基础科目、学科拓展科目、科学素养科目和人文素养科目中,保证学生选择学习的经历。

---

① 郭必裕.课程群建设与课程体系建设的对比分析[J].现代教育科学,2005(4):114 - 116.

学校课程在实践之中逐渐完善,形成了如下课程体系(图 2 - 2)

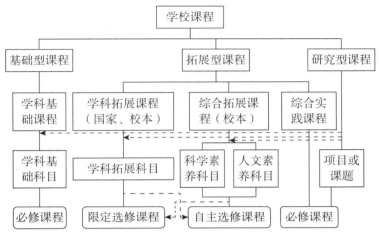

图 2 - 2　大同中学课程体系结构图(1997—2010 年)

从课程实施系统的特点来分析,学校对课程方案的校本化设计体现了这样的特点:目标整体,结构多元,尊重选择,差异发展。

学校课程实施系统保证了学校课程实施的方向,在此基础上,学校编订每学期的课程实施计划。课程实施计划严格按照每周 35 节的课时总量安排基础型、拓展型、研究型课程的实施。基础型课程的课时总量严格按照课程方案的规定,拓展型、研究型课程的实施得到课时的保障。

由于课程结构的变化和学生选习时空的扩大,学校必须建立起一种统一而规范的课程管理制度,以保障课程目标的达成和课程选习的实施。我校对学生的课程学习实行学分制的课程管理与学业评价制度,即以学时学分进行课程管理,以基本学分和奖励学分组合进行学业评价。

基本学分:以学时为计算单位,按照学生学习领域设置,学生完成规定学时并考验合格给予规定学分,不合格不给学分,补考合格再给予学分。在整个高中阶段,必须取得规定的最低学时学分才能毕业。

奖励学分:由于基本学分只能反映学生完成学习的基本量,不能反映学习的质。为反映学习质的情况,增设奖励学分,其目的是使学分制起到评价指标的作用,以全面反映出学生在完成课程规定的学科知识、能力掌握与社会实践等教育活动基本要求时所表现的差异性,以及反映出学生在自主、积极地获得知识与技能、学习与活动能力等深广度上、个性特长发展上的差异性,从而鼓励学生根据自己的学习情况扬长避短,更好地发展自己的才能和开发创造性潜力。

采用学分制进行课程管理,既保证了基础型课程的学习,又能充分反映拓展型课程、研究型课程的学习价值和地位,为学生选择性地学习和个性化的发展提供了制度保障。

(三) 拓展型和研究型课程

《上海市普通中小学课程方案》指出:学校要根据各阶段课程结构的总体要求,充分利用所赋予的课程自主权,加强课程的研究和开发,尤其要加强拓展型课程和研究型课程的研究与开发,为学生提供丰富的、可供选择的高质量学校课程。

学校以开发潜能、发展特长为核心,着眼于培养人格健全、才力出众的时代优秀大同人的教育目标,立足共同价值观的培养和个性多元化的教育,整体设计拓展型课程的实施框架(表2-2)。

表2-2 大同中学拓展型课程结构表(1997—2010年)

学习领域\学习方式\学科类型	拓展型课程				
	学科拓展科目	综合拓展科目(校本)			综合实践课程
	限定选修	限定选修	自主选修	必修	必修
语言文学学习领域	阅读与写作	双语类课程:数学双语、地理与环境双语、生命科学双语、历史双语、计算机双语、物理双语、化学双语	《红楼梦》与传统文化,王安忆小说阅读,中外散文精品赏读,古代诗文阅读,名著与电影,英语礼仪与口语等	《大同文化》《邓小平理论基本常识》《网络文明》	国家规定的专题教育活动
	英语口语				
数学学习领域	数学思维方法		数学统计,微积分初步,数学中的逻辑,图论,风险决策和对策的数学模型等		

（续表）

学习领域＼修习方式＼学科类型	拓展型课程				综合实践课程
	学科拓展科目	综合拓展科目（校本）			
	限定选修	限定选修	自主选修	必修	必修
自然科学学习领域	物理、化学等自选课程		化学实验,生命科学实验研究,生命科学专题知识,物理简史,城市发展与环境保护,生物国防等		
社会科学学习领域	历史、政治等自选课程		二千年前的哲言,热点追踪,历史事件人物探究,世界博览等		
技术学习领域			机器人制作初步,网页制作与动画,电子刊物制作,VB程序设计,算法与数据结构等		
艺术学习领域	艺术		平面设计,古典音乐赏析等		
体育与健身学习领域	体育与健身		篮球,足球,排球,乒乓球,健美操等		

　　学校拓展型课程从修习方式上分为三类,体现学生不同发展的需求:国家规定的专题教育活动和彰显学校育人追求的专题课程为必修课程;学科拓展科目和综合拓展科目(校本)中的双语课程为限定选修科目;综合拓展科目(校本)中的课程为学生自主选修的科目。

　　在教育目标上,学校研究型课程以培养学生思维模式的创新为核心,基本上建立起高中阶段研究型课程的总目标和高中三年既相互渗透,各个阶段又有所侧重递进的分阶段教育目标。在教育内容上,以培养学生发现、提出问题—研究解决问题—批判反思问题为主线,基本上构成高中三年既有整体组合,又有分阶段侧重点,既面向全体学生,又保障学生学习差异的课程与教学载体(图 2 - 3)。

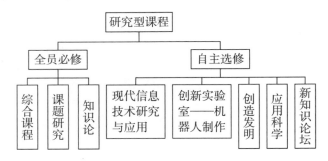

图 2 - 3 大同中学研究型课程结构图(1997—2010 年)

第三节 深化：学校课程统整实施研究(2010—2014)

学校教育面对的是个性不同的学生。为每一位学生提供适合的课程,是我们的梦想与追求。在这一梦想与追求中,"多元""个性""发展"成为我们思考和实践课程领导的主题词,如何在现实的课程与理想的课程间架起桥梁,是我们思考和实践课程领导的基点和路径。从现实而言,经过 20 世纪 80 年代末以来不断的课程改革,学校已经建设了丰富的课程群,而课程实施中产生的矛盾使我们感到仅有丰富的课程并不能有效地满足学生的个性发展。这些矛盾包括:有限的学习时空与丰富的课程的矛盾,共同基础落实和个性发展诉求的矛盾,学校育人目标整体性与教师专业特长个性的矛盾,教师教学集体性与学生学习个别化的矛盾。这些矛盾告诉我们,在有限的学校教育时空中,要使丰富的课程资源形成体系,产生不同发展的路径,才能真正为学生个性发展提供有效支撑。

从另外一个角度出发,社会的发展使人类生活面临愈来愈多的复杂问题,给当前教育提出了新的要求——培养具有知识迁移和解决实际问题综合能力的学习者。[1] 显然,传统的学科分立的课程体系难以真正发挥协同育人效能,很多时候对学生的综合素养培养无能为力。鉴于此,不论是基于我们对课程建设问题的反思,还是基于社会发展对综合能力的高素质人才培养的需求,学校的

---

[1] 李会民,代建军.基于课程统整的跨学科项目化学习设计[J].教学与管理,2020(2):29 - 31.

课程改革都需要树立起新的思维，而需要我们做的事情，就是统整学校课程的目标、资源与实施，建构支撑学生全面发展和综合素养培育的新型课程系统。

一、改革的背景

自1997年启动"二期课改"以来，从有重点分步推进研究型课程探索、开展校本拓展型课程建设，到新教材试验，聚焦课堂教学，上海的课程改革走过了二十多个年头。二十多年来，大同中学基本形成了以"基础型课程、拓展型课程、研究型课程"为主干的多元课程结构，为学生全面而有个性地成长创造了条件。在具体的工作实践中，我们不得不面对这样的矛盾：

其一，有限的学习时空与丰富的课程之间的矛盾。学生创新素养的培育应该是基于学生的兴趣、爱好和特长出发的。培养学生的创新精神和实践能力，需要学校能为学生的发展提供足够的课程资源以满足学生的选择。在深化课程改革的进程中，我们起先关注课程"量"的提升，力图建设课程"超市"，拓展学生自主选择的空间，关注学生个性的培养。随着校本拓展型课程的不断发展和丰富，也带来了对学生综合素质培养要求的不断提高。科技教育、艺术教育、民族精神教育、生命教育、思想政治教育、国防教育、社会生活教育、人文教育等教育内容的开展也越来越凸显其在学校拓展型课程中的地位和作用。这就促使我们必须去研究如何实施学校课程才能平衡有限的学习时空和丰富的课程资源之间的矛盾。

其二，落实共同基础和个性发展诉求的矛盾。学生创新素养的培育是一个持续发酵的过程，没有创新实践活动的空间就没有创新。基础型和拓展型课程的设置既满足了学生共同基础发展的需求，也满足了学生不同基础发展的需求。由于学生发展起点的层次不同，共同基础标准的落实就学校而言也有动态的变化，花更多的课时落实共同基础，就必然会影响不同基础（个性）发展的时空。这就促使我们去研究如何实施学校课程才能平衡共同基础标准落实与学生个性发展诉求之间的矛盾。

其三，教师教学集体性与学生学习个别化的矛盾。学生创新素养的培育不是某门特定课程的功能和承担的任务，学校所有课程，尤其是占学校课程主体部分的基础型课程更应成为学生创新素养培育的主阵地。然而在课堂上，我们经常发现"教师满堂灌，学生满堂记"的课堂场景。学生习惯于被动式、考试导向型的学习,却无法体会到不同学科知识间的交融以及知识与现实生活间的丰富联系,这极大限制了教师教学的专业自主性及学生思维的发散创造性,致使课堂教学丧失了生机和活力,在某种程度上限制了学生创新思维活动的培养。这就促使我们去研究如何实施学校课程才能平衡教师教学集体性与学生学习个别化之间的矛盾。

基于上述实践中的问题,立足于学校课程适应学生学习基础差异的需求和适应学生发展需求的差异,我们提出了"学校课程统整"的策略,致力于提高课程对学生发展的适应度。

二、改革的思路

从知识分支、学科分化的角度来讲,整合既是一种信念、一种思维习惯、一种形而上的世界观,也是知识进步本身的内在需求。[①] 尤其是人类步入信息社会以来,面对现代科技高度发展、综合性人才缺失的局面,人们逐渐意识到,原来的专精化人才标准已经不再适应学科发展所呈现的整合化、综合化趋势。与此相应,世界各国都不约而同地将教育改革的重点转向了学习者综合素质的培养。在这样的背景下,课程整合受到了前所未有的重视,成为大多数课程改革的首要选择。[②] 课程整合是使分化了的学校课程教学系统的各要素及其各成分形成有机联系、成为整体的过程。它发端于19世纪末赫尔巴特提出的统觉论,兴盛于20世纪20年代末开始的进步主义教育运动,期间经历了兴起、兴盛、式微、复兴。[③] 近年来,随着人们对于课程改革的反思和对培养具有综合素养的新型人才需求的出现,课程整合的思想再一次站到了课程改革的前沿。

在我们的理解中,学校课程统整的思路是:在对已有三类课程进行整理的基础上,依据大同中学的学生培养目标和课程建设目标,对课程结构、课程内容、课程形态、课程实施方式、课程管理与评价实现纵向贯通、横向联系及水平衔接,目标是形成目标整体、结构完整、组成多元、选择多样、管理有序、评价完善的大同课程系统。

在实践研究过程中:

---

① [美]威尔逊.论契合:知识的统合[M].田洺,译.北京:生活·读书·新知三联书店,2002.
② 于翠翠.课程整合的现实问题与可能路径[J].教育理论与实践,2013(34):61-64.
③ 黄志红.课程整合:历史及启示[J].教育导刊,2011(8):5-9.

首先,"统整"是我们进行本课题研究的指导原则。通过"统整"来优化大同的课程结构,即在学校对学生培养目标的指引下,对不同科目、多层次的学习目标进行校本认定,对已有的课程资源进行梳理、整合。

其次,"统整"是我们基于学校情境的课程开发策略。根据人才培养的新要求、高中教育发展的新形势及学生实际需求与可能,用统整的思路进行校本课程开发,并将之有机"织入"学校整体课程体系中。

最后,"统整"是我们基于学生个性的课程实施方式。对每一个学生而言,在其开始学习大同课程之时要同时启动对他的修习指导(学习导航),同时要对现行的课程管理与评价制度进行修订,使之更好地保障大同课程在学生培养过程中的高效与优质。

我们认为进行学校课程统整实施的研究,目的与意义在于通过对已有的课程体系的再梳理、再评估、再完善,促进学校育人目标与课程目标、科目目标、科目实施间协调一致,促进学校课程整体性与多元性协调统一,促进学校教学资源更有效地为学生学习服务,最终达成满足学生全面而有差异的发展这一课程目标。

（一）课程统整的初步框架

基于"学习领域—学科—模块"这一序列,我们设想立足于某个学习领域从学校顶层设计学校的课程,实现学校课程结构的重组,即"学域统整";立足于某个学科从教研组层面设计单一学科的课程,实现学科课程资源的更新,即"学科统整"。学域统整和学科统整后的课程最后以模块的形式进行实施,这要最终落实到课堂教学层面和学生的学习层面。学校据此设想在课堂教学层面对学生三年的高中学习历程进行统整,真正实现学生的"有效"学习,实现课堂教学的转型;据此在课堂教学层面提出"学程统整"。基于上述理解,学校建立了"课程统整"的基本框架(图2-4):

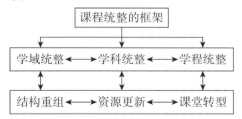

图2-4　大同中学课程统整的基本框架图

（二）以"CIE"为核心的统整

在确立了基本框架后,学校最初制定的目标是促进学校课程整体性与多元性协调统一,促进学校教学资源更有效地为学生学习服务,提高课程对学生学习基础差异的适应度、对学生发展需求差异的适应度,最终达成满足学生全面而有差异地发展这一课程目标,并从四个方面开展行动研究:

通过行动研究构建以学习领域为统整的学习目标体系;

通过行动研究以学习领域为统整要素,构建以学科领域为核心的三个层次模块的课程;

通过行动研究以课程结构为引导,统整已有的课程,建设新的课程、科目,形成以学习领域为统整的学科拓展模块和以跨领域(学科)为统整的自主拓展模块;

通过行动研究,完善相关的管理和评价问题,以适应灵活、可选择的课程体系对学校课程管理提出的挑战。

随着外在环境和内在变革的持续进行,学校又面临着这样的问题:如何培养学生的创新意识。而在实践过程中,学校也发现课程统整缺乏一个核心来统领学校的课程改革。在这时学校合作开发了"CIE 课程",并确立了以"CIE"为核心来对学校的课程进行统整。

"CIE 创新素养培育课程"是以挖掘学生潜在创新意识、培育学生创新素养为目标,以学生自主开发并参与的项目为驱动的课程实践活动,着力让学生掌握创新这把钥匙,让学生在"求索、求新、求异、求变"的文化氛围下,寻求突破、寻求个性的发展与创新转化的舞台。

在具体统整上,学校以"CIE"作为课程统整的核心,从三个层面,即"学域、学科、学程"开展课程统整,将"CIE"注入基础必修课程、拓展选修课程与自主发展课程中,实现不同学习领域、不同学科课程统整设计的做法,将"CIE"的理念融入大同的整体课程体系。

在实施中,解决两方面的问题:

一是"CIE"作为一种素质要求,以"CIE"——创新素养作为整合、构建课程体系的核心,解决"用什么来统整"这一问题;

二是"CIE 课程"本身就蕴含着课程实施的理念和策略,"CIE"贯彻于学域统整、学科统整、学程统整,解答"如何进行统整"这一问题。

　　经过实践,学校最终确定了以"CIE"为核心统整基础型、拓展型、研究型课程,形成了八大学习领域三个层次的学校课程体系,在模式上实施了"3+1+x"的课程链模式(图2-5)。

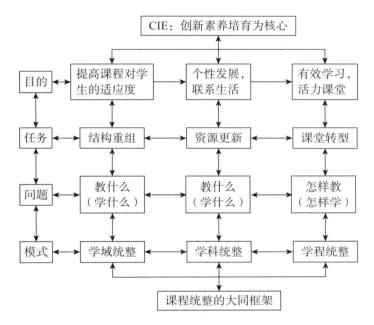

图2-5　大同中学课程统整的整体框架图

三、改革的实践

　　学校课程统整是对学校培养目标的再提炼,是对学校教育情境的再分析,是对学校课程结构的再梳理,是对课程内容的再开发,是对课程实施效益的再评估。

(一) 培养目标的再提炼

　　学校在课程统整中始终围绕着课程如何促进学生的"全面发展,学有特长"展开,把学生的"总学力"的发展作为学校进行课程统整的基点,并在校本实施中加以规范化。

　　"总学力"的培养目标落实在行动中,就是培养学生"学会做人,学会学习,学会生活,学有特长",树立起大同学子"热心公益,勤奋朴实,自信自立,学有所长"的形象(图2-6)。

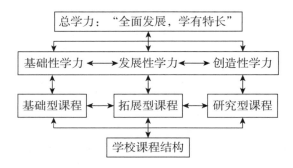

图2-6　大同中学课程结构与"总学力"的关系图

"学会做人"即培养大同学子具有坚定的国家意识、民族情感、政治信念,具有较强的道德判断能力,基础道德、基本行为领先,社会责任感强。

"学会学习"即培养大同学子具有勤奋、刻苦的品质,具有自主学习、主动发展的能力,注重培养学生的可持续发展能力。

"学会生活"即培养大同学子有包容的胸怀和宽广的视野,具有强烈的参与意识与合作精神,能够在各种场合表达自己的观点,有较强的沟通交流的能力、规划和组织活动的能力。

"学有特长"即培养大同学子有良好的人文、艺术修养,基础扎实,知识面宽广,并有某一方面的爱好和技能,初步具备分析和解决问题的能力和技能、批判性反思的能力、创新的意识与能力。

"学会做人"是培养目标的基石,即道德、伦理基石,培养有强烈社会责任感及良好道德素养的社会建设者是大同培养学子的根本。"学会学习""学有特长"是培养目标的核心。"学会学习"即培养学生在知识更新迅速的现代社会具备终身学习、发展的能力,而在全面发展基础上的"学有特长"意在打造学生进一步学习深造、发展的基础与空间。"学会生活"是培养目标的社会内涵,学校课程不但要培养各学科学术修养,还要通过各种学校活动、社会实践课程提升学生的社会参与能力,使其具备发展所需的较高情商。

（二）课程设置原则的再认定

在确定了以"课程统整"为学校课程建设思路之后,学校从课程目标、课程结构、课堂教学三个视角对学校课程统整进行了探索,确立了课程目标整体性、课程结构多元化、课堂教学差异性的课程统整三原则,为学校课程统整定下基调。

其一,课程目标整体性原则。学校的课程作为一个整体,都以全面提高全体学生素质、发展学生个性特长为目标。各类型、各科目课程,要在统一目标下,在不同层次要求、侧重上功能互补递进,合力形成一个整体。学校要从学生全面素质培养的整体性原则考虑,针对学校学生特点,构建课程体系与配置课程科目。

其二,课程结构多元性原则。学生素质教育的多元性,决定课程结构的多元性。各种类型、模式、周期的课程设计要既能保障学生共同基础的学习,又能满足和促进学生向不同基础上发展和个性特长发展以及社会多样化发展的需求。

其三,课程教学差异性原则。坚持以学生发展为本,要承认并允许学生在中学阶段存在学习基础与能力、潜质发展的差异性。应根据不同层次的学生对同一科目课程设置不同层次的教学内容与要求;更应根据不同层次学生的需求设置不同层次的课程科目,或在同一领域、模块课程科目中,设置不同层次的教学内容与要求。要培养、引导学生学会对学习的自主选择,尊重学生对自己所需要学习的课程、学习课程的进程与要求的选择权利。

(三)"学域统整"的课程结构突围

学校通过课程统整的探索,将对课程的领导聚焦于学生全面而有个性的发展。"提高课程对学生的适应度"就需要学校对原有的课程结构进行重组,打破原有的以分科为主的课程体系,把相关联的学习领域统整在一起,实现新的课程结构,解决"教什么(学什么)"的问题,形成"学域统整",并落实在学校的顶层设计上:

第一,在课程计划的研制上,在高一学生入学时,学校经过学情调研和会议研讨为其未来的课程学习拟定初步的三年课程计划以及每学年和每学期的具体实施计划,保证学校课程建设的整体性;

第二,在课程结构的突围上,针对不同学生的学习基础和发展速度建立三个层次的课程结构,供不同发展水平的学生进行选择;

第三,在课程内容的组织上,以八大领域为整合的基点,使基础型课程、拓

展型课程和研究型课程形成有序的结构,保证课程内容的多元化;

第四,在课程实施的系统上,针对学生的差异性做到"保住底线""发展差异""鼓励冒尖",使学校建设的不同形态课程之间互通相融;

第五,在课程评价的采用上,以学分制作为评价学生发展的指标。通过课程计划、课程结构、课程实施、课程内容和课程评价的顶层设计,学校把八大学习领域中的课程内容进行统整,形成了大同中学独具特色的"学域统整"。

基于对"学域统整"内涵的分析以及学校课程建设的经验,学校形成了"学域统整"的路线图(图2-7):

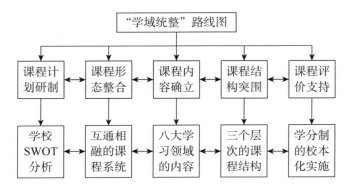

图 2-7   大同中学"学域统整"路线图

在课程实施中,围绕"提高课程对学生的适应度"这一目标,在课程结构上采取"三个层次的课程结构"。这三个层次为:

课层 L1:基础必修的课程。学生须共同修习,这一课程是大同高中生基本学业、素质的共同要求,利用基础课时修习达成。

课层 L2:选择拓展的课程。每个学习领域设置不同要求的科目模块,帮助学生进一步夯实学科学习的基础,进一步发展学科学习的能力。根据学生的学习基础和发展需求在教师指导下选择相应的科目学习。

课层 L3:自主发展的课程。该层次课程的学习是开放性的,帮助学生发展兴趣和爱好,提升学生的科学素养和人文艺术修养,实现学生个性特长的实践与发展。该层次课程由以下六个模块组成:模块1,名著导读;模块2,语言媒介;模块3,社团活动;模块4,科技创新;模块5,社区服务;模块6,特长专修。

通过三个层次课程模块的建设,满足了学生共性与更多个性化的学习要求,达成了学校的培养目标(图 2 - 8)。

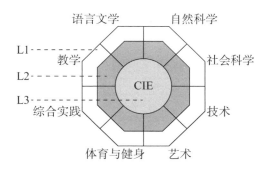

图 2 - 8 大同中学三个层次的课程内容体系(2010—2014 年)

(四) 学科统整的"链式"课程实施构建

"学域统整"作为学校顶层设计的课程方案,需要转化在每一个学科的具体整合中,才能落实到位,在实施中有章可循。同时,学生个性特长的发展也需要各学科课程资源的支持,而各学科课程建设需要在统整的思想下整体布局、多元开发、分层实施,才能起到为学生"共同基础、个性发展"提供保障的作用。为此学校各教研组基于统整理念的学科建设经历了编订学科校本实施纲要(即国家课程标准的校本化实施纲要)、学科学程方案设计与实施及学科课程统整建设等三个阶段,在不同层面上形成了整体而多元的学科课程系列,实现了"课程资源的更新",为学生的"个性发展、联系生活"提供课程支持。

"个性发展、联系生活",在学科统整中的追求为:第一,通过对学科内部知识的整合,构建起一个纵向贯通的学习模块,把分布在不同年级中的相关知识整合成一个专有的模块,供学生进行学习;第二,通过学科整合,形成学科内部基础型课程、拓展型课程和研究型课程的有序排列,供不同学习基础的学生进行有选择的学习,实现学生学习的"选择性",为学生的"个性发展"和"学有特长"提供平台;第三,通过学科整合,把知识世界融合进学生的生活世界,为学生的"个性发展"创设现实的根基和生活的视角,使学生的"学有特长"通过对生活世界中问题的解决来展示其异于其他同学的不同素质;第四,通过学科整合,打破学科内部结构,基于学科开发拓展型课程、研究型课程,实现学科资源的"更新",为学生的"个性发展、联系生活"注入新鲜的"血液",保证学校的学科知识在时代的变迁中不落后于时代的发展。

在学科统整的课程实施上,学校采用"链式"结构的课程实施模式。下面以语文学科的链式实施结构为例,来说明链式结构的具体情况(图2-9)。

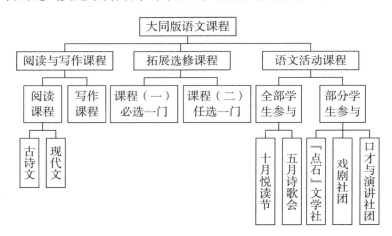

图2-9 大同版语文课程的整体框架

课时的分配

大同中学语文学科最初设置基础型和拓展型课程共4课时,学生没有选择余地,个性特长的发展没有时空。针对这一问题,语文教研组在统整的思想下,进行了课程与教材的整体改革,从总体的课程结构上,将原来每周4课时的语文学习化解为基础型课程3课时、拓展型课程1课时以及自主发展课程X课时,这个X可以是0、1、2,甚至可以是3、4……。其中包括语文学科领域相关的自主拓展课程、相关社团课程及学科领域内的各种学生活动,学生在校所有学习、探究活动都被纳入课程的范畴。

内容的分配

在基础必修课程模块,语文学科的统整体现在根据大同学生的基础,统整高中三年语文学习的内容及国内多个版本教材,编订并试用大同校本语文教材,为大同学子发展夯实基础;在拓展课程模块,语文学科则以名著导读为主要内容,引导学生选修各自感兴趣的名著模块,如鲁迅名著导读、走进《红楼梦》等。

在自主发展课程模块,语文学科更是打开了广阔的天地,学生社团、学生自主活动,都成为学生在语文学科领域自主发展的舞台,教师则起到引导作用。比如,每年 5 月的大同"诗歌节"、10 月的"悦读节"都深受学生喜爱,学生在文学领域的创造力也得以极大激发。又比如语文教研组在全员名著导读的基础上,开设高端阅读沙龙,十多位有志于人文社科研究的学生组成小众沙龙,阅读更为专业、精深的名著,如司马迁的《史记》、鲁迅的《中国小说史略》、布罗代尔的《资本主义论丛》等,读后定期坐而论道,并完成人文社科领域的相关课题。

通过三个层次的设计,语文学科把学生课程学习的路径串成了一个链条,因不同学生的能力与兴趣爱好不同,学习链是不同的,这样就基本满足了不同基础、兴趣学生的个性发展需求。

（五）学程统整的实施

学程是指学生高中三年的学习历程,学程统整就是指学校为学生三年的学习历程所建构的支持系统,其目的是促进学生的有效学习,实现学生高效能的发展。通过"学域统整""学科统整"之后的课程,最终还是要落实在学生的学之中。通过对原有课堂教学所呈现弊端的分析,学校提出了"学程统整"的理念,来统整学生的学,其目的是为学生高效的学习搭建各种平台。要实现这个目的,就要为学生的学习提供指导,帮助学生尽快融入大同中学的课程体系之中。

为此,学校以"有效学习"和"学情调研"为基础,围绕如何指导学生的有效学习为中心,以"如何指导学生学会学习"为问题基点,从宏观、中观和微观三个层面来解决学生进行有效学习的方法运用问题。在宏观上,学校以建设导航课程为中心来对学生三年的学习历程进行指导;在中观上,学校通过提供课程咨询帮助学生进行课程选择,并对学生的课程进行网上管理,从而为学生的有效学习提供支持;在微观上,学校以构建专题学案为中心,对学生每一节的课堂学习进行指导,以提升学生学习的效能,把学程统整落实到每一节课堂教学之中。

以建设导航课程为例,因为学科校本化实施纲要及其实行,主要是关注教师如何教,对于学生而言,则更需要有了解如何学的学科课程纲要性文本,以指导其高中三年的学科课程学习。随着课程的选择性不断增强,学生的自主性得到了发展。在对高一新生的问卷调查中,学校发现学生的学业选择和规划能力普遍比较薄弱,学校由此意识到要对学生加强课程选择方面的指导,给予相应的学业生涯指导的服务,帮助学生尽快适应高中的学习生活,尽早地进行人生规划。

学校导航课程的建设经历了两个阶段:一是预备期课程的构建,二是在学校预备期课程上发展而形成的导航课程。

首先,学校认为每个大同的学生都应该认同、理解、融入大同文化,只有成为大同人,才能更好地理解大同的教育方针,并找到自己的发展方向。早在多年以前,学校就已经开设了"大同文化"校本课程,现在学校将这门课程吸纳进预备期教育,形成了文化导航模块。

其次,通过学情调研,学校发现80%以上的学生对于高中学业规划认识不够,仅仅将目光停留在设计一个适合自己的学习计划上面,还没有完全达到学校预定的目标。于是,学校调整了课程内容,形成了学业导航模块。

再次,学校在学科教师进行学习方法指导的基础上,引进国内外先进的学法指导类教材,从反思性学习、自主性学习等方面为学生寻找学习的短板,设计适合学生的学习方法,形成了学法导航模块。

最后,学校从成人导航的高度引导学生为自己的高中三年设计成长路线图,引导学生思考自己要"成为怎样的人""怎样成为这样的人",从"学会做人、学会学习、学会生活、学有特长"中规划出自己的未来,形成了学程导航模块。

在学法导航和学程导航模块中,十分重要的就是学科的指导,学校要求每个教研组都制定学科导航计划,并在实施过程中不断地丰富完善。如英语教研组经历两年多的反复打磨,完成从导航计划到学生学业导航手册的进化过程:从单一地关注学科的学习标准到关注学生的情意因素和个性差异;从单纯的结果性评价到过程性评估。学校的英语学科导航计划已经不仅仅是一门学科的学习计划和历程,而成为学生学习英语、开拓国际视野的"指南针"。

第四节　重构:学校课程供给侧改革(2014—2020)

供给侧改革,是近年来非常流行的改革理念和话语方式。"供给侧"是相对于"需求侧"而言的,所谓"供给侧",即供给方面,"需求侧"就是需求方面。供需矛盾主要是供给与需求不匹配、不协调和不平衡。就目前学校教育而言,责任方不在"需求侧",而在"供给侧"如何真正观照学生的需求,推动课程的"供给侧"改革,已经成为普遍关注的重要问题。

"3＋3＋综合素质评价"的考试招生新模式,在评价导向上丰富了学生发展方向的多样性。为适应这种多样性,学生课程学习的内容、进程,甚至是学习的需求会呈现出极大的差异性。学校课程如何做到多样化,来保障学生有可选择的内容和时空? 课程选择性如何更好地促成学生成长的个性化? 这是高考新政背景下学校课程改革应该关注的问题。

学校聚焦学生综合素质培养与核心素养培育,以"课程统整"为策略,开展学校课程供给侧改革。基于核心素养,重构学校课程;基于个性需求,建构个性发展的课程链;基于证据流通,变革课程供给系统。

一、改革的背景

2014年上海启动高考新政,提出了"两依据,一参考"的考试招生新模式。改革的目的是着眼学生德智体美劳全面发展,遵循教育发展规律和人才成长规律,通过优化高等学校考试招生制度功能,扭转片面应试教育倾向,深入实施素质教育,为学生成长成才提供更多机会、更大舞台。作为评价制度改革,高考新政在评价导向上丰富了学生发展方向的多样性。

然而,目前学校课程供给(建设)上普遍存在这样一些不足,主要表现在:

一是学校课程供给结构失衡。尤其是学校课程的结构性方面,主要表现在:智育课程与德育、体育、美育、劳动教育课程的失衡;知识传授课程与实践探究课程失衡;分科课程与综合课程失衡;共同要求课程与自主选修课程的失衡等方面。这些失衡的状态将会影响到学校课程供给的质量、效率和创新性,无法满足学生个性发展和对准未来社会的需求。

二是学校课程供给内容的错配。这包括:学生有限的学习时空与丰富的课程之间的错配,共同基础落实和个性发展诉求的错配,学校育人目标整体性与教师专业特长个性的错配,教师教学集体性与学生学习个别化的错配。

三是学校课程供给服务的缺失。中高考新政的实施,为学生的个性成长提供了丰富、多元、可选择的课程。学校所做的不仅是供给选择的内容,更重要的是帮助学生学会选择,在选择的过程中培养学生的选择能力。教师要"诊断"学生的需求与爱好,然后进行精细化服务。针对学生的需求和问题,教师既要提供扬长的服务,支持学生的爱好和特长发展,也要有补短的服务。

鉴于此,学校实施《中高考改革背景下学校课程供给改革研究》,探究中高考新政这一评价制度对学校课程供给的影响,并通过实践建构适合学校情境的课程规划及课程供给机制。

二、改革的思路

学校的育人方式变革不应是局部推进,而应是整体变革;不应是被动应对,而应是主动作为;不应是碎片行动,而应是系统设计。当然,变革也决不是"休克式"的,而是在传承学校文化基础上的创新行动。可以按照这样的路径进行系统设计:根据考试和招生制度改革的方案以及学生综合素质评价的要求,结合学校特点,落实国家育人要求,构建学校学生综合素质培养目标,对学校培养目标进行再提炼;以学生综合素质培养目标引领学校的课程变革,突出多样化和选择性,对学校的课程进行再设计;支持学生个性化成长,构建学生发展指导机制;促进教师专业化发展,加强教师专业素养的学术建构;促进包括学校管理机制、信息化系统等在内的学校支持系统的变革,对学校现有课程资源进行有效整合和深度开发,为学生的成长提供强有力的支持。

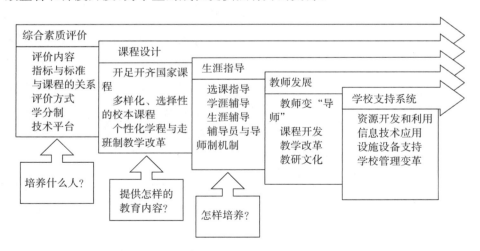

图 2-10 学校课程供给改革路径

（一）以评价为导向更新学校的课程目标

2014 年 12 月,《教育部关于加强和改进普通高中学生综合素质评价实施意见》出台,提出把综合素质评价作为发展素质教育、转变育人方式的重要制度,强化其对促进学生全面发展的重要导向作用。评价影响着学校的教育理念,评价决定着学校的培养目标。学校首先应当"以终为始",基于评价设计学校的培养目标。

对此,大多数人注意到了实施综合素质评价"有利于促进评价方式改革,转变以考试成绩为唯一标准评价学生的做法,为高校招生录取提供重要参考。"实际上,"评价"只是手段,是导向,更应该引起高中学校思考的是学校应该培养学生怎样的综合素质,这就涉及对学校培养目标的再思考。"从个体成长和接受教育来看,高中阶段是人的思维与人格发展的基本定型期,是学生个性形成、自主发展的关键时期,学生在此时期志向逐渐形成,兴趣逐渐聚焦,优势潜能逐步显现。我们要从青少年阶段之于人一生的关键性来认识和塑造高中教育的独特性和重要性。"因此,对学校而言,要从国家意志、学校传统和时代使命等角度思考如何奠定学生健全人格和基本公民素养的基础,如何为学生的未来人生做准备,落实在学校课程建设与课程教学的改革实践中,探寻适合每个学生发展的课程。

（二）基于学生选择性学习、个性化成长重构学校课程体系

课程是学生成长的"路径",是学校服务于学生个性化成长最主要的载体。学校课程的多样性和课程学习的选择性是学生个性化学习的前提和基础,因此,必须基于学生的选择性学习、个性化成长建构学校的课程体系。

为此,要基于学生学习基础的差异性和发展需求的差异性,将"为学生整体设计高中三年的学程"与"整体设计培养学生综合素质的课程(提高学生综合素质的所有学业生活,包括基础型课程、拓展型课程和研究型课程)"结合起来,依据"课程目标的整体性,课程结构的多元性,课程教学的差异性"原则,对学校课程进行重构。

（三）以创新实践为指向创生学校课程内容

21 世纪,我们的教育面对的是不确定的世界。一方面人口增长、资源枯竭和气候变化迫使我们所有人都不得不思考可持续性发展和后代生生不息的需求;另一方面,"技术与全球化的相互影响带来了新的机遇和挑战"。因此面向不确定的世界的教育,应该关注对学习者"创新素养"的培养。我们期望未来学

生的创造力能够体现在各个领域,如,有异于常规的想法,有创造性的实践活动,或者是成为成功的创新经营者。

（四）走向"深度学习"的课堂教学改进

有效的课程强调"核心概念、过程、方法和工具,也强调知识的学习者及其应用者的相关实践、认知和情感特征"。教学最重要的不是传给学生什么知识,最重要的是培养学生建构、运用和创造知识的能力。所以,我们的教学一定要指向学生的深度学习。

指向深度学习的课程教学应该重点聚焦以下五个转变:学业质量标准——从解题能力向解决问题能力转变;学科教学目标——从教会什么内容向完成什么任务转变;学科知识技能——从知识点段段清到知识结构化转变;学科教学活动——从知识技能传授到过程与方法设计转变;学科作业设计——从巩固练习到项目活动转变。

走向深度学习,需要真实情境、真实任务的介入。只有让学生在真实情境中经历知识产生、形成、发展和应用的过程,才能促进解决问题能力的形成。所以,需要以"基于目标的活动设计"为导向,尝试在课堂中探索这样一种教学结构:设置情境—提出任务（问题）—猜想（假设）—实验（验证）—探究—应用。

三、改革的实践

（一）基于核心素养培育重构学校的课程体系

课程体系改革是促进教育改革与发展的重要抓手。近些年,世界各国不断推进课程体系的改革。通过对世界各国近年课程改革中课程模型与课改实施模式发展的回顾,可以看出国际课程改革的两个重要趋势:其一,助学生发展,强调培养适应现代社会所需的能力;其二,强调课程的整合性,注重学科之间的相互融合。这种趋势的最重要表现就是,在新课程改革浪潮中,各国际组织以及世界各国（地区）纷纷组织教育学、心理学、哲学、社会学等领域的专家,制定学生核心素养模型,以培养学生在未来社会的生存能力和竞争力。[1]

核心素养既是一种人才培养的导向,也是推动课程教学改革的新的理念。

---

① 辛涛,等.基于学生核心素养的课程体系建构[J].北京师范大学学报（社会科学版）,2014(1):5-11.

学校从国家意志、时代使命和学校传统等维度思考如何奠定学生健全人格和出众学力的基础，如何为学生的未来人生做准备。在"学会做人，学会学习，学会生活，学有特长"培养目标的基础上，提出了面向未来学校课程着重发展大同学子五个方面的基本素质（必备品格）和八个方面的基本能力（关键能力），即全球意识、民族情怀、责任担当、全面发展、学有特长；社会生活能力、团队合作能力、有效学习能力、信息与技术能力、实践行动能力、创意创造创业能力、批判反思能力和自主发展能力。

图 2－11　学校培养目标重构

将这五个方面的素质和八个方面的能力落实在学校课程建设中，基于学生学习基础的差异性和发展需求的多元性，将"为学生整体设计高中三年的学程"与"整体设计培养学生综合素质的课程"结合起来，依据"课程目标的整体性，课程结构的多元性，课程教学的差异性"原则，将学校课程重构为学科核心课程、素养拓展课程、专业导航课程和生涯发展课程。

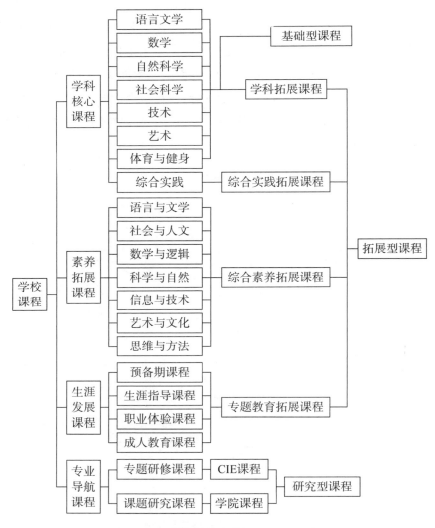

图 2-12　学校课程图谱(2014—2020 年)

1. 学科核心课程

学科核心课程,是培养学生基本认知的课程,涵盖学生学习的八个学习领域;分层、分类设置课程科目,为学生提供多样化的课程门类、多样化的课程层次;包括学科类课程和课程化的德育课程。

根据"学习领域—学科—模块"课程层次,以"提高课程对学生的适应度"为目标,学校加强学科课程与现实生活的联系,针对学生高中三年的学习要求与内容,基于课程标准,统整基础型、拓展型、研究型课程学习的要求和内容,进行学科课程校本化建设。

在语、数、外学科课程上形成了基础必修课、拓展选修课、自主发展课三个类型的科目模块。期望通过三个类型课程的校本化建设,形成课程链,满足学生共性与更多个性化学习的要求。

以语文学科课程为例(表2-3):在基础必修课程模块,语文学科根据大同学生的基础,统整高中三年语文学习的内容及国内多版教材,编订并试用大同校本语文教材,为大同学子发展夯实基础。拓展课程选修模块分为限定选修模块和自主选修模块。限定选修模块规定学生必须选修,但选修科目可以根据自己的学习基础或需求而定;自主选修模块,是学生可以选修,也可以不选修的模块。通过三个类型课程的设计,语文学科把学生课程学习的路径串成了一个链条,而不同的学生因能力与兴趣爱好不同,其学习链是不同的,这样就基本满足了不同基础、兴趣学生的个性发展需求。

表2-3　学科核心课程之语言文学学习领域——语文学科课程设置

课程类型	课程名称		课时安排	学分	修习说明
基础必修课程	语文 I		3课时/周	3	课程在高一——高三上学期开设
拓展选修课程	限定选修	古代诗歌选读	1课时/周	1	课程在高一——高二开设,学生至少选修3学分
		古代散文选读	1课时/周	1	
		现代散文选读	1课时/周	1	
		语文基础阅读	1课时/周	1	
	自主选修	中外小说选读	1课时/周	1	课程在高一——高三开设,学生至少选修2学分
		现代诗歌赏析	1课时/周	1	
		中外名剧赏析	1课时/周	1	
		语文 II	5课时/周	5	课程在高三年级开设,参加高考的同学选修

为满足学生学业水平考试科目选择学习需求,物理、化学、生命科学、历史、地理、思想政治等选考课程,基于学科特点、学科课程标准的基础型课程、拓展

型课程要求及学生学科特长发展需求,设置科目Ⅰ(合格性考试内容的课程)、科目Ⅱ(等级性考试内容的课程)等不同层次的课程科目,学生依据自身学习基础和发展需求,在学校提供的课程中选择适合自己发展的课程科目学习(以物理学科为例,见表2-4)。

科目Ⅰ严格按照基础型课程的学习要求进行设计;科目Ⅱ整合基础型、拓展型与研究型课程要求对学科内容进行统整。

表2-4 学科核心课程之自然科学学习领域——物理学科课程设置

课程类型	课程名称	课时安排	学分/学期	修习说明
基础必修课程	物理	2课时/周	2	课程在高一第一学期开设,学生必须修完2个学分
拓展选修课程	物理Ⅰ	2课时/周	2	课程在高一年级下学期至高二年级下学期开设,将来选择物理作为学业水平等级考科目的学生选择物理Ⅱ学习,物理Ⅱ-2由选择物理作为学业水平等级考科目的资优生修习(需选拔)
	物理Ⅱ-1	3课时/周	3	
	物理Ⅱ-2	3课时/周	3	
	物理提高课程	1课时/周	1	在高一年级下学期至高二年级下学期开设,是物理Ⅱ-2的匹配课程
自主选修课程	物理Ⅲ-1	4课时/周	4	在高三年级开设,选择物理作为学业水平等级考科目的学生修习
	物理Ⅲ-2	4课时/周	4	
	物理竞赛课程	2课时/周	2	课程在高一、高二开设,有志于学科竞赛的学生经选拔确认后选修

学校将校园文化活动、社团活动、专题教育活动、社区服务与实践活动加以课程化,并纳入学科核心课程的范畴。(表2-5、2-6、2-7、2-8、2-9)

表2-5　学校文化活动

课程类型	课程名称	课时安排	学分/学期	修习说明
名家讲座	院士论坛	每学期至少安排一次(3课时)	0.5/学年	校庆纪念周、校运会为全员参加的课程,其他课程为自主选择参加的课程,但每学年学生必修,至少修完9个课时0.5学分。
名家讲座	大家讲坛	每学期至少安排一次(3课时)	0.5/学年	校庆纪念周、校运会为全员参加的课程,其他课程为自主选择参加的课程,但每学年学生必修,至少修完9个课时0.5学分。
文化活动	校庆纪念周	每学年一次	0.5/学年	校庆纪念周、校运会为全员参加的课程,其他课程为自主选择参加的课程,但每学年学生必修,至少修完9个课时0.5学分。
文化活动	心理健康周	每学年一次	0.5/学年	
文化活动	科技节	每学年一次	0.5/学年	
文化活动	健身节	每学年一次	0.5/学年	
文化活动	诗歌节	每学年一次	0.5/学年	
文化活动	阅读节	每学年一次	0.5/学年	
文化活动	社团节	每学年一次	0.5/学年	
文化活动	艺术节	每学年一次	0.5/学年	
文化活动	校运会	每学年一次	0.5/学年	

表2-6　专题教育课程

课程类型	课程名称	课时安排	学分/学期	修习说明
专题教育课程	法制教育	9课时/学期	0.5	高一至高三年级开设,面向全体学生,学生每学期修完规定的课程,方可获得0.5个学分。
专题教育课程	学风教育	9课时/学期	0.5	
专题教育课程	安全教育	9课时/学期	0.5	
专题教育课程	心理健康教育	9课时/学期	0.5	
专题教育课程	时政教育	9课时/学期	0.5	
专题教育课程	国际理解教育	9课时/学期	0.5	
专题教育课程	传统文化教育	9课时/学期	0.5	
专题教育课程	其他专题教育	9课时/学期	0.5	

　　学校通过讲座、实践、走进场馆、与高校协作、基地活动等开展形式多样的专题教育,重点聚焦主题教育、生涯发展、仪式教育、课程文化、文化生活等板块。

表 2-7　自我服务与团队活动

课程类型	课程名称	课时安排	学分/学期	修习说明
	规范教育(仪式教育、文明规范)	1课时/周	1	全员参加;主要利用升旗仪式、校会、午会
	班团活动(校内)	0.5课时/周	0.5	全体学生(团员)参加
	值周班活动	5课时/每学期	2/三年	全体学生每学期参加一次值周活动

表 2-8　社区服务与社会实践

课程类型	课程名称		课时安排	学分/学期	修习说明
社区服务	志愿服务(公益劳动)		90天/三年	36学分/三年	学生社会实践、社区服务三年总量不少于90天,可以平均分配在三年,也可以根据自己的学程灵活安排在不同的学年。军事训练,高一全体学生必修,为4学分;农村社会实践安排在高二年级,全体学生必修,为2学分;学工安排在高三年级,全体学生必修,为1学分。国防、民防教育每周一次,一学年1学分。
社会实践		军事训练			
		农村社会实践			
		学工			
		国防、民防教育			

　　为培育学生的社会责任感,学校积极利用各类社会资源,建立校外实践资源库,为学生搭建实践平台,鼓励学生走进社会,在助人利他中提升自我的责任意识与奉献精神。

表 2-9 社团活动

社团名称	周课时	学分/学期	社团名称	周课时	学分/学期	社团名称	周课时	学分/学期
模拟联合国	1课时/周	1	摄影社	1课时/周	1	美食社	1课时/周	1
文博社	1课时/周	1	话剧社	1课时/周	1	AKS音乐社	1课时/周	1
模型社	1课时/周	1	动漫研究社	1课时/周	1	篮球社	1课时/周	1
天文地理社	1课时/周	1	幽默艺术社	1课时/周	1	心晴社	1课时/周	1
ADD建筑设计	1课时/周	1	声优研习社	1课时/周	1	DIY社	1课时/周	1
侦探社	1课时/周	1	化学兴趣社	1课时/周	1	街舞社	1课时/周	1
点石文学社	1课时/周	1	国粹博趣社	1课时/周	1	乒乓球社	1课时/周	1
绿色飞扬社	1课时/周	1	现代视觉艺术研究社	1课时/周	1	学生电视台	1课时/周	1
手工作坊	1课时/周	1	空手道社	1课时/周	1			
辛言辩论社	1课时/周	1	羽毛球社	1课时/周	1			
足球式飞盘社	1课时/周	1	乐翊社	1课时/周	1			

说明：社团活动课程在高一、高二年级开设，学生全员参加、自主选择，学生也可以在学生会指导下自主组建社团。

2. 素养拓展课程

素养拓展课程是拓展学生视野，发展学生个性特长的课程。着眼于提升学生综合素质、提供给学生不同的课程学习经历，促进学生个性特长的发展。

长期以来，学校全面推进校本课程建设。经历了"丰富课程科目，打造'课程超市'—规范开发程序,提升课程品质—立足学校情境,建设特色课程—形成课程哲学,系列建设课程—开发跨学科课程,实验课程统整"五个阶段,开发了比较稳定的近百门科目和较为成熟的学校校本课程实施体系,为学生的选择学习和个性成长创造了课程的保障和实践的时空。

在新高考改革背景下,学校在原有丰富的校本课程基础上,基于生涯测评及学习需求调研,从培养学生通识素养、专业志趣和个性特长三个维度,为学生提供语言与文学、社会与人文、艺术与文化、科技与自然、信息与技术、数学与逻辑、思维与方法等七大领域拓展型课程,丰富了学生的课程选择学习的经历(表2-10)。

表 2-10　素养拓展型课程列表

课程领域	课程名称	课时安排	学分/学期	修习说明
语言与文学	海派文学作品选读	1 课时/周	1	
	张爱玲小说阅读	1 课时/周	1	
	走近《红楼梦》	1 课时/周	1	
	现代诗欣赏与朗诵	1 课时/周	1	
	外国短篇小说欣赏	1 课时/周	1	
	走近张爱玲	1 课时/周	1	
	唐宋词浅谈	1 课时/周	1	
	德语	4 课时/周	1	
	法语	4 课时/周	1	
	英语名著选读	1 课时/周	1	
社会与人文	二千年前的哲言	1 课时/周	1	
	社会热点追踪	1 课时/周	1	
	中国古代建筑史	1 课时/周	1	
	生活与法律	1 课时/周	1	
	经济学基本常识	1 课时/周	1	
	哲学概论	1 课时/周	1	
	历史重大事件人物探究	1 课时/周	1	
	高中社会	2 课时/周	2	

（续表）

课程领域	课程名称	课时安排	学分/学期	修习说明
数学与逻辑	微积分初步	1课时/周	1	
	趣味数学	1课时/周	1	
	概率论与数学统计	1课时/周	1	
	风险决策和对策的数学模型	1课时/周	1	
	数学建模	1课时/周	1	
科学与自然	化学实验	1课时/周	1	
	高中化学思维方法训练	1课时/周	1	
	应用化学	1课时/周	1	
	Ocean Challenge	1课时/周	1	
	生物国防	1课时/周	1	
	生命科学实验思维训练和探究	1课时/周	1	
	植物组织培养	1课时/周	1	
	应用物理	1课时/周	1	
	物理实验	1课时/周	1	
	物理简史	1课时/周	1	
	高中科学	2课时/周	2	
信息与技术	平面设计与十字绣创作	1课时/周	1	
	游戏设计与制作	1课时/周	1	
	影视制作	1课时/周	1	
	网页设计与动画	1课时/周	1	
	网络技术与道德	1课时/周	1	
艺术与文化	元明清戏曲欣赏	1课时/周	1	
	汉字传奇	1课时/周	1	
	中外名剧欣赏	1课时/周	1	
	说名道姓	1课时/周	1	
	高中女生形象设计	1课时/周	1	
思维与方法	知识论	1课时/周	1	
	科学技术与社会	1课时/周	1	

3. 专业导航课程

专业导航课程,是研究型课程的升级版,致力于同时培养学生的研究性学习能力和专业志趣。

学校整合原有以问题研究为中心、以"综合课程—课题研究课程—知识论课程"为序列的研究型课程体系和以培养学生创新精神、创造能力、创业意识为统整的"CIE"课程,与学生专业志趣培养相结合,形成了研究型课程的升级版——专业导航课程。高一年级设置专题研修课程和"CIE"课程,高二年级设置课题研究课程和学院课程,架构了新的研究型课程实施体系(表2-11)。

表2-11 专业导航课程列表

课程类型	课程名称		周课时	学分/学期	修习说明
"CIE"课程	规划与设计	建筑营造	2	2	(1) 在高一年级设置 (2) 选修该项目的学生首先是对该项目有强烈兴趣者,并有对此专业发展的可能 (3) 该项目团队需报名并经创新潜质测试选拔后组成
		创业设计	2	2	
	医药工程	中医药应用研究	2	2	
	化学工程	离子液体	2	2	
	软件工程	Scratch 改变世界	2	2	
		手机 APP 开发	2	2	
	数字媒体	定格动画	2	2	
		数码音乐创作	2	2	
	基因工程		2	2	
	新能源研究		2	2	
	文史哲研究		2	2	
专题研修课程	文科综合	主体文化与多元文化	1	2	(1) 不进入"CIE"课程学习的同学选修 (2) 学生在一学年中在文科综合、理科综合中各选择一个项目研修 (3) 课内安排一课时,课外采用集中方式安排等量的课时学习
		生活与艺术	1	2	
		科技与人文	1	2	
		传统现代与未来		2	
	理科综合	能源与环境	1	2	
		资源与环境	1	2	
		生命与环境	1	2	
		人口与环境	1	2	

（续表）

课程类型	课程名称		周课时	学分/学期	修习说明
学院课程	科学院	（1）由高一年级"CIE"课程学习中的优秀项目孵化衍生而来（2）由高一年级专题研修优秀项目孵化衍生而来	2	2	在高二年级设置,对接"上海科学社种子计划"、学校"复旦计划""交大致远计划""同济卓越计划"等学校创新素养培育计划
	工程学院				
	社科人文学院				
	法商学院				
	信息与媒体学院				
课题研究课程		可由高一年级专题研修项目转化	2	2	在高二年级设置

4. 生涯发展课程

生涯发展课程,对学生的高中预备、课程选择、学业规划、专业选择、职业体验等进行有计划的指导,帮助学生规划和实施好适合自己发展的高中学程（表2-12）。

表2-12　生涯发展课程列表

课程类型	课程名称	课时安排	学分/学期	修习说明
	预备期课程	36课时/学期	2	高一年级第一学期设置,集中与分散结合
	生涯教育课程	9课时/学期	0.5	高一年级设置
	职业体验课程	1周	2	高二年级设置,分散安排
	成人教育课程	9课时	0.5学分	高三年级设置,分散安排
	党章学习	36课时	2	高二至高三设置,部分同学修习
	自主管理			部分同学选择,不设基本学分,可以获得奖励学分

学校依托学生生涯发展指导平台,将学生的学习基础、学习特质、专业志趣作为课程供给的依据,尝试建立形成学生个性化发展的"等级性科目组合—素养拓展课程选择—专业导航实践"课程供给链。

学校以"唤起生涯发展意识,提升生涯规划能力"为指向,通过三年的大同彩虹生涯发展教育,引导学生学习悦纳自我、悦纳他人、悦纳社会,帮助学生构建健康、阳光、积极的心理世界,为成人成才的生涯之旅奠定扎实的基础。学校以生涯发展课程为主体,通过编制生涯规划自助手册,配合使用生涯测试系统,依托家长、社会资源开展职业体验,开展生涯规划工作坊和个别化咨询,覆盖三年生涯发展全过程,让所有的优质资源伴随学生个性化成长。

建设三个年段课程。在三个年级分别开设指向"认识自我,初步规划""体验职业(专业),调整规划""选择专业,明确发展"等循序渐进的"生涯发展课程",帮助学生认知高中生涯阶段及唤醒生涯意识,提升自我认知意识和提供自我认知方法,推动有效的自我认知。同时开设实践体验课程,为学生提供专业选择或职业方向的参考依据。

形成三个教育环节。生涯发展包括知己、知彼、抉择、目标、行动等五大要素。因此必须提升学生的个性心理品质,提高其心理成熟度,增强其适应、变通能力,为可持续发展打下坚实的心理基础。

彩虹之旅第一站:自我探索。通过心理辅导课程体系引导学生探索自我的兴趣和爱好、能力、气质、性格和价值观;通过指导学生应用技术工具测试、了解个人兴趣、特长、性格,开展自我认知,充分认识自我并结合未来发展规划高中生涯。

彩虹之旅第二站:环境探索。通过"高校巡礼""家长课堂""心理社团进社区""手拉手心理援助"等活动课程引导学生探索外部的工作世界。深化自我认知,了解社会期望,学习协调个人与社会环境的关系。

彩虹之旅第三站:决策与发展能力培养。生涯发展教育的重点是生涯规划、决策、转变的能力培养。"成长导师"、家长辅导员指导学生参加各类职业体验活动,不仅仅是帮助其科学合理地选择适宜专业及填报合适的高考志愿,更重要的是帮助他们思考自己的未来,让他们有机会想象"未来的我"。在职业匹配教育中让高中生逐步学习根据自己的兴趣、能力特点来储备知识和能力,最终使学生能够根据自身兴趣,在自身知识和能力的约束条件下选择自己最合适和最能发挥特长的职业或者转换职业。

(二)形成适应新高考政策的学校课程计划

新高考确立了"两依据,一参考"的招考模式,一方面基于学业水平等级性考试"六选三"的选考要求,理论上学生的选课会有0—20种组合选择,客观上这种组合对不同届别甚至是同一届别的不同时期都会处于动态的变化中;另一方面学生综合素质活动的开展也是多元而动态的,而且会有很多生成性的变量,学校课程计划需要持续地改进与完善,以更好地适应学生的发展需求。

1. 高考新政背景下学校课程计划编订的特点

新高考背景下,学校的课程面对"学生适应课程"到"课程适应学生"的课程供给,学校的课程计划面临从"规划学习任务"到"适应学习需求"的完善。

对一届学生的三年课程进行整体规划。过去我们编制和实施课程计划,往往都是以年度为时间单位,这便于引导学生一步步走向未来。新的招考模式下,学生需要依据大学专业对选科的要求确立自己的选考科目,甚至需要根据大学综合评价要求设计自己的综合素质活动,是以未来的目标主导今天的课程选择。现在,课程计划的编制和实施是以未来设计现在,因此在学生进入高中的起始就应该为他们提供整个高中学习的课程全息图景,并通过不断的完善,助力学生朝着他们预定的方向发展。

对一届学生的三年学程进行整体规划。新的招考模式下,学生选考科目考试时间不同,选考科目组合不同,学生综合素质活动多元,决定了学生学程的多元性。如,在高二年级,学生的课程学习任务就呈现出极大的差异:在生命科学、地理两门等级性科目考试之前,因为选考科目及组合的不同,学生的课程学习任务在基础型课程课时基数的基础上就会有0课时、4课时、8课时的增量差异;等级考试科目结束时,又会释放出8课时、4课时、0课时的学习时空(高三年级的学习也会存在这样的现象)。如何保障学生既根据自己的学习需求确定自己的学程,又能完成课程计划规划的课程学习要求,就需要将学生整个高中三年的学程统整起来,在课程计划实施中进行动态的改进和完善。

对学生的个性化成长路径进行整体规划。新高考背景下,学生的课程学习选择不仅是为了应对考试,更是为了实现自己的个性化发展。学生选择的等级性考试科目组合不同,将来报考的院校专业组也必然有差异。那么,学生的素养拓展课程、专业导航课程一定呈现出不同的差异性,一定要通过不同的课程学习经历,才能实现符合自己个性特点的成长。根据学生专业志趣和选择意向的明确度,大致可以把学生分成这样四种类型:即,专业志趣和选科意向都明确的学生,专业志趣和选科意向都不明确的学生,专业志趣明确、选科意向不明确的学生,专业志趣不明确但选科意向明确的学生。相同类型的学生,可以按照不同的课程链成长;不同类型的学生,可以按照不同的路径选择。如我们在高一年级设置"CIE"课程,在高二年级设置学院课程,以专业项目为载体,吸引有专业志趣的学生参与项目学习,基于专业项目学习需要供给学生与专业项目相匹配的素养拓展课程,并根据自己的学习基础合理选择等级性考试科目。对于还不能确定自己的专业发展兴趣的同学,我们在其等级性考试科目选择的基础上提供专题研修课程进行尝试性学习,在逐渐培养起他们的专业志趣后,供给与其选择科目相匹配的专业导航课程。这也决定了课程计划需要进行动态的调适,才能适应于学生的发展。

2. 基于实证,持续改进和完善课程计划

学校的课程计划的完善,就是要建立一种适应于学生选择性学习、个性化成长的课程供给系统。基于证据,该系统包含以下几个要素:数据(证据)收集、数据(证据)分析诊断、选课指导、课程实施、课程调适等。

具体来讲,就是将学生的思想品德、公民素养、修习课程、学业水平、身心健康、艺术修养、创新精神与实践能力这些综合素质的初始评价与学生生涯测评系统的数据结合起来,建立学生高中发展的初始数据库;根据初始数据库编研学校的课程计划,供给学生课程选择的内容;根据初始数据对学生进行选课指导;动态记录学生一段时期的课程学习旅程,形成阶段性过程性新证据(数据),判断课程对学生阶段性学习的影响,分析课程计划执行的问题,制定课程计划改进的措施,从而提升学校课程计划对学生成长的匹配性,指导学生形成适合自己个性成长的课程链。

学校基于学生立场,采集学生学习需求的证据,用于指导完善课程计划。证据搜集包括以下三个环节:

一是分析学生生涯测评数据,完善学校的课程供给。学校对学生生涯测评的数据主要包括:兴趣评估、性格评估、智能评估、适应性评估、生涯发展水平评估。通过对这些生涯测评数据结果的分析,可以帮助学校在课程内容供给上瞄准对学生发展的个性化需求。以2017级学生生涯测评结果分析为例:从兴趣类型角度看,艺术型学生最多,据此可以营造自由、舒适的学习氛围,满足学生的需求,设计具艺术元素的课程,多鼓励自由表达;研究型学生较多,据此可以营造探索、钻研的学校氛围,在各种课程、课题、实验、实践等活动中,为学生提供进行研究的条件,满足学生的研究兴趣;社会型学生较多,学校可据此为学生多提供与人沟通、交往、团队协作的机会,促进学生发展出高超的社交技巧和进取精神;实用型的学生也较多,因此可以与培养研究型兴趣的过程结合起来,让学生在研究过程中培养使用工具的兴趣,并且将这种实用兴趣拓展到学习、生活中;企业型、事务型学生较少,学校可以通过模拟管理、模拟决策等机会,培养学生的领导与管理意识,并在实践中锻炼学生的耐性与细致。

二是分析学生的选科数据,完善学校的课程实施。学生的学业水平等级性考试科目的选择和科目的组合对不同届别的学生来说,是动态的。学校可以从不同的维度对这些数据进行解读:如有多少个科目组合、选科人数在各门学科中的分布情况、两门科目重合的人数在学科组合中的分布情况、选科及选科组合男女生的比例分布情况、选科及选科组合在班级中的比例分布情况、选科及选科组合与语数外学科学业质量的匹配程度、选科及选科组合与学业水平合格性考试学业成绩的关联度等。对选科数据的多维度解读将有助于学校确定走班教学的模式:是全科“大走班”,是两门科目固定,只走动一门的“中走班”,还是与行政班紧密结合的“小走班”。同时,其也有助于进行走班教学的课表安排,合理安排学生走班教学形成的“空课时间”,并根据有“空课时间”的学生人群特征配置适合学生发展的拓展型、研究型课程内容。

三是分析学生的综评证据,完善学校课程供给与学生个性发展的匹配性。学生综合素质评价形成性手册全面记录了学生在一段课程学习历程中包括思想品德和公民素养、修习课程与学业水平、身心健康和艺术审美、创新精神与实践能力及在学校特色指标活动中的发展情况和典型表现。通过对这些形成性证据的分析,一方面可以判断课程计划在一段历程实施后的实效性;另一方面,也可以强化课程计划要素对学生个性成长的适配性。如,我们将综评形成性手册中学生的学业水平考试等级性考试科目组合的学业水平,与学生修习的拓展型课程科目及所进行的课题研究进行比对分析,就可以为学生定制个性化成长的路径。如对一个喜欢建筑工程课题研究的学生,我们就可以为他量身定制与该项目研究匹配的拓展型课程学习群,拓展他在该研究领域的课程经历和社会实践经历,以培养他的专业志趣和特长发展。

在学校校长室领导下,学校课程委员会负责学校课程计划的编研工作。在学生学情调研和学校“SWOT”分析的基础上,课程委员会根据学校的培养目标和当年度的课程供给情况,撰写学校课程计划草稿,经行政会议讨论后完成修订,在教工大会上进行解读。各学科备课组按照学校总体课程计划制订本学科的科目实施计划。同时,学校课程委员会编制学生版的课程计划,即《大同中学学生课程学习指南》,统整学生高中三年的学习生活;在年级学生大会和学生家长会上进行《课程学习指南》解读辅导,指导学生规划他们的高中学业生活。

在课程计划的实施过程中,学校通过中期常规检查、学生午餐会、学生问卷调研等形式对学校培养目标在课程中的落实情况、必修课执行情况、选修课执行情况以及课堂教学执行情况进行检查和调研,根据调研情况对课程计划进行部分调适。

学期结束后,学校通过网上问卷、资料审阅、座谈研讨等形式对课程实施情况进行学期调研与总结研讨,寻找课程计划制订和实施中存在的问题,作为进一步完善计划的依据。课程计划改进流程图如下(图 2-13):

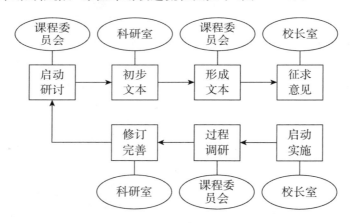

图 2-13 大同中学课程计划改进流程图

(三) 建设走班教学的大同系统

学校采用学分制课程管理,整体设计学生高中三年的学习进程,自高一年级第二学期开始开展走班教学。

1."走班教学"的设计

学业水平考试科目按照合格性考试科目、等级性考试科目设置。相同科目只参加合格性考试的,按标准设置为 2 课时,选择参加等级性考试的按标准设置为 3 课时,对当年参加等级考的学科设置为 4 课时。

教学班的形成完全根据学生对科目的选择而定,全年级捆绑走班,即将全体学生按其所选科目类别重新编制教学班,在同一教学时段按照所在教学班走班上课。

采用学分制管理,优化课程的时空安排,在保证高中三年课程修习总量的前提下将艺术课程、心理课程(生涯指导课程)、素养拓展等课程化整为零。学生可以根据自己的选课情况自主安排学习时间,尽可能地缩短学生在校学习时长,减轻学生学习时间上的负担。

2.“走班教学”的实施

学校将学生在校开展学业生活的三个学年划分为 12 个学程,根据每个学程特点规划和实施不同的任务(表 2-13)。

表 2-13　学校走班教学学程安排

学程	1	2	3	4	5	6	7	8	9	10	11	12
特点	行政班教学,选课指导阶段		六选四,走班教学,选课调适阶段		六选三走班教学阶段		等级性考试的备考阶段	等级考后调整阶段	高三第一阶段及英语应考阶段		等级考应考阶段	高考

如:学程 1—2:生涯规划和选科指导阶段,通过预备期课程、学生生涯测评及“学生成长导师制度”,指导学生作出课程的初步选择。课程教学采用行政班级教学的模式。第一学程严格按照课程标准合格性考试的要求,第二学程有限拓展,适度加压,为学生提供等级性考试要求的适应性参考。

学程 3—4:走班教学的适应阶段,高一学年第二学期开始走班教学,允许一些还没有对自己学习兴趣及能力作出最终判断的学生放大一门学科,即可以暂时 6 选 4,第三学程结束确定自己的 6 选 3 科目。

学程 5—6:选课走班教学的正式阶段,由于高二年级在 5 月份将迎来地理和生命科学的等级性考试,学生课程选择性在该学程将呈现出极大的多样化。

学程 7:等级性考试的备考阶段,该阶段学生对学业水平的关注度比较高,客观上对语、数、外等学科的教学带来了一定的挑战性。因此,该阶段将对语、数、外课程的教学要求、教学内容、教学形式进行调整。

学程 8:等级考后调整阶段,地理、生命科学等级性考试结束后,留下了很大的课程学习时间空档,需分析学生的基础和发展诉求,安排供给相应的学科拓展和素养拓展课程。

学程 9—10:学生备考英语一考阶段,除继续实行走班教学,适度调整英语考试的内容、课时及进度。

学程 11:剩余等级性考试科目的备考阶段,策略同学程 8。

学程 12:高考及升学指导。

3. 建立走班教学管理系统

其一,建立和运行学校走班教学管理系统。学校建构了"选课指导—课程供给—班级管理—教学管理—学业评价"的五个环节管理流程,各环节由学校相应部门负责推进和落实。选课指导环节由学生发展中心、课程教务中心负责;课程供给由课程教务中心负责;班级管理由年级组(班主任与学科教师)负责;教学管理由教师发展中心负责;学业评价由学生综合素质评价工作小组负责。选课指导、课程供给、班级管理、教学管理、学业评价五模块彼此独立,又相互衔接,构成一个完整的循环。学业评价引导学校、师生开展更具针对性的选课指导,选课指导的学情分析为课程供给提供了依据,课程供给则决定了班级管理的实际需求以及教学管理所应达成的梯度与水平,而学业评价则呈现了学生走班以来的实际教学成果(图 2-14)。

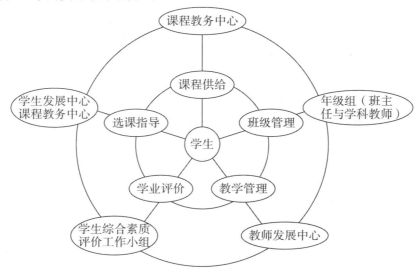

图 2-14 大同中学走班教学管理系统

其二,制定和实施与走班教学相匹配的制度。我校制定了《大同中学学科选修课程实施要求(试行)》《大同中学走班教学班主任职责》《大同中学走班教学管理制度(试行)》《走班教学学科教师管理职责(试行)》,从制度上保障教学活动的顺利进行。实行了走班教师例会制度,及时反馈教学过程中遇到的实际问题,定期举行班主任、导师及教学班学科教师的交流分析会,全方位了解学生的学习生活状态。引入了网上管理系统,帮助学生实现一人一课表,帮助学生记录、分析整个高中阶段的学科学习情况,了解教师评价,为学生的准确定位提供依据。

4. 开发适应走班教学的课程管理平台

学校开发了适应高考新模式和学校新课程体系的课程综合管理平台,它具备以下功能:第一,利用信息化手段建立了课程管理的工作流程,包括课程申报、课程审批、课程实施、课程评价等;第二,基于生涯测评为学生选课、生涯指导提供数据支持;第三,编排三类课程,为学生提供个性化课表;第四,建立学生学业质量跟踪机制,对学生学业质量个别化分析提供依据。

(四) 构建走班教学的指导机制

高一年级第一学期,作为走班教学的准备阶段,编制《大同中学课程学习指南》并组织面向学生和家长的课程说明会,使学生了解高中三年所要修习课程的整体情况及进一步明确课程分层后各自的课程标准。

学校成立学生生涯发展指导中心,开发了“大同中学学生生涯发展管理系统”,并通过给学生做生涯测评等方面的量表为学生提供一些职业能力倾向方面的参考,以及提供进入高中后的学习情况的基本数据作为学习达成度的参考。

学校试行学生成长导师制,由学生自己选择信赖的老师作为导师,每位导师指导十名左右学生,在高中阶段从思想、学习情况及发展方向上全方位为学生提供帮助和指导。在班主任和导师的辅导下,学生通过课程和活动,搜集相关资讯,认识自我、了解高校(专业)及职业要求,从而作出课程的初步选择。

高一第一次选择时,允许一些还没有对自己的学习兴趣及能力作出最终判断的学生放大一门学科,即可以暂时 6 选 4,在高二上学期我们希望学生都能对自己的学习情况作出准确的判断,最终确定自己的 6 选 3 科目。

（五）变革走班教学的学校支持系统

传统的学校管理是行政管理的思维，以校长为中心，按照学校管理日常工作进行条块分割。各部门按照分工，各尽其责，最后形成对校长的负责。各部门思考、决策和实施工作总是以最大化或最优化完成本部门工作为前提。学校对学生的课程采用的是一种配给模式。因此，应当探索建立一种适应于学生选择性学习、个性化成长的课程供给系统。这种系统应当基于数据（证据），包含以下几个要素：数据诊断、选课指导、课程实施、课程调适等。

为此，我们依据学生综合素质评价平台的框架，尝试构建一种学生选择学习和个性化成长的课程供给系统（图 2-15）。

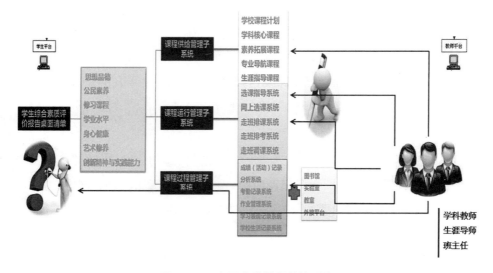

图 2-15 大同中学课程供给系统

具体来讲，就是将学生综合素质的初始评价与学生生涯测评的数据结合起来，建立学生高中发展的初始数据库；根据初始数据库编研学校的课程计划，供给学生课程选择学习的内容；根据初始数据对学生进行选课指导；动态记录学生一段时期的课程学习旅程，形成阶段性、过程性新证据，判断课程对学生阶段性学习的影响，分析课程计划执行的问题，制定课程计划改进的措施，从而提升学校课程计划对学生成长的匹配性，指导学生形成适合自己个性成长的课程链。

第五节 调整：五育融合育人课程体系构建

为深入贯彻党的十八大、十九大精神，落实全国教育大会精神，全面贯彻党的教育方针，落实立德树人根本任务，发展素质教育，推进教育公平，以社会主义核心价值观统领课程改革，着力提升课程的思想性、科学性、时代性、系统性、指导性，推动人才培养模式的改革创新，培养德智体美劳全面发展的社会主义建设者和接班人。教育部颁布了新一轮《普通高中课程方案（2017年颁布，2020年修订）》。新课程方案进一步明确了普通高中教育的定位，进一步优化了课程结构，强化了课程有效实施的制度建设，凝练了学科核心素养，明确了学生学习该学科课程后应达成的正确价值观、必备品格和关键能力，对知识与技能，过程与方法，情感、态度与价值观三维目标进行了整合。

课程方案要求学校应依据国家课程设置要求，结合办学目标、学生特点和实际条件，制定满足学生发展需要的课程实施规划。2020年，上海进入"双新"改革时代，这也就意味着上海的课程教学改革从"讲上海话"的时代进入了"讲普通话"的探索。如何将多年来上海基础教育课程教学改革的丰富经验和典型成果融入国家课程方案的实施中，实现更好的对接，从而实现学校高质量的发展，是摆在上海基础教育所有学校面前的共同问题。

学校积极分析国家和地方教育政策与学校发展的"对接点"，研究基础教育课程改革趋势与学校课程发展的"联系点"，依据学校的优势挖掘学校发展的"生长点"，反思学校现状和问题去寻求学校发展的"突破点"，从而开启了新一轮的课程改革征程。

这一轮课程改革有以下几个重要的特征：

一是进一步强化了学校课程的全面性，德育、智育、体育、美育、劳动教育全面纳入学校课程体系。

二是进一步突出了学校课程的统整性，创新教育与五育融合，全面统整在各领域、各环节课程中。

三是进一步突出了学校课程的执行性，以国家课程方案的话语系统，国家课程方案设计的课程结构、课程内容、修习要求来设计、实施学校的课程。

一、改革的背景

2018 年 9 月 10 日,全国教育大会在北京召开。这是在中国特色社会主义进入新时代、全面建成小康社会进入决胜阶段的大背景下,党中央召开的第一次全国教育大会。在大会上,习近平总书记站在党和国家事业发展全局的战略高度,为我们指明了教育工作的根本任务、教育现代化的方向目标,明确了教育培养什么人、怎样培养人、为谁培养人的重大命题。培养什么人,是教育的首要问题。培养一代又一代拥护中国共产党领导和我国社会主义制度、立志为中国特色社会主义奋斗终身的有用人才,这是教育工作的根本任务,也是教育现代化的方向目标。培养德智体美劳全面发展的社会主义建设者和接班人,要在坚定理想信念上下功夫,在厚植爱国主义情怀上下功夫,在加强品德修养上下功夫,在增长知识见识上下功夫,在培养奋斗精神上下功夫,在增强综合素质上下功夫,树立健康第一的教育理念,在全面加强和改进学校美育、弘扬劳动精神上下功夫。培养德智体美劳全面发展的社会主义建设者和接班人必须构建德智体美劳全面培养的教育体系,形成更高水平的人才培养体系。要把立德树人融入思想道德教育、文化知识教育、社会实践教育各环节。这次大会为做好新时代教育工作提供了根本遵循和行动指南。

2019 年 6 月,国务院办公厅《关于新时代推进普通高中育人方式改革的指导意见》发布,这是对普通高中教育综合改革的系统设计和全面部署。《指导意见》提出了育人方式改革的目标:到 2022 年,德智体美劳全面培养体系进一步完善,立德树人落实机制进一步健全。普通高中新课程新教材全面实施,适应学生全面而有个性发展的教育教学改革深入推进,选课走班教学管理机制基本完善,科学的教育评价和考试招生制度基本建立,师资和办学条件得到有效保障,普通高中多样化有特色发展的格局基本形成。

基于这一个总体目标和六个具体目标,围绕五个育人关键环节和重点领域,《指导意见》设计了构建普通高中育人方式改革五大体系的改革任务,即构建全面培养和社会支持体系,优化课程实施和教学组织管理体系,建立学生发展指导服务体系,完善考试和招生制度体系,强化师资和保障体系。

这五大体系,既是育人方式变革的任务,也是育人方式改革实现的目标。每个体系的构建有自身的逻辑系统,但五者之间也有着非常强的逻辑关系。构建德智体美劳五育并举的全面育人体系是育人方式变革的总体目标;考试招生制度改革,作为评价制度改革,是改革的"牛鼻子",具有重要的价值导向作用,通过考试招生体系的改革,可以撬动学校的课程教学改革;学校的课程改革和学生指导体系建设是实现育人方式变革、构建全面育人体系的重要途径;条件保障体系是实现前四项任务的重要保障。

五大改革任务从五个路径架构起了立德树人的机制,通过"多样化、有特色的发展格局"的学校实践回答教育"为谁培养人""培养什么人""怎样培养人"的命题。

《指导意见》指出:全面实施新课程新教材。各省(区、市)要结合推进高考综合改革,制定普通高中新课程实施方案,2022 年前全面实施新课程、使用新教材。

二、改革的思路

坚持立德树人导向,指向学生发展核心素养培育,创新教育与五育融合,依托信息技术,以"设计思维"系统推进学校课程改革,以满足学生全面而有个性的发展需要,培养有理想、有本领、有担当的时代新人。形成五育并举、创新融合的新课程体系,创生统整融合、创新实践的新校本课程,探索深度学习、智能运用的新课堂教学,实施过程激励、导航发展的新素养评价,打造资源整合、联通内外的新学习平台。

(一) 以系统思维构建学校课程改革的路径

根据考试和招生制度改革的方案以及学生综合素质评价的要求,结合学校特点,落实国家育人要求,构建学校学生综合素质培养目标,对学校培养目标进行再提炼;以学生综合素质培养目标引领学校的课程变革,突出多样化和选择性,对学校的课程进行再设计;支持学生个性化成长,构建学生发展指导机制;促进教师专业化发展,加强教师专业素养的学术建构;促进包括学校管理机制、信息化系统等在内的学校支持系统的变革,对学校现有课程资源进行有效整合和深度开发,为学生的成长提供强有力的支持。

(二) 以"DT"思维开展学校课程的供给侧改革

"DT"有三层意思:一是学校首字母缩写,意为立足百年学校文化底蕴与课改实践,在传承中创新发展,着力培育学子的必备品格和关键能力。二是英文 design thinking 的缩写,意为设计思维。设计思维,是一种基于客户需求的创新设计实践,也是创新思维培育的重要方法。将设计思维引入学校课程改革,一方面强调学校课程以学生为立足点,基于学生学力、兴趣、生涯志向开展个性化课程路径的设计;另一方面强调课程实施过程中创新素养培育的融入。三是英文 digital technology 的缩写,意为数字化、信息化,强调课程改革依托信息技术的支持,基于数据、技术的伴随。

（三）以"CIE"理念开展学校课程内容的创生

"CIE"是英文 creativity（创造能力）、innovation（创新意识）和 entrepreneurship（创业精神）的首字母缩写。"I"：创新意识——通过学习活动开发学生的发散性思维、求异性思维等创新思维技能,使学生能对生活中的问题或完成的项目产出"金点子"（有创意的 idea）；"C"：创造能力——强调从无到有,培养学生的创造技能,发明具有社会价值的新型作品,将上一个环节的"金点子"付诸现实；E：创业意识——重视学生实业精神的培育,将学生的创意实用化、产品化或产业化。"I—C—E",不仅是一个创新素养培育的理念的组合,也是开展创新教育的流程环节。通过这样的流程环节开展教学,不仅架构了学科知识与生活的桥梁,实现了学科知识的整合,培养了学生"用以致学"的学习习惯,还让他们学会了项目管理、学会了团队合作、学会了交流沟通、学会了对未来生活的规划。不仅要重视"CIE"校本课程的开发,还应该将"CIE"的理念融入必修课程的单元设计,融入综合实践活动、劳动教育活动,融入学生自主的社团活动,形成"CIE+"课程实施样态。

以"DT"的这三重意蕴链接学生的必修课程、选择性必修课程、选修课程修习,有助于学生在课程实施中形成基于生涯发展诉求,以创新素养培育为指向的个性化课程修习方案,实现学生全面而有个性的发展。

（四）以融合思维在课堂教学中落实全面育人

在课堂教学中,注重建设全面育人的场域、开发统整生活的情境、设计贯通探究的旅程、提供联通知行的经历。课堂实践要重视从"解题能力→解决问题能力""教会内容→做成任务""知识点段段清→知识结构化""知识内容理解→知识情境化""知识技能讲授→过程与方法体验""重复变式练习→项目活动探究"的转型。

（五）重视逆向设计,实现学生生涯成长的伴随

《普通高中课程方案》指出:要注重对学生学习过程的评价;要加强对学生

的理想、心理、学业、生活、生涯规划等方面的指导。所以要重视评价在改进教与学上、在指导学生生涯发展上的作用。一方面开展"以终为始"学科单元设计,另一方面要重视构建学校的生涯伴随系统。

三、改革的实践

(一) 课程目标

学校坚持"全面发展,学有特长"的育人目标,培养学生"学会做人,学会生活,学会学习,学有特长",使学生具备适应 21 世纪全球化生存与中国特色社会主义建设的优异素养。在课程内容开发和课程实施中围绕育人目标这一重点,着力发展大同学生的五个方面的基本素质和八个方面的关键能力。

基本素质:全球意识、民族情怀、责任担当、全面发展、学有特长。

关键能力:社会生活能力、团队合作能力、有效学习能力、信息与技术能力、实践行动能力、创意创造创业能力、批判反思能力、自主发展能力。

(二) 学校课程整体结构

学校课程以立德树人为中心,体现必修、选择性必修、选修三类课程有效整合,体现高中三个年段课程目标与五育并举的整体布局,体现课程修习模式的差异性。

课程结构示意图如下(图 2 - 16):

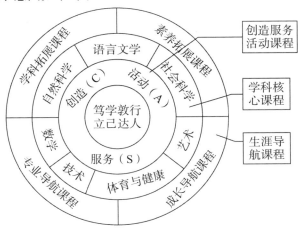

图 2 - 16　学校课程结构图

创造服务活动课程(CAS):是一种综合性实践类课程,涵盖国家课程的综合实践活动(研究性学习、党团活动、军训、社会考察等)以及劳动中的志愿服务,是学生的必修课程。该课程立足创造、活动和服务(CAS)三大模块及三个模块的融合,提高学生服务社会的意识与综合素养。创造(creativity)模块:探索和延伸学科核心素养并将之创造性地应用于家庭、学校与社会的各领域、各环节的研究性学习与创造性劳动。活动(activity)模块:是一种注重社会意识与人文素养培育的实践性教育。服务(service)模块:以志愿服务与社会实践为主体,注重知行合一的社会性实践。

学科核心课程:由国家课程的必修与选择性必修课程组成,是依据国家课程方针培养学生基本认知的课程,涵盖学生学习的七大学习领域。分层、分类设置课程科目,为学生提供多样化的课程门类、多样化的课程层次。

生涯导航课程:由校本选修课程组成,该课程是在学校、家庭、社区各领域、各环节对学生思想、心理、学业、生活、学涯提供个性化的学习经历,培育学生"成人、成长、成才",支持学生生涯发展的系列课程。

学校重视课程的育人价值,坚持立德树人的价值导向,通过学科德育和德育课程化的途径,将德育工作融入学校整体课程体系中。

（三）学校课程设置

学校具体课程设置如下(表2-14):

表2-14 学校课程设置

课程	领域	学科(模块)		修习要求
创造服务活动课程	创造模块	研究性学习、创造性劳动	统整项目	必修
	活动模块	班团活动、社会考察、社团、军训、学农等		
	服务模块	志愿服务与社会实践		
学科核心课程	语言文学	语文、英语		必修+选择性必修
	数学	数学		
	自然科学	物理、化学、生命科学		
	社会科学	历史、地理、思想政治		
	艺术	艺术或音乐、美术		

（续表）

课程	领域	学科（模块）	修习要求
学科核心课程	技术	信息技术、通用技术	
	体育与健康	足球、篮球、排球、羽毛球、乒乓球、健美操等专项；阳光体锻	
生涯导航课程	学科拓展课程	基础课程、进阶课程、荣誉课程	选修
	素养拓展课程	语言与文学、社会与人文、数学与逻辑、科学与自然、信息与技术、艺术与文化、思维与方法、生命与成长八大领域	选修
	专业导航课程	CIE 与学院课程	选修
	成长导航课程	德育课程、专题教育、学校文化活动、生涯规划	必修

说明：

学科核心课程涉及语言文学学习领域、数学学习领域、自然科学学习领域、社会科学学习领域、艺术学习领域、技术学习领域、体育与健康学习领域共七大学习领域，各学习领域设置相应学科（模块）。

语、数、外学科按照必修课程、选择性必修课程设计科目模块。物理、化学、生物学、历史、地理、思想政治等选考课程，基于学科特点、必修与选择性必修课程的学科课程标准及学生学科特长发展需求，设置科目Ⅰ（合格性考试内容的课程）、科目Ⅱ（等级性考试内容的课程）等不同层次的课程科目，学生依据自身学习基础和发展需求，在学校提供的课程中选择适合自己发展的课程科目学习。科目Ⅰ，严格按照必修课程的学业水平要求进行设计；科目Ⅱ，按照选择性必修课程的学业水平标准对学科内容进行统整。

生涯导航课程指向学生生涯发展，联通校内校外，整合德育课程、专题教育、学科拓展、学校文化活动、生涯规划课程等，统整形成学科拓展课程、素养拓展课程、专业导航课程、成长导航课程四大校本选修课程领域。各课程领域介绍如下（表 2 - 15）：

表 2-15　生涯导航课程

课程	领域	课型	课时安排					学分	修习说明
			高一		高二		高三		
学科拓展课程	基础课程	选修	4.5	5.5	5	6	9	30	学生根据自身学业水平与个性发展需求可选修注重基础的基础课程,有志于专业深造的进阶课程以及定位竞赛或学科项目的荣誉课程
	进阶课程								
	荣誉课程								
素养拓展课程	语言与文学	选修	2		2		2	8	与专业导航课程统筹,不低于8学分
	社会与人文								
	艺术与文化								
	数学与逻辑								
	信息与技术								
	科技与自然								
	思维与方法								
	生命与成长								
专业导航课程	CIE	选修	2		2		2	8	与素养拓展课程统筹,不低于8学分
	学院课程								
成长导航课程	德育课程	选修	1	1	1	1	1	6	1学分/学期
	专题教育							1.5	0.5分/学年
	生涯规划							1.5	0.5分/学年
	学校文化活动							1.5	0.5分/学年

　　学科拓展课程:为学生提供不同水平层次与专业倾向的学科选修类课程,满足不同层次学生的学科素养发展需要。本课程包括重在加强学科基础的学科基础课程;有志于未来专业深造的学科进阶课程;对学科有着浓厚兴趣且有志于竞赛或学科项目的学科荣誉课程。

　　素养拓展课程:从培养学生通识素养和个性特长维度设置语言与文学、社会与人文、艺术与文化、科技与自然、信息与技术、数学与逻辑、思维与方法、生命与成长八大模块。

专业导航课程：以项目式学习、问题式学习为主要学习形式，旨在培育学生创新意识、研究能力与专业志趣，为学生认识、理解并体验专业打好基础，是学生在导师指导下自主开展问题探究与创造性实践的一门跨学科课程。专业导航课程由"CIE"与学院课程组成。该课程旨在培育学生发现、提出问题以及研究、解决问题的创新意识与学习能力。学院课程作为"CIE"课程在高二阶段的进阶课程，在原有"CIE"课程要求的基础上，与相关学科类竞赛、科创类活动、设计类比赛等对接，鼓励创新应用。

成长导航课程：依托校内外各类社会公共资源，构建社区与家庭联动的大教育格局，以德育课程、专题教育、生涯规划课程、学校文化活动等多种途径对学生开展道德、法治、人文、生命、安全、心理健康等综合性主题教育，为学生成长提供人生导航。

（四）课程实施

学校课程实施基于学生立场，满足学生生涯发展诉求，实现学生全面而有个性的发展。

指向学生生涯发展，构建以服务学生个性化学习为中心的课程供给实施与反馈机制研究（图 2-17）。该机制以学分管理、选课走班、选课咨询、诊断反馈为基础，以服务学生个性化学习为目的，打通课程实施的管理、实施、咨询和反馈等环节，助力学生生成个性化的课程路径，帮助学生对个人课程修习情况和既有进度进行整体把握，为学生后续修习课程提供指导性反馈和建议。

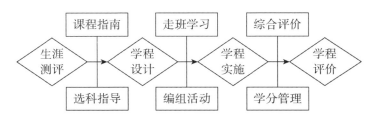

图 2-17 学校课程实施流程

完善成长导师制，导师重点为学生课程修习的规划提供指引。设计全员导师平台，导师在与班主任、任课教师的联动下，通过沟通机制的设置与手册的填写,结合生涯测评数据引导学生规划个人课程修习路径,帮助学生设计适合其学涯发展的个性化修习方案。

(五) 课程资源的利用与开发

打破学科课程—综合实践活动课程—劳动教育课程—德育主题教育课程的边界,实现校内外、课内外的联通,以课程学习为中心打造四个平台:(1)创客空间,对学校空间进行再规划、再设计,将实验室等按照其既有结构功能进行优化再造,为学校创新教育提供物理空间支持。(2)实践工作站,统整高校资源、社区资源、场馆资源等,构建适合学生开展综合实践活动与劳动教育的创新实践工作站。(3)泛在社区,以信息技术为支持,打通线上与线下学习,形成"线上线下联动、以学生为中心、支持无缝学习"的学生创新泛在学习社区。(4)院社活动点,立足大同教育集团青少年科学研究院,建立主题"科学营"和专题"科学社"等院社活动实践点。

(六) 学业评价

1. 学生学业评价

• 必修与选择性必修课程的评价

必修与选择性必修课程学习评价由过程性评价和结果性评价两部分构成。

过程性评价:包括平时成绩占 10%、作业情况占 10%、学习表现占 5%、学习态度占 5%,共占总评成绩的 30%。

结果性评价:期末考试成绩占 40%,期中考成绩占 30%,平时成绩占 30%。

• 素养拓展课程与专业导航课程的评价

(1) 提倡在课程中开展多元评价、过程性评价的方式。

(2) 不同的科目可依据学科性质制定不同的评价计划,可采取考试、小论文、小组研究课题、课堂表演、演讲等多种形式进行。

(3) 对于学习过程认真,学习成绩优秀的学生应当给予奖励学分。

• 研究性学习的评价

(1) 依据学生研究性学习自适应平台的录入与完成情况实施评价。

(2) 注重多元评价与过程性评价的方式。

(3) 开展线上与线下融合的研究性学习评价。

2. 学分管理

为深化学校课程管理,守住基础教育共性培养要求的底线,同时改进既有课程管理与评价体系对学生学习差异性与个性化发展的重视不足的状况。学校探索复合型学分制,将学生的学习经历尽可能地以学分形式记录,同时让学生的投入和成绩能够显性化,引导学生不仅仅关注高考的毕业要求,更要兼顾个人的品德修养、身心健康、生涯发展和体育艺术等的特长养成。基本学分、奖励学分及绩点学分共同构成了大同复合型学分结构。

基本学分——以学时为计算单位,按照学生的学习领域设置,以学生根据课程计划必须达到要求的教育、教学量为基本评价指标,每学年规定学生取得必要的学科领域最低基本学分标准。在整个高中阶段,规定学生取得必要的最低学时学分为高中毕业的标准。

奖励学分——增设奖励学分,其目的是使学分制的评价指标,能全面反映出学生在完成课程规定的学科知识、能力掌握与综合实践等教育活动基本要求时所表现的差异性;体现学生在自主探索学科知识、积极开展技能学习与参与综合实践等的深度、广度、个性特长发展上的差异性。鼓励学生根据自己的个性特长多学、学好,进一步激发学生学习的积极性、自觉性,促进学生发展自己的个性、潜能并激发学生的创新素养。

绩点学分——绩点学分是在基础学分与奖励学分的基础上,对学业水平学分认定的一种新探索。具体规则为以学生考试的百分位对应相对的绩点,与科目设置的学分相乘,获得该课程的绩点学分。

（七）学校课程管理

1. 管理机制

学校实施课程管理的领导机构是"学校课程委员会",执行机构为课程教务中心。

"学校课程委员会"由分管校长、教师发展中心、课程教务中心及教研组长、教师代表组成;由校长室直接领导,负责学校课程的建设、课程的开发、课程管理与评价等有关学校课程教材改革方面规划、设计和研究实施等工作。学校依托课改研究基地学校这一优势,聘请有关课程与教学专家为顾问,参加重大项目的咨询与研讨;在学校课程管理与评价中根据需要邀请部分学生代表参加。

在学校校长室领导下,学校课程委员会负责学校课程计划的编研工作。在进行学生学情调研和学校"SWOT"分析的基础上,课程委员会根据学校的培养目标和当年度的课程供给情况,撰写学校课程计划草稿,经行政会议讨论后完成修订,在教工大会上进行解读。各学科备课组按照学校总体课程计划制定本学科的科目实施计划。同时,学校课程委员会编制学生版的课程计划,即《大同中学学生课程学习指南》,统整学生高中三年的学习生活;在年级学生大会和学生家长会上进行《课程学习指南》解读辅导,指导学生规划他们的高中学业生活。

在课程计划的实施过程中,学校通过中期常规检查、学生午餐会、学生问卷调研等形式对学校培养目标在课程中的落实情况、必修课执行情况、选修课执行情况以及课堂教学执行情况进行检查和调研,根据调研情况对课程计划进行部分的调适。

学期结束后,学校通过网上问卷、资料审阅、座谈研讨等形式对课程实施情况进行学期调研与总结研讨,寻找课程计划制定和实施中存在的问题,作为进一步完善计划的依据。

2. 校本课程管理机制运行

学校课程委员会负责校本课程的开发和实施的指导工作。依托学校课程网上管理系统,委员会对校本课程开发、实施的全过程进行审核、管理、监督、评估。

(1)立项。每一学年,教师都必须在网上提出开设拓展型选修课的申请,按要求完成申请报告。课程委员会成员分领域审核这些选题,进行投票,审核意见分为同意立项、修改立项和暂缓立项三种,并及时将修改意见告知任课教师。

(2)选课。每学期初,课程委员会协助课程教务中心做好学生选课的统筹工作,指导学生理性选课,根据学生选课情况决定最终开设哪些学校拓展型选修课。

(3)跟踪。学校课程网上管理系统设置了课程实施进度记录、学生 BBS、教师留言等功能。课程委员会成员分领域定期上网察看课程实施进度,学生的即时反馈以及教师任课感受,在过程中管理。课程委员会还定期组织随堂听课,召开小组会议汇总、反馈。

(4)调研。在学校课程(选修课程)实施中,开展调查问卷、听课评课、召开座谈会,力求多角度,客观地进行教师教学、学生选修、学习效果与质量的调研,进行学校课程教学的管理。

(5)评估。利用学校课程网上管理系统中的期末学生考评系统,汇总调研资料,参与学校选修课程教师的考评工作。

(6)反思。期末召开学校课程委员会会议,反思一个学期学校课程开发、实施的得失,研究问题,指导今后工作。

3. 国家课程实施质量管理

学校建立教学质量监控制度,从学科教学实施计划抓起,重点关注科目实施纲要编制、教学设计撰写、课堂教学、作业设计批改与反馈、命题及测验考试五个要素。

科目实施纲要,由备课组编制,教研组审核,教师发展中心管理,以保障合格性考试科目教学内容严格基于标准,等级性考试科目内容控制合理难度。

学科教学设计(教案),由备课组检查,以保障教师的课堂教学实施是在共同标准和基本规范下的根据班级学情的行动。

课程教务中心,采用听课、问卷调查、座谈会等形式就教师教学态度、教学方法、教学过程、师生关系、作业训练、总体评价等七个指标对教师教学情况进行细致的调研与分析,及时纠正和改进教师的课堂教学过程。

针对学业水平合格与等级要求的不同,学校要求合格性考试科目不布置回家作业,不得使用课外辅导资料;等级性考试至多推荐一本课外辅导资料或辅导读物。教师发展中心通过问卷、座谈及检查等方式对教师的作业设计、作业总量、作业实效及作业批改与反馈进行管理。

期中、期末考试采用网络阅卷,形成知识内容与能力要求两个维度的学生个人与教学班的质量分析报告,基于数据,改进教学。

回溯大同中学30年的课程改革,可以发现,在这一改革过程中,尽管不同阶段的课程建设与实施的主题不尽相同,但是,就改革的整个历程和其所展现的精神、价值、风貌而言,大同中学的课程改革很好地兼顾到了四个维度的平衡:

其一,兼顾了国家需求与学校特色的平衡。教育有重要的社会价值,承担着为党育人、为国育才的价值和使命。大同中学30年的课程改革,始终坚持把国家需求作为核心的价值导向,每一个阶段的课程改革,都是基于国家经济社会发展对人才培养和教育改革的现实需要进行设计,力求通过课程理念与实践路径的持续改革创新,第一时间把国家最新的教育改革政策落实到学校教育体系之中,体现了浓郁的教育变革家国情怀和使命担当。同时,在落实国家层次教育改革政策的过程中,学校也不是简单地进行政策的移植,而是能够充分考虑学校的实际情况,对整体性的教育政策、课程制度进行校本化的设计和创新。特别是学分制管理、课程整合、综合素质评价等一系列课程创新,既很好地体现了国家层面的教育改革设计,也探索了具有学校特色的课程实施路径,让学校在课程改革的过程中始终保持特色、保持优势。这种国家需要与学校特色的平衡,既体现了大同人教育强国的精神价值,也让大同中学经历百年而特色不改,始终是区域百姓信赖的特色学校、优质学校。

其二,兼顾了全面发展与个性成长的平衡。任何层面的改革,都需要经历价值层面的拷问。学校的课程教学改革,作为一种社会实践活动,是在一定的价值观指导下的有意识、有目的的活动。价值是人与世界交往过程中的经验累积,表达了人类相互依存关系构成的生活关系,①课程教学改革的复杂性、系统性,蕴含了这一改革本身价值的多元性。从大同中学的课程教学改革看,在改革的价值取向选择上,学校始终将促进学生成长发展作为改革的核心价值取向,通过课程改革,很好地兼顾了学生的全面发展和个性成长。自教育产生之后,教育的本质始终是成人对于儿童生活经验的主动干预,因此,儿童的成长是教育的基本价值所在,也是不同历史阶段教育改革的基本目的所在。大同中学关注到不同时期学生成长发展的现实背景和集体需要,通过课程内容的不断丰富和拓展,课程结构体系的不断优化和重构,真正关照到了学生成长的群体需要,通过课程供给的丰富性为学生全面发展和综合素质的提升提供支撑。在此基础上,学校还充分考虑不同学生成长与发展的个性需要,尊重每一个人不同的发展基础、发展需求和发展空间,通过特长生制度、学分制管理、走班选课等特色化的课程教学改革,增强课程实施的选择性,让学生的个性成长有了实现的基础。总而言之,大同中学在30年的课程教学改革中,始终坚持以学生发展为核心价值,在实践中兼顾到了学生全面发展和个性成长的平衡,把学校真正打造成为学生幸福成长的乐园。

---

① 袁国,贾丽彬.人的全面发展:教育改革的基本价值标准[J].教育理论与实践,2018(20):7-9.

其三，兼顾了精神传承与持续创新的平衡。学校的课程教学改革是一个前后相继的动态过程，如何以正确的思维方式看待学校传统的课程教学经验和新的课程教学改革理念，是能否切实做好课程教学改革的关键性问题。在大同中学的精神血脉中，创新是一个重要的词汇，这意味着学校始终以自我革新的视角审视课程教学改革问题，能够始终保持对社会发展、教育变革的敏感度，不论是早期的学分制改革、三类课程体系的建构、特长生的认定制度，还是后来的综合素质评价改革、走班制、全员德育等，大同中学很多时候都能通过创新的意识和精神，走在区域课程教学改革的前列，不断生成引领区域教育教学变革的实践经验。同时，在这一过程中，大同中学之所以能够经历百年而初心不悔，正是因为对大同精神的延续，也就是说，不论学校推行怎样的课程教学改革，学校都坚持"守正创新，追求卓越"的价值和"立己达人"的核心文化，正是源于这种精神和文化的恪守，学校虽经历几度变迁，学校管理者也在不断变化，但是大同的精神血脉始终能够得到传承，这也就意味着，大同的课程教学改革，从来都不是对原有做法的彻底否定，而是在不断继承、延续课程教学改革经验的基础上持续融入对新的历史环境和教育背景下的课程教学思考，推动课程教学改革有序地演进、提升，这种传承与创新的有机融合延续了昨日大同的精神命脉，塑造了今日大同的品质荣光。

其四，兼顾了课程民主与有序管理的平衡。教育是关于人的学问，教育的原点和最终归宿都是人。但是，在很长时期、很多学校的课程教学变革之中，学生往往仅是"形式上的存在"①，他们只能被动地接收学校的课程安排，他们的需求难以得到真正的考虑和尊重，这也在很大程度上导致了学校课程教学改革的"非民主"现象。在课程教学改革的过程中，大同中学始终以"真实的人""具体的人"的视角看待学生，倡导将学生的真实需求反映到课程教学改革的过程之中，一个鲜明的案例就是由一篇学生作文引发的课程教学改革新思维。在大同中学看来，很大程度上，学校课程教学改革的本质就是倡导课程民主意蕴的回归，要让学生真正在课程体系中享受学习，获得成长。因此，要从学生的现实需要出发，注重听取学生的建议和意见，这是大同中学课程教学改革的重要特色。正是因为这种价值和情怀的坚守，学校的课程教学能够始终得到学生的欢迎，

---

① 陈玉华.学生立场：教育研究与实践的出发与回归[J].中国教育学刊,2017(1):19-22.

良好的学校课程教学氛围也得以保持。不仅如此,大同中学也注重课程教学改革过程中的制度建设,通过完善的课程教学制度配套改革过程,让课程教学改革在民主的氛围中不失制度的规范,让课程教学改革有序、有效进行,这也是大同课程教学改革始终走在前列的重要保障。

第三章

聚焦

——学校道德教育的独特探索

党的十八大报告首次将"立德树人"明确为教育的根本任务,这既是对我国古代优秀教育思想的传承与创新,是对教育本质问题的科学解读,也是对原有教育系统中"育人为本、德育为先"理念的进一步凝练和深化。从近年的教育改革来看,"立德树人"作为教育的根本任务,已经成为指引各级各类教育教学改革的最重要指导思想。

实际上,回溯教育的发展历史,对于道德领域的关注伴随教育的始终。不论是先秦诸子百家的学说,以"仁爱"为核心特质的儒家学说,还是历朝历代教育家的教育主张,抑或是近代以来各类教育政策文件,实际上都蕴含着非常鲜明的道德教育思想,都倡导"立德树人"的人才培养理念。"立德"强调的是人之为人的根本,"树人"强调的是人才培养目标的全面性,将两者结合在一起,才能形成符合现代社会需求的人才培养目标体系。这一体系的内在逻辑可以概括为:"树人为本,立德为先"。教育的根本是要树人,欲树人先立德,树人要以立德为基础,而立德又会促进树人。① 对于学校而言,"立德树人"倡导的是一种课程、教学、管理、文化、育人等领域的系统变革,但是其中最核心的领域,必然是有效的德育体系的建构。

重视道德教化,以伦理组织社会,是中国传统文化的显著特点。② 中华人民共和国成立后,继承并发扬了这一优良传统,先后提出了德育为首、德育为先、德育为根、立德树人,从战略高度定位学校教育的使命。③ 与此相伴,各类学校也分别基于实际情况开展了相应的道德教育探索。但是不容回避的是,在过往的很长一段时间内,由于受到应试教育、分数至上等理念的影响,道德教育在学校里经常会面临"说起来重要,做起来不要"的尴尬境地,特别是对于有效的道德教育路径、课程建设的探索不多。

但是从大同中学的课程改革看,恢复办学以来,学校始终把德育工作作为

---

① 刘娜,杨士泰.立德树人理念的历史渊源与内涵[J].教育评论,2014(5):141-143.

② 梁漱溟.中国文化要义[M].上海:上海人民出版社,2005.

③ 杜时忠,孙银光,程红艳.德育研究70年:回顾与前瞻[J].教育研究,2019(10):19-26.

人才培养和课程建设的重要领域,突出素质教育实施中德育的核心地位,坚持传承创新、与时俱进,加强德育与学生生活和社会实践的联系,形成了贴近学生实际并以学生为主体的教育系列,基本构建了以学生主动参与、自我教育为中心环节的全员、全程、全方位的有实效的德育操作体系。回溯大同中学的德育变革,既可以厘清学校在德育实践中的个性设计和沿革脉络,也可以总结提炼具有辐射价值的学校德育之道。

第一节　思想政治工作的"五化"探索

从我国课程教学改革,特别是德育改革实践看,学校的德育工作总是与国家发展、民族进步、党的领导等元素密切关联,也正是因为如此,思考和建构学校德育体系,必须要有高站位、长眼光。有的研究者指出,中华人民共和国成立以来,我国学校德育实践的重要经验之一就是坚持社会主义方向,坚持共产党的领导,[1]这体现了我国中小学德育的社会主义性质、造就中国特色社会主义建设者和接班人的根本要求,是社会主义学校德育与资本主义学校德育最根本的区别。[2] 大同中学早期的德育探索,恰到好处地体现了这一价值追求,这种探索既有效提升了大同学子的爱国情怀、道德品质和精神境界,也体现了大同中学始终与国家发展"同呼吸、共命运"的责任担当。

1976 年,粉碎"四人帮"后拨乱反正,广大师生欢欣鼓舞,学校又确定为市重点中学,全国又恢复了高考制度,莘莘学子学习文化的劲头倍增,但受片面追求升学率影响颇深,重智轻德厌倦政治的现象仍不同程度存在。王孟斑校长以"学习不好是次品、身体不好是废品、思想品德不好是危险品"的形象比喻告诫师生,提出对择优录取的学生更要加强思想政治工作。全校教师开展"重点中学重在哪里"的讨论学习,基本形成"重点中学应该重在全面贯彻党的教育方针,培养德智体全面发展的优秀学生"的共识。

在党的十一届三中全会精神鼓舞下,1979 年上半年,学校开展了"破实惠思

① 孙少平.新中国德育五十年[M].福州:福建教育出版社,2002.
② 冯建军.四十年德育改革的中国道路与中国经验[J].东北师大学报(哲学社会科学版),2018(6):118-124.

想、树革命理想"教育活动。各班开展"学英雄、创三好、继传统——实惠思想剖析会"主题班会教育,教导处、团委还组织了四个学生典型现身说法,引起强烈反响。小林同学一度看破红尘,想效法古人当隐士,老师、团组织晓之以理、动之以情,用革命前辈的感人事迹和敦煌学家常书鸿长年累月在敦煌石窟勤奋工作的精神感染小林,使他感到"现实生活中确实有那种为崇高信仰而牺牲一切的人"。后来,他入团申请的第一句话就是"我从天上又回到了人间"。全校在剖析实惠思想的同时积极引导学生树立革命理想,宣讲周总理和革命英雄人物的事迹。由于问题抓得难、典型选得好、方法用得活,教育搞得比较扎实、效果比较好。学校逐步明确提出对择优录取的大同学生不能削弱只能加强思想政治教育(强化);思想政治教育不能只抓行为规范,而要深入到革命理想和人生观教育(深化);思想政治教育工作要调动学生的积极性、发挥学生的主体作用("自动化")。

从 20 世纪 80 年代开始,学生思想政治教育工作上形成两条并进并交互的教育线——学生日常行为规范教育和学生政治基本观点教育,并在实践中总结班主任、团队干部的新鲜经验而形成操作法。

1985 年 1 月,学校制定了《大同中学学生思想政治教育大纲》(后称"德纲")。其总纲部分明确以邓小平"三个面向"为指针,以培养有理想、有文化、守纪律,德智体全面发展的富于创造精神的一代新人为目标,并将八年来学生思想政治教育工作实践经验从"强化、深化、自动化"正式提炼成"五化"——思想政治工作要逐步做到强化、深化、自动化、序列化、多样化。"序列化"就是根据在校六年初高中不同阶段学生的年龄特点、思想品德的实际情况,确定各年级教育的基本内容,有计划有要求地进行思想政治教育;"多样化"就是方法要生动活泼,寓教育于教学之中、于各种活动之中、于各项行政管理工作之中。

"德纲"基本框架是将初高中每个年级分成"教育主题""学生主要特点""重大教育内容""重大教育活动"四个方面列表简述。体现系统规划,各有侧重,又以"队—团—党"组织教育为载体,相互衔接推进。"德纲"的制定与实施总结了十年学校思想政治教育基本理念的基本经验,为学校德育工作奠定了扎实的基础。

特别值得一提的是,1982 年 9 月恢复成立学生党章学习小组,有 21 名高中生参加,1984 年 6 月毛倩同学成为停顿十八年后发展的第一名学生党员。1987

年 4 月,时任上海市市委副书记曾庆红同志专门接见十一位在大同中学毕业并入党的大学生,座谈大同中学思想政治教育工作经验,并建议教育部门将大同中学的做法和经验在全市中学中推广。当年十一月份,在上海市委市政府召开的上海市学校教育工作会议上,大同中学作了专题发言。据不完全统计,《人民教育》《社会科学》《光明日报》《解放日报》《文汇报》等报刊刊登关于大同中学思想政治教育经验的文章和活动报道达三十余篇,其中《建立学生思想教育工作的科学序列》《思想教育工作的实施应是系统工程》《跟踪教育初探》分别发表在《中学教育》《人民教育》《社会科学》杂志上。

这一时期,得益于学校思政教育思想上的重视和体系上的建构,学校思想政治工作队伍素质不断提高,先后有十余人获得"上海市新长征突击手""上海市模范班主任""上海市十佳青年辅导员""上海市优秀团干部""上海市园丁奖"等荣誉称号。涌现出李永基、詹劲峰、严中玉、陆昌栋、肖鸣、陆建平、王丽萍等一批优秀的思想政治教育工作者。1987 年,徐志雄被评为全市首批德育高级教师。学校培养了毛倩、陆定卫、陈浩波、洪光磊、杜杰、陈勤奋、吴弘等一大批优秀学生。吴弘年年被评为上海市三好学生,担任市红领巾理事会常务理事,1985 年 3 月成为中国第一名赴南极长城站考察的中学生,他品学兼优的事迹被写入上海市小学思想品德课教材。

第二节　德育"三三制"格局与"八大操作法"

思想政治教育的"五化"探索,为从课程建设的视角开展德育变革创新奠定了良好的思想和组织基础。随着学校 1987 年在全市率先开展高中课程结构改革,结合当时的政治形势,学校思想政治教育工作在认识与实践上比前十年又有新的进展。德育从序列化阶段进入"三三制"德育格局;德育内容以爱国主义教育为主旋律并形成较系统的基本观点教育操作法;提出"德育内容课程化"设想,开始探索寓德育于课堂教学过程之中,并试验开设德育选修课程;德育空间更注重向社会延伸,建立八个校外爱国主义教育基地;德育更注重科研,以工作带科研,以科研促工作,加强了教育的针对性。学校德育工作总体开始出现科学有序形成合力的态势,在广度、深度、力度上有新的突破。

20 世纪 80 年代初,学校以数学、英语等学科为重点积极探索教学改革,取得了较好的效果。但教育体制总体统得过死,一刀切,不能从整体上摆脱片面追求升学率的阴影,不能真正使学生从过重课业负担中解放出来,也严重制约了德育的空间、时间和实效。1987 年下半年,在市区领导的支持下,在老校长的带领下,大同"看破(升学率)红尘,全面裁军(减少必修课)",揭开了在全市率先开展高中课程教材整体改革的序幕。减少必修课时,增加选修学科,加强课外活动,建立由必修课、选修课和活动课构成的"三个板块"课程结构。20 世纪 90 年代中期,王世虎校长又明确提出"坚持和谐发展,全面提高素质,健康发展个性,培养四有新人"目标,并具体地落实在要求每个学生"学会做人,学会学习,学会生活,学有特长"上。改革给学校德育工作带来了新的机遇和活力。

一、形成德育"三三制"工作格局

从 20 世纪 80 年代以来,校思想政治教育小组在原先三位一体的基础上,运用系统工程理念进一步构建大同中学德育"三三制"格局,即:教育内容上三个层次,教育渠道上三线一面,教育力量上"三位一体"。

其一,教育内容上三个层次。即以中学生日常行为规范为内容的基本行为训练,以爱国主义和党的基本路线为核心的基本观点教育(这是面向全体大同学生的德育双基),以及针对高中高层次学生进行深层次教育即青年共产主义者的培养。具体而言,即从"认知教育、情感教育、行为教育"三个层次开展道德教育。"认知教育"要让学生懂得爱国主义基础知识和基本观点,这是贯穿全过程的基本内容;"情感教育"是让学生在心灵上受到感化、情理融合,重在激发、培养学生的情感,使之逐步内化、升华为人生观和价值观;"行为教育"是指将爱国主义情理教育转化为学生全面发展、报效祖国的实际行动,这是爱国主义教育的根本目的,亦是对教育实效的检验。"认知""情感""行为"这三者是相互渗透、相互转化的[1]。

其二,教育渠道上三线一面。三线指政治理论课、班团活动和社会实践。政治理论课是对学生进行全面、系统的思想政治教育的主阵地。班级教育是学

① 上海市大同中学.讲究实效 操作有法——大同中学深化爱国主义教育的经验总结[J].上海教育科研,1994(7):14-18.

校实施集体教育的基本单位,也是学生自我教育的基本载体,学校团组织是体现社会主义学校组织优势的青少年的政治学校。社会实践是德育工作中不可替代且日益重要的基本渠道。"面"是指全体教师都要教书育人、管理育人、服务育人,特别是寓德育于课堂教学过程之中。

其三,教育力量上要"三位一体",即学校教育、家庭教育、社会教育形成合力。学生的成长是多种力量共同作用的系统工程,一般认为,中小学生成长与发展主要受到家庭教育、学校教育和社会教育三大教育影响源的影响。但是问题的根源,在于家庭、学校、社会三大教育影响源很多时候在作用上各自为政、功能分离,导致了对学生成长积极影响价值的分散、内耗,甚至功能相互抵消。① 基于对这一问题的认识,大同中学在20世纪80年代、90年代就明确地运用系统论的思维方式,着力建构家庭、学校、社会共同参与的德育体系,形成多层次、全方位、统一的教育网络,为德育的有效性提供了保障。

德育"三三制"格局进一步实践和验证了德育系统工程的理念,1996年进而在德育"三三制"格局基础上制定了《大同中学德育工作整体规划》,以文本的方式明确了学校的德育理念、目标、方式、要求,形成了持续推进德育变革的纲领和指导。

二、探索德育内容的"课程化"之道

传统的学校德育,往往是以独立于课程体系之外的具体"活动"的方式呈现。德育的这种存在状态,不仅不利于其在人才培养过程中实效性的发挥,也很难使其进入正统的课程教学变革设计而不断实现提升、优化。从这个角度出发,大同中学在长期的德育实践中深感单纯以"活动"为主要方式的学校德育存在弊端。由于独立于课程体系之外,德育不像其他课程、教学等有课程设置,有教学大纲、教材、师资,有稳定的课时和考试评价等一系列体制保证,因此学校逐步酝酿并提出德育课程化的理念。

在大同中学看来,德育课程化绝不是德育课堂化,更不是单一地进行德育教学,而是要整合学校德育资源,让教师们的言行举止、师德风范成为学校德育

---

① 李季.第四教育力营造与第一影响源重构——论家校合作共同体建立与协同育人模式构建[J].中小学德育,2018(1):11-15.

工作的主旋律,让学生们在课堂中感悟德育工作,体会德育功能,形成学科育人的德育课程化体系,①形成学校德育的完整系统。当然,并非什么都能列进德育课程,在实践操作中,大同中学把德育课程化的含义逐步演化成三个具体操作层:

其一,各门学科都寓德育于教学过程之中,充分发挥任何一门课程蕴含的德育因素,发挥学校课程的德育功能。并总结了教师德育渗透的基本经验——有意、有序、有机、有情、有效,发挥了教学的德育功能。

其二,在课程结构三个板块中要尽可能开设学校自行设计的德育课程。自1987年课程结构整体改革以来,学校就注重德育课程的建设,先后自编讲义开设了《马列著作选读》《国情讲座》《经济常识》《二千年前的哲言》《邓小平理论基本常识》等选修课,而且大多是限定性选修课程,让每个高中学生都能直接接触并学习一些马列主义原著,吸取传统文化和当代科学知识,既扩大学生的知识面,又拓宽德育的内容与途径。根据内容、难易度又把这些课程分为微型选修课与系列选修课,为学生提供灵活选择的可能。已坚持10年的学生党章学习小组也正式列为学校活动课程,并在时间、场地、教师配备以及工作量上予以保证。

其三,重大德育活动排进学校行事历,基础德育活动排进课表。如香港回归等专题活动都事先列入学校重大活动日程,予以保证;年级组长会议、班主任学习、团队班会、时政午会课都列入课表。

三、建构爱国主义"教育八法"

1994年,中共中央印发《爱国主义教育实施纲要》,明确提出:"爱国主义历来是动员和鼓舞中国人民团结奋斗的一面旗帜,是推动我国社会历史前进的巨大力量,是全国各族人民共同的精神支柱。在新的历史条件下,加强爱国主义教育,继承和发扬爱国主义传统,对于振奋民族精神,增强民族凝聚力,团结全国各族人民自力更生,艰苦创业,为建设中国特色社会主义宏伟事业而奋斗,具有重要的现实意义和深远的历史意义。"爱国主义教育不是一种单纯的活动,它有自己坚实的理论基础和丰富的内容体系,有自身的客观规律和基本特点,有特定的研究对象和明确的目的任务,②因此,需要从课程教学、人才培养的整体

---

① 程智.德育课程化之探微[J].北京教育(普教版),2007(9):15.
② 余龙进,刘绍龙.爱国主义教育是一门学科[J].淮阴师专学报,1997(2):112-116.

高度来思考和建构有效的方法。

在这样的宏观背景下，学校认真学习贯彻江泽民同志关于在中小学中进行"两史一情"爱国主义教育的精神，在组织力量、总体把握上依托德育"三三制"格局，并且将近年学校爱国主义教育生动活泼的实施形式总结成"爱国主义教育八法"：正面教育法、传统激励法、自我启迪法、实践教育法、榜样引导法、跟踪教育法、美育熏陶法、学科渗透法。

正面教育法——理直气壮地坚持向学生进行正面灌输，利用政治课、校班会、团队活动等阵地，结合"十一""七一""八一"和辛亥革命、鸦片战争、抗日战争等重大纪念日和历史事件，开展学史明志、振兴中华的主题教育活动。结合孙中山、周恩来、毛泽东等伟人的诞辰，开展"寻伟人足迹、继革命传统、做四有新人"的教育活动。结合南市区老城厢（后并入黄浦区）的变迁史，开展"知我南市，兴我南市"的教育活动。结合邓小平同志南方谈话和市政建设的重大工程，以及重大会议的精神，我们组织专题讲座与报告会进行党的基本路线教育。结合《国旗法》的学习，坚持举行升旗仪式，在教室悬挂国旗，开展"国旗、党旗、团旗、队旗、军旗知多少"的五旗教育活动。

传统激励法——充分利用大同中学光荣的办学历史，通过举办校史展览，编写大同学运史，开展"讲校史、忆传统、谈理想、促成才"校友联谊活动，进行革命传统教育。运用历史课、政治课教材宣传仁人志士的爱国主义故事和豪言壮语，开展"寻访先驱者之路"活动，参观学校周围的革命史迹。通过革命传统教育使广大同学认识到一个民族在其繁衍中形成了自己的传统，同样一所学校在其创办和发展中也形成了自己的传统，今天我们应继承传统美德。

自我启迪法——在开展爱国主义教育的过程中，引导学生开展社会调查，进行自我教育，自我启迪。在每年 3 月 19 日建校日前后，我们组织同学开展与校友通信活动，同学们从与钱其琛、钱正英、于光远、华君武等校友的信中得到激励，也从与包起帆等名人的座谈中得到启迪，还从与区长、区委书记的交流座谈中得以解惑。我们还结合改革的热点与上海市政建设重大工程，请市区城建规划部门的同志介绍上海及南市发展的宏伟蓝图，组织学生参观南市区三大重点工程展览会，请两桥总设计师林元培作报告，组织学生参观大桥、地铁、豫园商城，使学生看到四化建设的伟大事业就在身边展开。学生从旁观到了解、到参与，丰富多彩的活动看得见、摸得着，有说服力、有亲切感，使学生对实现四化增强了信心。

　　实践教育法——学校经过长期的探索建立了军民共建、地区共建精神文明活动制度，从 1982 年起我们先后与武警某支队、海军某舰队、陈家桥街道的几个居委会建立共建关系，还形成一整套培养学生自我教育、自我管理的常规制度。学校组织高中学生分别参加军训，到农村、工厂、商店参加劳动。同学们从这些服务工作中接触了社会，对人民群众的感情从抽象变得具体；同时，通过社会公益劳动逐步体会到"人生的价值在于奉献"，形成了更加正确的价值观。

　　榜样引导法——邀请各行各业的先进模范到学校开设讲座。学校每年在"五四"青年节、"一二·九"纪念大会上隆重表彰优秀学生，优秀团员、队员和先进班集体，已形成传统。通过榜样的激励，形成比学赶超的良好氛围。

　　跟踪教育法——从 1982 年起，学校选择不同类型的学生，从初一到高三直至大学期间连续进行"跟踪教育"。校思想小组定期对他们的思想情况进行"会诊"，深入细致地开展谈心活动，点燃他们心中的理想之火，找出他们思想变化发展的轨迹。通过"跟踪教育"的实践和科研，把握青少年思想发展的一般特点和规律，进而指导面上的思想教育工作。

　　美育熏陶法——针对青少年求知、求乐、求美的特点，创设各种情境和舞台，让爱国主义教育在美育中得到体现。学校每年有计划地开展"美育大世界""大同艺术节""大同体育节"等大型美育系列活动和"星期日舞台""大同歌星比赛""师生书画作品展""摄影展""中外名曲欣赏"等丰富多彩的小型艺术活动，使学生从中陶冶情操，得到自我教育。

　　学科渗透法——按照"有意、有序、有机、有情、有效"的整体思路，要求全体教师增强教书育人的意识，充分运用教材内在教育因素，在传授科学文化知识的同时，有机地联系学生思想，富有情感地进行爱国主义教育，并注意实效性。①

　　在上述八类实践方法中，学校特别重视与坚持让学生在社会实践中激发感情、加强体验，以自我教育培养责任感。长期以来，学校已形成军民共建、地区共建精神文明活动制度，形成学生广泛参与的社会公益劳动点和社会调查实践点，而且建立毕业班交接服务点的仪式，使传帮带持之以恒。其中较稳定的有

① 上海市大同中学.讲究实效　操作有法——大同中学深化爱国主义教育的经验总结[J].上海教育科研,1994(7):14-18.

为地区孤老、军烈属献爱心的服务点,做得最好的十七支服务队多次受到团市委、团区委或学校表彰。其中"传了十年的接力棒——大同中学坚持为孤老军属服务事迹"在 1995 年被市文明办评选为"上海市精神文明建设十佳好事"之首。同学们在社会实践中体验到"学会做人"的真谛,追求一种"真善美"境界。学校也深感社会实践是当代中学生开展爱国主义教育,树立正确人生观、价值观的必由之路。学校通过进一步的规划,拓展并稳定社会实践基地,经双向选择与协商,与上海交通大学、江南造船厂、上海博物馆、豫园商城(集团)有限公司、董家渡街道等八个单位签订共建爱国主义教育基地协议,并在各单位隆重举办挂牌仪式。各单位依据其不同特点为学校提供不同的爱国主义教育资源,由于双方努力,为大同学生爱国主义教育创设了更好的氛围。

经过持续探索,到 20 世纪 90 年代,学校已基本形成有利于加强学生思想政治教育的体制:教育内容开始克服成人化倾向,重点明确,有层次,循序渐进;教育方法上,开始克服教与学两张皮,学校、家庭、社会教育未能有机结合的现象;德育载体上更重视和加强社会实践和德育课题建设;德育工作队伍建设有了明显加强。德育针对性、实效性也进而增强。

继 1990 年 6 月国家教委领导来校参加德育工作现场会后,1994 年 5 月,学校又成为由中宣部、国家教委、团中央、文化部、广播电视部等五部委召开的"全国中小学爱国主义教育现场会"分会场。国家教委基础司副司长曹胜利强调指出:大同中学爱国主义教育观摩活动看得出真情实感,绝不是靠排练可以排得出的。1994 年 6 月,上海电视台在建党 73 周年前后以《十八岁的选择》《共和国最年轻的党员》为题两次报道学校学生党建工作。

1995 年 3 月,在中共上海市委、市政府召开的"上海市精神文明建设大会"上,大同中学作了题为"深入持久地开展爱国主义教育,培养跨世纪的一代四有新人"的发言。学校长期坚持为孤老军属服务的社会实践活动一事被命名为"传了十年的接力棒",受到上海市精神文明建设委员会表彰,并被评为"1995 年上海市精神文明建设十佳好事"之一。同年 5 月底,学校所在区的区委区政府联合发出《学习大同中学爱国主义教育基本经验的通知》,并在学校召开了全区各系统参加的工作现场会。

其间学校又连续荣获"上海市精神文明单位"称号,学校继三次被上海市教委授予"上海市中学生行为规范示范校"称号后又被选入上海市首批行为规范示范校铜牌单位。1994 年 11 月,学校组织的学生代表队力挫群雄,荣获"上海市中学生香港特别行政区基本法知识竞赛"团体第一名,第二年又获上海市中学生"中华人民共和国教育法知识竞赛"二等奖。学校荣获"全国红旗大队""上海市德育先进集体"称号。1995 年起,学生为在沪治疗的克拉玛依伤残学生服务的事迹受到社会好评,克拉玛依市市长于 1996 年 2 月专程来校表示感谢。在这一年,上海市委宣传部、精神文明办公室曾两次来校拍摄关于大同的专题片《文明,心中的校徽》等。

学校德育工作取得积极进展和明显成效,开始形成德育工作良好机制,以中老年为骨干的德育工作队伍的整体素质得到提高,涌现出以韦秉衡、袁志萍、朱维兰、秦一岚等为代表的特色德育教师。学生思想政治素质与班集体建设又有新的提高,出现被誉为"素质教育的一面旗帜"的 1995 届高三(5)班,被表彰为"全国十佳少先队员""上海市十佳雏鹰少年"的杨叶等先进典型。

学校参与的国家级"八五"重点课题"学生品德测评"荣获 1992 年上海市第四届教育科研成果一等奖。市级课题"讲究实效,操作有法,深化爱国主义教育"获上海市第五届教育教学研究成果三等奖。

1997 年 6 月,王世虎校长被特邀参加全国中小学德育工作会议,并受到江泽民总书记接见。

第三节　学科德育的"五有"实践

正如前文所言,传统的学校德育,往往是孤立于课程和教学体系之外的独立行为,这种状态的存在,不仅不利于德育本身的变革和有效性提升,也不符合学科教学的本质与内在要求。

学科教学应该承担道德教育的价值。正如德国教育家赫尔巴特所言:"教学如果没有进行道德教育,只是一种没有目的的手段,道德教育如果没有教学,就是一种失去了手段的目的。"[1]美国教育家杜威也说:"道德的目的是各科教学

---

[1]　[德]赫尔巴特.普通教育学:教育学讲授纲要[M].李其龙,译.北京:人民教育出版社,1989.

的共同的和首要的目的。"①因此,在学科教学中开展德育,将道德教育的价值意蕴体现在学科教学过程之中,这是教学改革的内在要求,也是德育有效性提升的重要条件。基于这样的认识,大同中学于 20 世纪 90 年代就在探索爱国主义教育"八法"的过程中同步思考了学科德育的问题,提出了学科德育的"五有"操作原则。

学科德育是一种新的德育模式。德育模式是在一定的德育理论指导下,经长期德育实践而定型的德育活动结构及其配套的实施策略②。所谓"学科德育"模式,是指在学科教学活动中,教师以教书育人为宗旨,把握德育时机,利用德育资源,使德育成为教学的有机成分,强化学校的德育工作,促进学生素质的全面提高③。作为一种德育模式,学科德育有其相应的理念、框架、方法,从今天的现实情况看,已经成为一种比较成熟的模式。但是时光回到 20 世纪 90 年代,大同中学能够提出"学科德育"的理念已经实属不易,五个维度的学科德育操作原则提炼更是有其积极价值。

一、学科德育的"有意"原则

学科德育的"有意"原则,即要求教师在学科教学的过程中有意识地开展道德教育。这种意识主要体现在两个维度:其一,教师要认识到,对学生的道德教育不是德育教师、班主任"专属"的工作,每一个教师,每一门学科都应该承担道德教育的功能,只有如此,才能培养起教师应有的道德教育意识;其二,教师要认识到,任何学科的教学,知识的传递只是最为基础的目标,如果不能把知识传递与"立德树人"真正融合起来,学科教学的价值就难以得到全面体现。总之,学科德育的"有意"原则,就是要求教师要意识到各科知识的学习只是人类达成善的基础和前提,"阅读、写作、数学等学科,只有在用来把我们的孩子教育得更有人性时,才显得重要"④,发现和培养人自身内在的德行才是教学的最终目标⑤。

---

① [美]杜威.道德教育原理[M].王承绪,译.杭州:浙江教育出版社,2003.

② 彭寿清.学科德育:一种有效的德育模式[J].重庆大学学报(社会科学版),2005(5):134-137.

③ 顾惠梁.学科德育再探[J].上海教育科研,2000(3):56-57.

④ [美]海姆·G.吉诺特.教师怎样和学生说话[M].冯杨,等译.海口:海南出版社,2005.

⑤ 田宝华.试论学科德育的问题与出路[J].课程·教材·教法,2015(7):3-11.

二、学科德育的"有序"原则

学科德育的"有序"原则,即要求教师遵循学科教学的规律和德育规律,在教学过程中按照横向拓展、纵向递进的整体要求,对学科德育进行有序的设计与实施。不同学科有其不同的特点,德育的资源和实践方式也未必相同;不同年级的学生,在道德领域的要求也应该有所差异。因此,学科德育,并不是要求每一个学科、每一个教师都漫无目的地开展"德育"工作,而是要以学科教学为本,以道德培养为导向,对学科中的德育元素、德育实施方式进行系统性的设计,提升学科德育的实效性。

三、学科德育的"有机"原则

学科德育的"有机"原则,即要求教师根据不同学科的德育属性和特点,将德育工作有机融合到学科教学的目标设计、教学实施、评价实践之中。每门学科都有独特的育人价值。例如,历史培养爱国之心,唤醒民族意识,使人明晰社会之结构与演进以及个人之于社会的关系;地理使人了解人类与环境的关系,知晓国情国策、经济情势以及习俗文化的差异,亦可激起学生的爱国之心、宽容之心;语文能够凝聚民族意识,陶冶情操,激发志气;科学可以为人类谋求福利,改造自然,并形成感恩、善良之心;艺术能陶冶性情,启发美感,使人向上向善;体育能强健体魄,锻炼意志,使人自信,稳固德行;等等。各科教学道德效力的发挥程度因人而异,取决于教师对学科内容育人价值的洞见与敏感程度以及设计和实施教学的智慧。[①] 教师只有将道德教育的内容真正有机镶嵌到学科教学的全过程,才能充分发挥不同学科的德育价值。

四、学科德育的"有情"原则

学科德育的"有情"原则,即要求教师在开展学科德育的过程中,注重以情唤情,激发学生道德与情感的积极体验。教育活动是充满情感交流的活动,情感教育是学校之中最基本的教育方式。按照情感教育专家朱小蔓教授的理解,情感教育是指在学校教育、教学中关注学生的情绪、情感状态,对那些关涉学生

---

① 田宝华.试论学科德育的问题与出路[J].课程·教材·教法,2015(7):3-11.

身体、智力、道德、审美、精神成长的情绪与情感品质予以正向的引导和培育，①对于任何教育形式而言，情感的渗透都是先天性条件，特别是对于德育而言，如果没有学生积极情感的参与，那将会极大削弱道德教育的成效。因此，学校倡导教师在学科德育的过程中注重情感的渗透，克服单纯的知识传递、理论说教，让道德教育真正深入学生的内心世界，激发学生的情感共鸣。

五、学科德育的"有效"原则

学科德育的"有效"原则是学科德育的最终价值指向，也是具有统领意义的原则。这一原则意味着，教师必须善于捕捉学科德育的有利时机，通过合理的方法选择在教学过程中适时适度地开展道德教育，防止"蜻蜓点水"的走过场现象，务求道德教育的实效。

在学科德育"五有"的引领下，广大教师树立起人人是德育工作者的观念，在备课中增强教学大纲、德育大纲的"双纲意识"，强调文道一体、春雨润物；史、地学科有选择地穿插乡土教材，理科教师也有机地介绍我国在科学技术上的卓越贡献和四化建设中取得的新科技成果。初二英语使用的是引进版教材，其中有一篇描写美国儿童欢庆圣诞节的课文，教师在备课时考虑到不要让学生产生美国儿童都是幸福的误解，就从有关刊物上找来穷苦儿童写给圣诞老人的十五封信，打印出来让学生翻译、练习，使学生了解到美国社会的另一侧面。②

更为重要的是，教师们深刻感受到只要有意识有目的地去研究教材，在教学中渗透德育是大有可为的，主动育人、自觉育人的意识大大增加。这一时期，教师们写出了近百篇有关德育渗透的体会文章，学科德育之火在大同中学熊熊燃起。

第四节　着眼新世纪的德育体系建构

进入新世纪，大同中学继续突出素质教育实施中德育的核心地位，在完善

---

① 朱小蔓.关注心灵成长的教育[M].北京:北京师范大学出版社,2012.
② 上海市大同中学.讲究实效　操作有法——大同中学深化爱国主义教育的经验总结[J].上海教育科研,1994(7):14-18.

德育"三三制"格局中重视加强德育与学生生活和社会实践的联系,提高实效性。德育工作坚持传承创新、与时俱进,注重在学校的教育、教学中确保德育的核心地位,将德育的研究与德育活动的开展融为一体,初步形成贴近学生实际并以学生为主体的教育系列,基本构建了以学生主动参与、自我教育为中心环节的全员、全程、全方位的有实效的德育操作体系。

大同中学的德育操作体系的主要特征表现为五个方面:

其一,提出了学校德育工作"两个走进"的目标:走进学生心灵,走进社会生活。

其二,拓展德育内容,突出时代特征,在坚持德育"双基"(即基础道德行为教育和基本政治观点教育)的基础上,提出并实践了增强现代人意识与素质的八个方面的教育内容:全球意识与民族自尊、合作与竞争、民主与法制、网络意识与网络道德、创新意识与实践能力、创业与风险意识、经济知识与人文精神、交往与慎独。

其三,拓宽了德育工作的两个空间:德育工作从现实空间拓宽到虚拟网络空间,从学校教育的空间拓宽到社区、社会教育空间。学校不仅重视对家庭教育的指导,建立了三级家长委员会,依托社区教育资源创设学生社会实践的活动舞台,而且更重视学校、家庭、社会教育的整合所形成的合力。学校发起并筹建了"大同中学教育发展委员会",参加的都是各行业在两个文明建设方面取得显著成就的单位,如:上海交通大学、江南造船(集团)公司、上海博物馆、豫园商城(集团)有限公司、董家渡街道、学校家长委员会等。双方本着"发展大同、双向服务、共建文明"的宗旨,不仅为学生社会实践,而且为大同中学的发展,为大同师资提高、课程建设、科技教育等提供了有力的保证。

其四,强调了操作过程中实现德育核心地位的"六个整合":与办学思想的整合,与学校管理的整合,与课程建设的整合,与教学过程的整合,与学生学习过程的整合,与教师队伍建设的全员整合。

其五,德育工作开展关注两个"充分发挥":在师生互动中充分发挥学生的主体作用,充分发挥教师的主导作用。

这一时期的大同德育,在实践中形成了教育目标与课程布局的纵向递进序列,以"传统道德现代化,现代道德民族化"的原则开发建设了"两千年前的哲言""心理学基础""邓小平理论基本常识""'三个代表'重要思想""网络技术与道德""创新经营""保险与风险""社会热点追踪""中西方文化比较"等相关的德育课程,拓展了德育的内容;提出并实践了"学科教学与德育实施相融合"的原则,进一步完善"五有操作法"和在操作层面上进一步落实"四个中心工作""两个重要指标"。在德育"三三制"格局基础上,学生社会实践系统化、基地化、社区化建设,班团活动序列化开展,基础道德行为教育制度化建设,丰富和发展了教育的内容。学校完善了学生自主管理、自我教育的主要载体——值周班制度,形成了学生参与学校管理的机制——"学生自主管理委员会",搭建了学生自我教育活动的平台——社团活动、学生论坛、系列主题活动,提升了教工教育主导作用的责任与能力。

学校与时俱进,根据新时期德育的要求与任务,传承创新,不断发展"确保核心,注重实效,全员参与,自我教育"的德育操作体系;开展以"弘扬民族精神、传承大同文化、升华生命意识、培育责任情怀"为主题的民族精神教育和生命教育。学校在构建德育实施体系方面注重"六个整合",即:德育与办学思想、学校管理、课程建设、学生学习活动、校园文化建设和教师队伍建设的整合;坚持"六个结合",即:优良传统教育与时代精神教育相结合,知识教育与实践体验相结合,情感陶冶与理性思考相结合,突出重点与基础保障相结合,针对性与系统性相结合,学校教育与家庭教育、社会教育相结合。在具体的德育操作实践中逐步确立了"抓住开端、打好基础,知行合一、逐步内化,不断强化、形成自律"的发展性成长策略,形成了"由小及大、由近及远、由浅入深、由事及情、由物及理、由思及行"的渐进型活动模式,整合了"正面引导、传统接力、文化陶冶、学科渗透、榜样示范、个体辅导、实践体验、自我感悟"的立体化教育方法。根据拓展型课程能够拓宽学习渠道、有利于丰富学生体验性学习的特点,将拓展型课程中的学科类、专题教育类、活动类三个科目和社会实践活动整合成一条"德育拓展型课程链",合理地配置和安排学生德育拓展型课程链的学习资源,丰富学生学习活动的内容、途径和方式,以促进学生的成长和发展。将学校现有的相关课程资源作为研究的案例:"传承大同文化、共铸大同精神"大同文化课程链——在高一年级开设"大同文化"必修课,结合高一年级"学大同文化,树大同精神""建设班级文化,营造温馨教室"主题活动和专题教育;"和谐生命,和谐生活"生命辅导课程链——在高一、高二年级开设生命教育拓展课,结合学生环保社团以及学生社团进社区服务的实践活动;"阳光心情、幸福人生"心理教育课程链——在高一年级开设心理教育必修课,结合心理辅导年会课以及学生心理社活动;"我身边的形象设计"美育课程链——将艺术拓展课与社区活动、社区服务串联起来形成一条链,通过这种链式学习活动,提升自己的外在形象,并将形象设计延伸至社会和家庭。在这些德育课程链营造的课程环境中,学生良好的行为规范得以涵养、巩固和辐射①。

这一时期,学校连续两次被评为上海市精神文明单位,从而实现九连冠;又被全国精神文明建设指导委员会表彰为"全国精神文明建设工作先进单位"(全市中学唯一获得者);后续又获得"全国中小学德育工作先进集体"等荣誉称号,凸显了学校德育改革,特别是面向新世纪的校本德育课程开发与德育课程化建设所取得的重要社会影响。

第五节 "学分制"的德育评价探索

德育评价是德育工作的一个重要领域,如果说,在旧的学校教育系统中,德育往往是普遍不受重视的领域,那么,德育评价几乎就可以被称为"荒芜之地"。这既有认知层面的原因,也有德育本身复杂性的限制。

改革开放以来,特别是近年来,随着德育工作的改革创新,如何有效开展德育评价工作逐渐成为人们关注的问题。正如有研究指出的那样,德育评价研究虽然不像德育本质、德育课程、德育过程和德育模式等研究那样长期受到学术界的重视,但改革开放以来,我国学者在这一领域的研究上还是做了许多有益的探索和尝试,②但是这种理论研究中的尝试如何真正转化为中小学德育评价的实践操作策略,却一直饱受诟病。

大同中学深刻认识到,德育质量要提升,有效的评价机制的建构是必不可少的,学校依托"学分制(德育)管理与评价的实践与思考"项目研究,围绕校本层面有效的德育评价体系建构进行了持续探索。

在大同中学看来,学生德育评价不仅是测评学校德育成效的手段,更重要的

① 盛雅萍,马学强.沪上名校百年大同研究[M].上海:上海辞书出版社,2012.
② 张典兵.德育评价研究30年:回溯、反思、展望[J].学术论坛,2011(1):199-202.

是它是确保学校德育核心与成效保障体系的重要环节。但是，在很长一段时间里，学校在学生德育评价及管理上的探索，还没有引起足够的重视。与学科学业评价与管理相比，学生的德育评价与管理体现不出学生学习量与质的区别。一些社会实践、社会公益服务等活动，学生参加与不参加，主动参加与被动参加，在活动中积极参与、获得显著教育效果与消极参与、教育效果一般与很少等，在学生的德育评价管理上都不能正确地得到反映。用学生的话来说是："学与不学一个样，学得好与学得不好也一样"。缺乏有效"评"的方法手段，因而也得不到有效的评的"价值"。评语作为学生德育评价重要的常规方式，大多是重教师与群体对学生的评价，学生作为被别人评价的对象、缺乏自我评价的意识与能力，即使有自我评价，也仅仅是一种过场，一种形式，得不到应有的重视。而教师或群体的评价，往往带有一些主观性，缺乏客观性、科学性与公正性。有时，在整个评价过程中，由于学生处于被评价对立面的位置上，评价的结果与预期目的相差很大，因而缺乏实效性。教师或群体的评价，往往作为一种定势，以共同规范的统一要求来衡量学生，很少根据学生个体身心发展的特点作出个性差异的评价。在评语中，重现状描述，描述又属一般性的泛泛而谈，轻对学生进行动态的、揭示其发展特点的正确分析，以"希望"提出的问题，许多未切中要点，以致有时好几个学生的评语，词句组织与语气大同小异，缺乏针对性，因而缺乏实效性。

作为学校，很难以自身力量来妥善解决对学生德育评价的全面性、客观性、科学性、时代性与可持续发展性的众多的问题。但是，学校认为，应该将学生德育评价与管理作为学校长期艰巨探索实践的重要课题，边探索研究边实践，在实践中探索研究，不断完善学生德育的评价与管理体制。大同中学自 1995 年开始探索素质教育评价制度的改革，设计与实施了学分制管理方案，其中凸显了德育课程非学科类学分制的管理，对军训、学工、学农、值周班劳动、定时定点的社会实践劳动及有关德育内容的拓展性、研究性课程的"量"与"质"进行"统一管理"，从而提高学生参与德育活动的积极性，引导学生重视德育方面的发展。

一、德育评价"学分制"管理的结构

（一）基本学分

原则：基本学分以学校的德育课程（非学科类）构成分类相配套，一般以学时为计算单位,各课程统一以每周一课时,一学年得 1 学分计算。各课修满规定课时,经过学年考评合格,即可取得相应的学分。不合格不记学分(经补修合格后,补记相应的学分)。

(二) 奖励学分

原则:其目的是反映学生各方面能力及表现的差异性,奖励学分量一般不超过学时学分总量的 20%。

在第一阶段,奖励学分注重结果性的评价,对学生在社会实践、社会公益服务等活动各方面德育表现有显著成绩的,给予奖励学分。现在我们正着手探索针对不同层次的学生的差异性,对其德育进取性方面作出评价,给予相应的奖励,以激励不同层次的学生在原有基础上得到较充分的成长。

二、德育评价"学分制"管理的操作方案

(一) 基本学分操作方案(表 3-1)

表 3-1　大同中学德育评价基本学分操作方案表

课程 \ 基本学分 \ 学期阶段		高一学年	高二学年	高三学年	合计	占总学时学分百分比
拓展型	军训、学农、学工(商)	1	1	1	3	18%
	文明行为规范教育等	1	1	1	3	
	班团活动	1	1	1	3	
	社会公益服务劳动	1	1	1	3	
	值周班活动	1	1	1	3	
	党章小组		1		1	
	邓小平理论基本常识		0.5		0.5	
	二千年前的哲言		0.5		0.5	
	心理学基础		1		1	
研究型	课题研究活动	1	1		2	
合计					20	

在文明行为规范方面有较严重违反校规校纪情况,但不足以行政处分的扣0.5分。违反校规校纪,并受行政处分的扣1分。在处分没有撤销的情况下此项目每学期扣0.5分。

(二)奖励学分操作方案

原则:其目的是反映学生各方面能力及表现的差异性,奖励学分量一般不超过基本学分总量的20%(表3-2)。

表3-2　大同中学德育评价奖励学分操作方案表

科目	参考值			统计时断	统计单位	获奖依据	获奖标准或获奖面	奖励分值
	高一	高二	高三					
课题研究	2			学生自报	学校	论文作品研究报告	成果突出	1
								2以上
社会公益服务与劳动、志愿者服务队	1	1	1	学年	年级	实绩	先进个人	0.5
							区先进、队长、表现突出者	2
							市先进、队长、表现突出者	3
班团活动行为规范教育	0.5/0.5	0.5/0.5	0.5/0.5	学期	班级	实绩	突出	0.5
值周班活动	1	1	1	学年	年级	实绩	先进个人	0.5
军训学农学工							突出成绩	1
党章学习	1				小组	表现	表现突出	1
社会活动				学年	全校		各类干部、成绩突出者	1
							"五四"表彰等	
三好学生							校级	1
							区级	2
							市级	3

三、德育学分认定登记管理体系

德育课程(非学科类)学分制管理涉及学校教育各方面,以及多个部门,直到教师、学生每个成员,由此必须理顺学分制操作管理网络。校学分制管理领导小组由校长领导,由各室主任、年级组长组成,研讨、决策操作管理的具体措施,制定相应的配套实施办法。教科室负责调控,负责与相关组室一起研制基本学分的分布及计算方案,奖励学分的分类计算细则及高学分奖励措施,各类奖励学分的认定顺序及各认定职能部门的分工,学分登记存档顺序,学生特长认定的申报及学校与专家认定办法,德育(非学科类)学分成绩登记册、学分制的学籍卡,针对运转出现的问题,研究对策,改进方案及实施办法。

学分过程管理监测由班主任认定,交年级组审核,上报德育室、教研室。

课题研究先由指导老师认定,后由教研、德育等室审核,最后经学校专家组认定。

社会公益服务由服务劳动对象提供实绩,同学互评,年级组核实,德育室及有关上级领导部门认定。班团活动、文明行为规范教育由学生互评,班主任核实,年级组审核。在班团活动及文明行为规范教育中表现突出的(占学生总数的 10% 以内),在社会公益服务及志愿者行动中被评为先进个人的(占学生总数的 15%),其奖励学分在学期结束阶段(16—18 周)由班主任以班级为单位填写"一览表"后申报,经审批通过后由班主任统一登记。

值周班活动,学工、学农、学军实践活动由学生互评,社会实践指导单位提名,班主任、年级组认定。成绩突出者(占学生总数的 15%)名单产生后,年级组长到德育室领取"大同中学高中学分制管理奖励学分一览表",以年级为单位(按顺序)造名册交德育室后,即奖励学分登记好。

在"五四"青年节或"一二·九"纪念大会上受到表彰的学生,各类需写事迹的受奖励学生及获各级"三好学生"称号的学生,其奖励学分皆需由本人填写"奖励学分申报表",经班主任、年级组签署意见后交德育室审定,再行登记。

党章学习小组由辅导老师认定,德育室、教研室、年级党小组、校党支部审核,其中表现突出的(不超过 15%),其一次性奖励学分由年级党小组填写"一览表"并登记。"一览表"交德育室存档。

邓小平理论基础常识、二千年前哲言、心理学基础等选修课由指导老师认定,经教研室、德育室审核、存档。

所有德育学分都于第18周统计、登记好,并由校务一室存档。

学分制的奖励措施:对高学分获得者给予以下奖励:

允许免作业、免测验、免考试、免修部分课程,经学校认定,部分学科超前学习的,可提前结业。

作为校、区、市等各级"三好学生"、优秀学生干部评选的依据;

作为各级奖学金评选的依据;

作为推荐保送、选送大学的依据;

作为选拔出国访问交流的依据;

将学生获得的奖励学分分类立项列计、记入学生档案,供高校选拔录取时参考。

四、"学分制"德育评价的实践成效

对最先试验实施学分制的学生开展的调查,反映出实施德育学分的效果,主要体现在以下几个维度:

其一,激发了学生参与德育类活动的积极性。从对学生的调查问卷中反映出:对学校开设的注重加强学生思想道德等素质的必修课,学生认为:"过去有人说'学好数理化,走遍天下都不怕',新的世纪对青年有新的要求,其中很重要的一点,就是有文化、有道德、有理想,学分制是衡量个人品格、学习多方面的素质的一种方法,从中我们了解到自身在集体中的位置、自己的缺点,并加以改进。""建立学分制后,学生要获得高学分,就必须全面发展。"

其二,学生最终认识到得学分不是目的,而是一种手段,学生在争学分中自觉地领悟到德育内容的重要性,促进了自身综合素质的提高,并且正在内化为自觉要求,从根本上使学生提高了思想觉悟,热爱德育活动,改变了过去只重视学科类分数的现象。学生认为:"我们参加社会服务、值周班、社会实践等活动,是从自己的思想出发,是从提高我们素质、社会责任心出发,而不是为这几个学分出发,但是这毕竟是一种象征,象征我们的劳动,被大家所理解、认可、赞同,是对于我们最好的慰藉。""在学分制的督促作用下,广大同学参加集体公益活动的自觉性比以前有很大提高,由于许多从前定为非学科项

目的活动被规范起来,正式纳入学分制,所以同学不但定期参加社会公益劳动,还主动联系,参与社区中的志愿者服务。""在学分制中也体现了德育的重要性,符合学分制重视素质教育的思想,虽然在德育方面学习多下功夫、多做好事,并非为了加几个学分,但是从某种角度而言,得到德育方面的奖分,比得到其他方面的奖分更不容易,因为这要更大的投入与坚持,所以学分制加奖励是十分应该的。"

其三,促进学生去融入社会、接触生活,积极参加社会实践活动,培养社会责任感、集体主义精神、奉献精神,学习到书本上学不到的知识,使学生由被动到主动参加各类活动。学生认为"学分制并非孤立的只重学科学习的体制,它在德育、活动课等的设计,更体现了素质教育的要求,也开拓了我们的视野。参加社会公益服务,在我班为臧秀娟阿姨的服务中,我们看到了除了读书外,还应负起社会责任。臧阿姨与我们,被照顾者与服务者,这之间决非单纯的弱者与强者的关系,在与她的交往中我们认识了生命的价值和关心的力量,看到了一个比读圣贤书更灿烂的世界,知道了'要读好书,必须先做好人'的真理。"

其四,使学生对自己在一学期内的表现有了定量的了解,以便于今后目标的确定。德育方面评定所进行的量化处理,给学生加上了一定的压力,而这样的压力成了学生主观能动性的源泉。

其五,使学生不仅积极参与德育教育活动,而且对德育理论方面的学习重视起来。这从学生踊跃报名参加邓小平理论、二千年前的哲言、党章学习小组等选修课的情况上可看出。学生认为:"学分制的实行彻底改变了以往应试教育考试分数决定一切的弊病。我们的学习生活因此有了一个比较客观公正的评价系统。参加社会实践、邓小平理论学习与实践、兴趣活动课、校外实习等这些都会在你的学分表中得到体现,这无疑促进了同学们投身社会的热情,它也有一套鼓励督促的管理体制,任何一方面的优点会被作为奖励学分载入手册,这是一种莫大的精神上的肯定与支持。同时,这也为我校的'五免'制度,推优入党等竞争性项目提供了基本依据。"

第六节　新时代德育课程体系构建①

进入新世纪之后,学校的课程教学改革更加轰轰烈烈,德育的改革也进入了新的历史时期。特别是党的十八大以来,习近平总书记站在国家发展、民族振兴的战略高度,多次对教育改革,特别是立德树人工作做出了重要部署,系统而深刻地阐述了培育时代新人的德育理论与实践,为新时代德育工作提供了明确的方向、科学的方法论和有效的实践路径。在德育目的论上,新时代德育目的是培养担当民族复兴大任的时代新人,落实立德树人根本任务。在德育方法论上,德育要循循善诱、润物无声,需要无痕融入日常教育教学工作。② 在德育实践论上,强调读书学习、见贤思齐与实践磨炼等知情行相统一。

为深入贯彻落实立德树人根本任务,加强对中小学德育工作的指导,教育部于 2017 年 8 月份颁布《中小学德育工作指南》,明确了中小学德育工作的目标、内容、实施途径和要求。大同中学抓住新时代教育改革的良好契机,以《中小学德育工作指南》为指引,以"课程育人、文化育人、活动育人、实践育人、管理育人、协同育人"六大育人途径为参照系,持续深化德育变革,特别是以课程建设的思维着力推动德育课程体系的"换代升级",对学校德育课程资源、德育活动平台和德育实践载体进行统整,在德育内容体系、实施路径、评价机制等方面积极改革创新,从目标设计、内容开发、路径创新、管理保障等系统视角,着力建构新时代学校德育课程体系(图 3-1)。

在建构新时代德育课程体系的过程中,形成了"链通知行"四大系列、十二大模块的德育课程链,初步实现了校内外德育资源的一体化,从而为实现"育完整大同人"的学校发展根本目标夯实了基础。德育课程链是以学校德育为主轴,以课外拓展实践、社会服务点为分轴,形成以学校德育为主体,校外德育资源为依托,由任课教师开发、负责,促进学生知、情、意、行的和谐统一发展,并以

① 本部分内容主要依据笔者发表于《上海课程教学杂志》2019 年第 1 期的署名文章《上海市大同中学德育课程体系的建设研究》。

② 高政,胡金木.习近平新时代德育工作重要论述及实践要求[J].国家教育行政学院学报,2020(1):44-50.

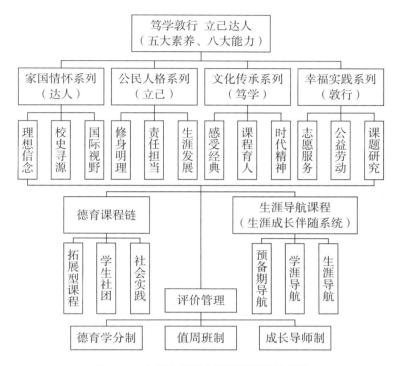

图 3-1　大同中学德育课程体系结构框架

认知为前提、以活动课为主线、以社会实践为辅助,将学科类德育、社团活动和社会实践有机整合而形成的德育课程实施样式。学校以"四体两翼"为德育课程链实施路径,即以课程育人、文化育人、活动育人、实践育人为"四体"对接系列课程链;以管理育人、协同育人为"两翼",为课程链的实施提供更多平台和载体以及更强大的支持系统。

一、德育课程目标体系的确立

学校提倡并实践"育人为本,育德为先,服务社会,发展自我"的办学理念,以大同文化作为学校发展的根本与归宿。学校坚持"全面发展,学有特长"的育人目标,着力培育学生"学会做人,学会生活,学会学习,学有特长",使学生具备适应 21 世纪全球化生存与建设美丽中国的优异素养。

基于学校的培养目标,参照学生发展核心素养,学校提出了大同学子需具备的五项基本品格和八大关键能力。五项必备品格涉及全球意识、民族情怀、责任担当、全面发展、学有特长，八大关键能力囊括社会生活能力、团队合作能力、有效学习能力、信息与技术能力、实践行动能力、创意创造创业能力、批判反思能力、自主发展能力。学校德育课程的目标体系设置以五项必备品格和八大关键能力为依据和学校德育课程目标体系确立的重要指引。

学校德育关注学生德行的养成，其目的是将对学生的道德要求，内化为学生的道德品质，外显为学生良好的行为规范。基于学校的育人核心，学校将德育课程的总目标定位为：以学生发展为本，着眼于时代要求，将学生身心全面发展和个性潜能开发作为核心，基本构建起为学生人格和才力的自我发展、终身学习意识与能力的养成提供充分时空的学校育人体系。

根据学校实际校情及高中学生的身心特点，我们对德育课程总目标进行分解并制定分年级目标，分层落实德育的基本要求。细化各年级的具体操作要点，以此作为评价标准，指导学生形成良好的行为规范和基础道德。

高一年级德育课程实施目标为：培育学生做规则的学习者和遵守者。启蒙学生生涯发展的意识，引导学生认知大同文化、热爱大同文化，尽快树立"做一个合格的大同学子"的意识，重点培养学生"对自己负责，对家庭负责，对集体负责"的情怀。

高二年级德育课程实施目标为：培育学生做规则的运用者和管理者。指导学生制定生涯发展路线图，并以大同历代贤达英才为榜样，进一步理解大同文化，体认大同精神，重点培养学生"对他人负责，对公众负责，对社会负责"的情怀。

高三年级德育课程实施目标为：培育学生做规则的示范者和制定者。引导学生明确生涯发展路径，树成才报国理想，加强理想信念和责任使命教育，重点培养学生"对国家负责、对人类负责、对自然负责"的情怀。

二、德育课程内容体系的架构

通过对大同德育课程目标的细化与解读，学校在课程内容上围绕培养"全面发展的大同人"这一核心，着力培育学生五项必备品格、八大关键能力，与三类课程相统整，形成四大系列、十二大模块的大同德育课程群，突出学校"笃学敦行，立己达人"的校训宗旨，具体包括规则立身系列、生涯导航系列、文化传承系列以及公民人格系列，各系列依据培养目标的差异又分解为三大模块，从而形成了学校德育课程内容体系结构(图3-2)。

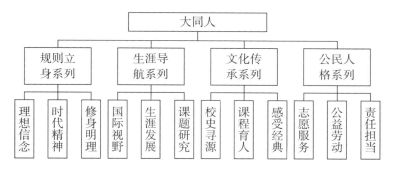

图3-2　大同中学德育课程内容体系结构图

　　大同的德育课程体系以统整为理念,打破基础型课程、拓展型课程、研究型课程的壁垒,强调课程即德育的思想,同时按照培养目标的差异,将三类课程中各主题内容板块,有机融入学校课程体系,跨越校内校外、课内课外、必修选修,实现德育教育全方位、全过程,突出德育的针对性、系统性和有效性。

　　(一) 规则立身系列课程

　　该系列下分理想信念、时代精神、修身明理三大模块,重点培育学生的规则意识。规则意识基于建设中国特色社会主义理想信念的根植,指导学生在服务大我中成就个人的价值,树立人生理想、生活信念、学习目标和个人准则;基于对时代精神与脉络的把握,指导学生思考个人的成长与社会的发展如何匹配,思考"海纳百川、追求卓越"的上海城市精神如何内化和指导个人的行为操守;基于个人修身明理的不懈追求,在中国传统文化、社会主义核心价值观等浸润中提升个人的德行。

　　(二) 生涯导航系列课程

　　该系列下分国际视野、生涯发展、课题研究三大模块,重点培育学生的生涯规划意识。生涯规划基于全球视野的培育,指导学生开阔眼界,不拘泥于一时一刻、一地一隅,而能放眼社会、民族以及历史和未来;基于生涯发展的自主导航,指导学生认识自我、发现自我,关注学生自我探索、环境探索以及决策能力的培养;基于课题研究的实践,在专业导航课程等研究型课程的支持下,能基于问题的发现、分析和解决,走进一个领域、一个专业、一种工作范式,指引个人的生涯选择。

（三）文化传承系列课程

该系列下分校史寻源、课程育人、感受经典三大模块，重点培育学生的文化自觉。文化传承基于校史寻源，指导学生在厚重的大同百年积淀中探寻文化与精神传承，开展读史、观展、识人、说事系列活动；基于德育在课程中的渗透，指导学生在三类课程中增进文化理解，在专题教育中传承中华文化、学校文化；基于在经典中品读感悟，引领学子徜徉经典，走近经史子集，培养大同人的浩然正气、磅礴大气和书生意气。

（四）公民人格系列课程

该系列下分志愿服务、公益劳动、责任担当三大模块，重点培育学生的责任意识。公民人格的培育基于志愿服务的参与，指导学生积极参与社区建设，走进场馆、医院、地铁站等社会实践点以明晰社会责任；基于公益劳动的实践，引领学生在为校、为班服务或争创荣誉的过程中体会个人的担当；基于责任主题教育和系列活动的开展，帮助学生理解对个人负责、对集体负责、对社会负责的重要意义，引导学生从自身做起，做社会主义的建设者和接班人。

三、德育课程实施体系的创新

德育课程体系的建构，内容上的设计只是基础性的工作，在实践中的实施才是关键领域。大同中学在实践之中建构了"横向链接""纵向贯通"的德育课程实施体系，有效保障了学校在德育领域的课程设计真正通过有效的实践转化为德育的理想成效。

（一）横向链接——大同德育课程链的建设

目前学校以德育课程链为抓手，统整学校德育课程资源，打通德育各环节，形成德育合力，共同助力学生成长。综合德育一体化模式的思索以及德育统整实践，学校将德育课程链界定为：以学校德育为主轴，以课外拓展实践、社会服务点为分轴，以学校德育为主体，以校外德育资源为依托，促进学生知、情、意、行的和谐发展，并以认知为前提，以活动课为主线，以社会实践为辅助，将学科类德育、社团活动和社会实践有机整合而形成德育课程实施体系。

德育课程链的开发是基于学校的现实问题而提出的。我们知道德育的途径和方式是多元的，如学科德育、社团活动、社会实践等，但各德育实践也容易彼此掣肘，或过于分散，而缺乏对学生持久和强力的教育刺激，造成知行脱节。为此，学校思考将德育的课程学习与课外实践相连通，尊重教师的指导，同时也尊重学生的意愿，合二为一，形成能横向链接各德育课程资源的具备大同特色的德育实施模式。

目前，学校已开发、形成七条德育课程链，包括"阅读与写作"课程链、"心理辅导"课程链、"中国文博世界"课程链、"大同文化"课程链、"生命科学"课程链、"我身边的形象设计"课程链和"电脑音乐制作"课程链。在德育的实践探索中，我们期望还能为学生提供更多的德育成长路径，形成更多具有大同特色的学生喜爱的德育课程链。以大同文化课程链为例，该课程链由大同文化拓展型课程、校史讲解队、"文化进社区"等三部分社会实践活动构成。该课程链的核心内容是学校的优秀文化，校史讲解队介绍校史的过程正是宣扬自己的学校文化。而大同文化拓展课围绕着大同历史上的主要人物、事件开展教学，让学生在学习中感悟到大同的文化精神。其中大同文化是该课程链的核心部分，学生通过学习大同文化拓展型课程走进大同文化，了解大同文化的具体内容和实质，在此基础上开展校史讲解和文化进社区等社会实践活动。因此，校史讲解和"文化进社区"课程会伴随大同文化拓展课程的开展而得以系统实施，呈现联动效应，体现出链式课程的特征。

上述大同文化课程链中三部分内容依次在拓展型课程、社团活动课程、社会实践课程中予以实施。这三个部分都紧紧围绕"大同文化"展开，在内容上密切相关，是互相联系的统一体。它们在目标上高度一致，为达成学校育人目标服务；在操作体系上，层层递进，同时又彼此渗透，呈现出明显的统整性。发展成熟的大同文化课程链逐渐成为学校德育课程体系中的重要组成部分。

（二）纵向贯通——生涯成长伴随系统

学校构建生涯成长伴随系统，统整校内外各类资源，凝聚学校、家庭、社会三方合力，将生涯实践分解到高中三年，明确了各年度学生所需参与并完成的生涯实践共性需求，指导学生在体验与实践中认识自我、认识社会，进而明确生涯的发展方向，实现生涯主题活动的纵向贯通，贯彻"生涯团队伴学生成长，生涯测评按进度更迭，生涯主题随学年变迁，生涯活动依主题侧重"。

在生涯团队的陪伴与指导下，每位大同学子每学年需通过学校生涯测评系统开展性格、能力、兴趣、职业倾向的综合测评,学生基于数据分析与自我解读,不断更新并调整对自我的认知,做到更好地理解自我,明晰规划。学校与导师团队则基于测评系统开展过程性跟踪记录,编制学生生涯发展教育指导手册,建设电子档案,从而更为科学合理地指导学生开展选课与生涯指导。

此外,我们将生涯主题活动按学年做到内容序列化、指导过程阶段化:高一至高三循序渐进,不同年级开设各有侧重的主题教育活动。在三个年级分别开设指向"认识自我,初步规划""体验职业(专业),调整规划""选择专业,明确发展"等循序渐进的生涯主题系列活动。

在此基础上,学校盘整学校各类生涯资源,为学生提供丰富的生涯体验与精彩的活动,如生涯主题班会、心理周、生涯成长工作坊、职业体验日、家长进课堂、个别咨询、生涯团队辅导等。学校积极打造"学生生涯体验实践"品牌项目,帮助学生在实践中逐步形成自我的职业观、价值观、人生观,打造幸福生涯之旅。

除了德育课程的实施体系外,新时代的大同中学德育还沿用了特色化的学分制评价体系,按照基本学分、奖励学分的不同维度开展学生德育评价,这一部分内容在前文之中已经整体呈现,不再赘述。

四、德育课程保障体系的完善

学校德育的变革创新是一个复杂系统,需要用复杂性思维进行认知与建构。复杂性科学兴盛于 20 世纪 80 年代,通常认为 1984 年美国圣塔菲研究所的成立是其兴起的标志。一般认为,复杂性科学是研究复杂事物或复杂系统的科学。复杂系统具有自组织、非线性、整体性、开放性和奇异性等特征。[1] 从复杂性的视角看待学校德育工作,就不能仅仅用课堂教学或者课程建设的单一思维方式,要着眼德育工作的复杂性特征建构德育课程实施的完整保障体系。

大同中学的德育开展依托制度建设、师资团队以及资源的支撑。在制度建设上,学校编订有《班主任工作手册》《大同中学导师工作条例》《上海市大同中学学生生涯发展指导手册》等制度。这些制度为学生德智体全面协调发展,为学校德育制度的推进提供了制度支持与行动指南,也为教师指导和评价学生生

---

① 王会亭.复杂性科学视域下的中小学课堂教学改革[J].青岛大学师范学院学报,2010(4):20-24.

涯发展提供了依据和标杆。

（一）师资建设

学校以资深班主任、德育先进工作者为工作室主持人，成立了四大班主任工作室。工作室通过丰富多样的形式和内容，如召开德育主题沙龙、德育专题交流研讨会，重点就班主任队伍建设、学生心理健康教育、家长学校建设、资优生品德养成等进行交流研讨。同时，工作室广泛开展德育活动，积极开展德育科研，要求以课题带动广大教师以研促教、以研促改，推进教师队伍整体素养的稳步提升。

（二）资源建设

德育课程的开展依托校内、校外德育资源的有力支撑，学校的德育课程不能脱离社会，这就要求我们的德育课程必须走出去。我们思考将信息技术领域的云概念作为我校德育资源建设与校外德育资源开拓的重要理念。为此，建立了"资源云"的管理体系，梳理了教室、场地、实验室、校园文化等校内德育课程资源云；同时，为了让学生在社会的"熔炉"中能有效践行德育，将社会作为我们的活动场，将一个个校外资源根据学校的德育课程项目串联成一个个场馆云、社区云和基地云，这样，社会的资源得以盘活。

学校的本质是育人，以学生为本，促进学生全面发展，这是一所学校办学的底线，也是学校成功的关键。透过大同中学几十年的德育变革，特别是德育课程建设与改革，我们能够感受到贯穿于其中的精神基因和实践密码，那就是五个始终：其一，始终站在国家和社会改革发展高度，站在为党为国育人的高度设计人才培养目标，将道德领域的要求真正贯彻到人才培养之中；其二，始终坚持大同中学的文化基因，通过德育的变革将这种基因进行一代一代的传承，让这所百年老校始终充满青春色彩；其三，始终注重德育的课程建设，不论是学科德育理念的提出、德育课程链的设计，还是德育评价体系的建构，都体现了大同人深厚的课程思维与底蕴，这种以课程思维的方式建构德育体系，确保了德育与学校人才培养和改革发展真正融为一体；其四，始终注重德育理念和方式的变革创新，能够结合社会发展、教育变革的最新形势，不断反思以往的德育实践，促进德育理念和机制的不断更新换代，这种自我革新、不断创新的品质实际上也正是大同中学始终保持高速、高质量发展的最重要因素。

　　总而言之,学校德育课程不是单纯静态的固定框架,它是师生在一定的教育情境中展开文化探索的动态生成过程,是学校育人理念与对时代使命诠释的最集中体现。德育要基于学生的未来扎根现在,要站在学校育人、社会发展的视角为学生提供多元、清晰、生动的德育经历和体验。从这个角度而言,德育课程体系的构建永远在路上。①

---

　　①　郭金华.上海市大同中学德育课程体系的建设研究[J].上海课程教学研究,2019(1):7-13.

第四章

校本

——创新人才培养的课程创生

"培养什么人""怎样培养人"是教育的基础性问题。对于这两个问题的思考和探索,伴随了教育改革发展的全部历程。

　　然而,即便是在教育体系高度健全和完备的今天,对于这两个基本问题的回答和实践似乎依然没有达到令人满意的境地,由于人才培养导向问题引发的对教育的争论和质疑此起彼伏。从某种程度上说,当今教育最为深刻的危机之一,就在于知识占据了至关重要的地位,培养和塑造"知识人"成为根深蒂固的教育理念,始终指导和制约着教育的实践。然而教育的最终目的,不是培养鹦鹉学舌的模仿者,而是培养能够独立思考的创造者。[①] 这也就意味着不论我们怎样界定未来人才的标准,"创新"始终应该是一个关键的因素。

　　教育领域对于创新人才的培养关注已久,甚至可以说,"创新人才"的培养是贯穿教育改革发展全过程的重要关键词。联合国教育、科学及文化组织在1972年的一份主题报告中指出:"全球问题千头万绪,人类面临的最大问题是怎样发展人的创造力。因为在未来的挑战面前,人类已不能依靠有限的资源,也难以依靠历史的经验,只有抓住创新这个关键,才能生存和发展。""创新"可以看作是现代话语体系中的词汇,在近期更是见诸各类报刊书籍的高频词汇。但是,纵观经济与社会文明发展的脚步,不难发现,创新的内涵和实践早已在人类文明发展进程中被践行。无论何种社会形态,创新在推动其发展过程中无不起着关键作用。也就是说,如果一个社会在发展的方方面面能够鼓励创新并积极进行创新实践,就会带来社会的稳定和繁荣;反之,如果其忽视了创新,其发展的结果就是逐渐走向衰败和没落,被其他积极创新的先进文明所替代。也可以说,创新驱动人类发展和进步,纵观人类文明进程,一部人类文明史就是人类创新活动的历史。[②]

　　人类社会发展进入新世纪,对于人才"创新能力""创新思维""创新素养"的

---

　　①　郅庭瑾.为思维而教[J].教育研究,2007(10):44-48.
　　②　赵慧.创新人才培养的新视角[M].北京:科学出版社,2018.

培育需求更加强烈。其中一个显著的标志就是:世界各国、各国际组织制定的学生核心素养体系中,无一例外地将创新作为学生素养体系的重要组成部分。"核心素养"是在新的历史时期,高屋建瓴落实立德树人战略目标的重要途径,是以人为本的时代特征对教育本质认识的催化。它的提出,为我们真正走向以学生为中心的教育,确立回归教育本源的学校教育教学实践,提供了引领性支撑,从而使课程与教学育人主阵地的形成成为可能。当前,全球化、现代化、信息化正在创造一个日益多样化和相互关联的知识经济时代,在机遇与挑战并存的背景下,各大国际组织从人才战略的高度相继开展并构建了核心素养的指标框架,以期回答"教育要培养什么样的人"这一重要问题。其中,最具国际影响力的组织,如经合组织(OECD)、欧盟(EU)和联合国教科文组织(UNESCO)分别构建了《成功生活和健全社会的核心素养指标框架》《终身学习核心素养:欧洲参考框架》《全球学习领域框架》三大核心素养指标框架(表4-1)①,这些核心素养框架在很大程度上引领了当下课程与教学改革的风潮,也体现了当下教育对"培养什么样的人"这一问题的思考和建构。

表4-1 三大国际组织核心素养框架的指标分类

方面	维度	指标	指标描述	国际组织		
				OECD	EU	UNESCO
全面发展	品德素养	公民意识	具有行使公民权利的能力,道德判断和社会正义伦理的观念,保护权利和利益。	√	√	√
		尊重与包容	尊重、接纳、理解和关爱他人,具有同情心,能够理解、尊重和包容人与事物的差异性和多样性。	√	√	√
		环境意识与可持续发展思维	能够关心、理解自然与生态环境,具有可持续发展的未来观,理解未来社会是建立在生态、经济、社会文化可持续发展基础上的,具有环保与节约精神。			√

① 林崇德.21世纪学生发展核心素养研究[M].北京:北京师范大学出版社,2016.

（续表）

方面	维度	指标	指标描述	国际组织		
				OECD	EU	UNESCO
全面发展	学习素养	数学素养	能够理解数学概念,运用数学知识和数学思维解决日常生活中的各种问题。	✓	✓	✓
		科学素养	具有科学精神,掌握科学知识,运用科学知识,确定问题和做出具有证据的结论。	✓	✓	✓
		母语能力	通过听、说、读、写等形式,运用母语进行理解、表达、解释、互动等方面的能力,尤其是语言综合运用能力。	✓	✓	✓
		外语能力	有效地运用外语进行交流、阅读和写作的能力。	✓	✓	
		学会学习	个人根据自身需要独立或与小组合作开展和组织自身学习的能力以及方法与机会意识。	✓	✓	✓
	身心素养	身体健康	具有健康的生活态度、生活方式和行为习惯,保持身体健康发展。具有安全意识,爱护自己。			✓
		心理健康（自我管理）	自尊自爱,积极主动,能够恰当地管理自己的情绪和行为,养成自律、自省的习惯;能够坚强面对挫折,具有积极的情感体验。	✓	✓	✓
	审美素养	审美素养	能欣赏与享受艺术作品及表演,并借助与个人天赋相一致的手段来表现自己的艺术才华,愿意通过艺术上自我表达和对文化生活的持续兴趣来培养审美能力。		✓	✓
21世纪素养	非认知品质	沟通与交流能力	能够有效地与他人进行沟通与交流,与他人建立良好的关系。	✓	✓	✓
		团队合作能力	能够与团队合作以完成共同目标,能够有效地管理与解决冲突。	✓	✓	✓
		国际意识与全球化思维	能够积极理解和欣赏世界各地的历史文化;能够以开放的、多维的思维方式看待世界,具有全球视野。		✓	

（续表）

方面	维度	指标	指标描述	国际组织		
				OECD	EU	UNESCO
21世纪素养	认知品质	问题解决能力	合理地思考和分析问题,有效地按照问题解决步骤处理和解决问题。	✓	✓	✓
		计划、组织与实施能力	在复杂的大环境中,基于目标进行规划与组织,并严格执行。	✓	✓	
		批判性思维	能够对各种问题、现象等进行反思和质疑,发现问题所在,具有批判精神和批判技能。	✓	✓	✓
		创新素养	具有主动进取的探索精神和好奇心,能够提出和实施新的想法,具有创新和冒险精神。	✓	✓	✓
		信息素养	能够运用信息通信技术有效地获取信息、分析评估信息、应用信息等方面的能力;遵循信息获取和使用的道德或法律规范。	✓	✓	✓

　　基于上述主要国际组织的核心素养框架体系可以看出,创新素养已经成为一种普遍受到关注的重要学生素养。"具有主动进取的探索精神和好奇心,能够提出和实施新的想法,具有创新和冒险精神""能够对各种问题、现象等进行反思和质疑,发现问题所在,具有批判精神和批判技能""能够以开放的、多维的思维方式看待世界""合理地思考和分析问题,有效地按照问题解决步骤处理和解决问题"等要求,实际上都蕴含了创新素养培养的元素。

　　无独有偶,在我国的学生核心素养体系中也强调了创新素养的重要价值。中国学生核心素养蕴含了全面发展的人的价值观,包含文化基础、自主发展和社会参与三大维度,其中社会参与是核心素养形成的检验场域,培养学生在新时代社会生活中的责任担当和实践创新能力。责任担当就是要培养学生的社会责任、国家认同和国际理解;实践创新是指学生劳动意识、问题解决能力和技术运用能力的培养。①

---

　　① 刘复兴,惠文婕.新时代人才培养标准与粤港澳大湾区教育创新[J].中国人民大学教育学刊,2020(1),68-78.

从实践的角度看,尽管创新人才培养的理念和价值已经深入人心,但是在课程教学改革的过程中如何真正有效地培养创新人才,即使到现在也都没有形成普适性的方法。著名的"钱学森之问"曾经叩动了无数中国教育者的心灵,中国为什么在培养创新人才方面尚有欠缺,其中的原因很多,但是从笔者的观点看,学校教育应该承担创新人才培养的基础性、关键性责任,学校课程教学理念和方式的转型是培养创新人才的先决条件。从大同中学的课程改革历程看,尽管不同时期的主题不尽相同,但是,从国家发展、社会进步、学生成长的综合考虑出发,通过课程创生培养学生的创新实践能力却一直是一条鲜明的主线。

在大同中学看来,时代发展要求创新,社会竞争立足于创新,学生创新能力的培养是现代教育赋予学校的重要使命。学生创新素养的培育不是某门特定课程的功能和承担的任务,学校所有课程,尤其是占学校课程主体部分的基础型课程更应成为学生创新素养培育的主阵地。然而在课堂上,也经常会发现"教师满堂灌,学生满堂记"的场景。学生习惯于被动式、考试导向型的学习,却无法体会到不同学科知识间的交融以及知识与现实生活间的丰富联系,这极大限制了教师教学的专业自主性及学生思维的发散创造性,致使课堂教学丧失了生机和活力,在某种程度上限制了学生创新思维活动的培养。大同中学通过学校校本课程的创生,提供给学生创新的经历与体验。这种探索始于 20 世纪 90 年代中期,核心成果是以课程创生的思维建构了主题不同但是共同指向于学生创新素养培养的校本课程样态。

校本课程的思想可以追溯到两千多年前的苏格拉底和孔子,具有源远流长的历史。从某种意义上说,在正规学校教育体系建构之前,所有的"课程"都是"校本课程"。不过,真正的关于校本课程的理论概念,始于 1973 年的一次国际性课程会议,是由菲吕马克等人提出的。他们认为,校本课程意指学校教职员工为改善学校教育品质所计划、开发的各种课程。[①] 近年来,随着课程改革的深入,对于校本课程的研究和探索逐渐丰富。学界普遍认识到,校本课程是以学校为基地而开发的课程。校本课程的意义在于弥补国家课程丰富性不足的缺

---

① 崔允漷.校本课程开发:理论与实践[M].北京:教育科学出版社,2000.

憾,促进教育思想和课程理念的变革,满足学校、师生发展的实际需要,①也有利于打造学校的教育特色和人才培养品牌。正是基于对校本课程重要价值的认可,大同中学在多年的课程改革中,坚定、坚决地围绕创新人才的培养问题开发设计不同的校本课程门类和体系,既延续了学校课程改革的历史和文化,形成了学校的课程特色和品牌,也有效促进了创新人才的培养。

第一节 "知识论"课程:培养学生批判性反思能力的探索

反思是发现问题的一种手段,问题是创新的起点,批判性反思是基础教育高中阶段培养学生创新精神、能力和研究问题的重要基础。通过学生批判性反思习惯与能力的养成,促使学生学会思辨,为学生构建创新思维模式、提高思维品质打好初步的基础,应该是素质教育的一个重要内容,也应该成为基础教育课程体系中的一个重要内容。如何将培养学生批判性反思列入学校的课程载体,进行学与教的实践,大同中学的"知识论"课程的开发建设进行了历经近十年的探索,通过校本课程建构的方式回答了上述问题。

一、"知识论"课程的开发历程

大同中学对于"知识论"校本课程的开发,既是源于对国际中学教育改革特别是对其他国家高中课程建设的参考,也是对当时学校创新人才培养有效课程载体缺乏的现实问题的审视。

这是当时我校学生写的一篇报告——《反思适合我们的教育》,其中透露着变革课程,促进学生创新素养和综合能力提升的呼声:

我们不停地读书,老师不停地教书,但似乎都忘了抬头看一看前方的路是否依然是坦途一片? 难道我们在颠覆了老祖宗的科举八股后就无须自醒了吗?

诚然,不是这样的。

从我国的现实情况看,20 世纪 90 年代以前的教学模式基本上都是以教师

---

① 胡献忠.校本课程:概念、意义与地位[J].淮南师范学院学报,2002(1):89-90.

为中心。这种模式的优点是有利于教师主导作用的发挥,便于教师组织、监控整个教学活动进程,便于师生之间的情感交流,因而有利于系统的科学知识的传授,并能充分考虑情感因素在学习过程中的重要作用。其严重弊病则是:完全由教师主宰课堂,忽视学生的认知主体作用,不利于具有创新思维和创新能力的创造型人才的成长(按这种模式培养出的绝大部分是知识型人才而非创造型人才)。这是因为,以教师为中心的教学模式在学习理论方面的基础是行为主义。这种教学模式长期统治我国各级各类学校的课堂,就使行为主义学习理论在我国各级各类学校中有着根深蒂固的影响。众所周知,行为主义学派主张心理学只研究外显行为,反对研究意识和内部心理过程。他们把个体行为归结为个体适应外部环境的反应系统,即所谓"刺激反应系统",学习的起因被认为是对外部刺激的反应。但是他们不关心刺激所引起的内部心理过程,认为学习与内部心理无关,因此只要控制刺激就能控制行为和预测行为,从而也就能控制和预测学习效果。这就是行为主义学习理论的基本观点。根据这种观点,人类学习过程被解释为被动地接受外界刺激的过程,而教师的任务只是提供外部刺激,即向学生灌输知识。学生的任务则是接受外界刺激,即理解和吸收教师传授的知识。

由于我国教育理论界多年来以认识论取代教学过程中认知规律的研究,导致绝大部分教师不了解人类学习过程的认知规律,不熟悉甚至完全不懂认知学习理论,这就为行为主义大开方便之门,使行为主义学习理论在我国特别盛行。至今仍有许多学校强调学生的任务就是要消化、理解老师讲授的内容,把学生当作灌输的对象、外部刺激的接受器、前人知识与经验的存储器,忘记了学生是有主观能动性的、有创造性思维的活生生的人。由于这种行为主义学习理论长期潜移默化的影响,使我国绝大多数学生逐渐养成一种不爱问、不想问"为什么",也不知道要问"为什么"的麻木习惯,形成一种盲目崇拜书本和老师的思想。"书本上的都是经典,老师讲的必定正确,对书本都不能怀疑。"这种思想观念代代相传,不断强化,就使学生的发散性思维、逆向思维被束缚、被禁锢,敢于冲破传统、藐视权威的新思想、新观念被贬斥、被扼杀,大胆幻想的翅膀被折断,作为认知主体的学生其主动性无从发挥。这就等于从基底上移走了具有创新思想和创新能力人才赖以孕育、滋生和成长的全部土壤,创造型人才的培养就成了难以实现的空中楼阁。

近年来,关于教学模式的探讨十分活跃,教学第一线的老师也确实对此产生了广泛的兴趣,教育理论工作者也予其以深切的关注,这对于形成良好的研究氛围、促进教育教学改革,无疑是有积极意义的。问题只是在于:一些领导和教研人员看到某种模式,主观上觉得较好便立即向下推行;多数老师,特别是年轻教师,也是"拿来主义者",抓住"模式"便照搬照用,图个方便,图个省事。他们很少考虑学生的实际以及教师自身的实际,具有很大的盲目性,这自然不是"主观符合客观"的科学态度。总之,现代教学不仅仅要突破旧模式、建立新模式,还要弱化"模式"、超越"模式"。巴金说:"艺术的最高境界是无技巧。"由此我们也可以说:教学的最高境界是无模式。从无序状态走向有序,建立模式,这是第一层次;从有序走向自由王国,这是第二层次。人们期望的远大目标当然是第二层次。高素质的教师是不受固定"模式"制约的,起初建立模式,是为了最终摆脱"模式",教是为了用不着教,这就是事物的辩证法,这就是"熟而生巧,巧而生华"的意蕴之所在。因此,对于一定教学模式的正确态度应该是:宣传但不宣扬,推广但不推崇。应当明确:开拓多样化的教学之路,让学生每一天、每一堂课都能感受全新的方法、创新的气息,充分享受知识奥妙无穷的乐趣,这是实施素质教育的根本之所在。

所以世纪之交,教育将面临前所未有的挑战和机遇。世界教育、中国教育以什么样的面貌跨入 21 世纪,在 21 世纪又呈现什么样的发展态势,这是很值得广大教育工作者深入探讨的问题。

作为一个学生,我想我只能说"任重而道远"。

"知识论"(theory of knowledge,简称 TOK)课程是国际高中文凭课程中处于中心地位的、非常重要的必修课程。和其他的课程相比,该课程的主要目的不是学习什么新的知识,而是要促使学生对其在学校内和学校外获得的知识和经验进行批判性反思,探讨这些知识经验的可靠性和合理性,鼓励学生通过对概念和论点及价值判断的基础进行分析,从而养成一种对自己的知识、经验和他人的知识、经验及判断的批判意识和批判能力,进而认识到各学科知识之间的联系和局限,打通各种学科知识之间的藩篱,获得一种整体感和贯通感。这种批判性反思,可促使学生意识到所触及的文化观、价值观等的局限和偏见,摒弃狭隘的本民族中心主义,并使学生成为积极主动的认知者,对自己的知识更为负责,更有能力把观点与事实区分开来,更加意识到推理的力量,成为不易被知识左右，而是有批判性反思意识和能力的人。

长期以来，学校在构建课程体系中，在各个阶段不断着力开发一批符合学校课程体系教育目标的校本课程，并结合学校、学生特点，将其中的一些校本课程，通过教学科研、教学实践，进行长期的建设，使之成为学校的特色课程。"知识论"课程就是学校长期建设的一门具有学校特色的校本课程。20 世纪 80 年代初，学校就与包括日本、英国、澳大利亚、美国等在内的国际教育界进行广泛的合作交流，1994 年"课程教材改革与 21 世纪人才培养"国际研讨会代表来我校指导并观摩教学，同年 2 月、12 月，联合国亚太地区办事处主管人道伦理文化价值行动组织的瓦莱娜秘书长，率亚太地区有关官员来校访问、考察等。

1995 年，受国家教委国际交流处委托，学校在当时的选修课程中开设了"知识论"课程。并将引进、开设"知识论"课程作为学校第五轮高中课程教材改革试验的课题，成立了校长负责的"知识论"课程教学试验小组，由 11 位本校教师和华东师范大学比较教育研究所的教师、研究生和上海师范大学的教师组成。在前期准备工作中，学校投入大量的人力物力，组织力量翻译了约 24 万字的"知识论"课程资料。试验教学于 1995 学年第一学期在高二年级实施，有 30 名学生报名选修。在启动阶段，学校就先后邀请 IB 课程亚太地区主任 John Goodban 先生和香港国际学校 IB 课程协调人 Graig Boyce 来校访问，研究在学校高中试设"知识论"课程选修课的开课问题，并作讲学指导。1999 年 7 月，学校召开"大同中学课程改革暨'知识论'课程开发与实践研究研讨会"。IB 课程澳大利亚学者、专家，人民教育出版社副总编吕达，上海市各重点中学校长，外省市兄弟学校代表及南市区领导与各完全中学领导出席会议。学校初步总结了三年来"知识论"课程的开发建设与教学实践经验，以及获得的国内外反响。1999 年后，学校将"知识论"课程纳入学校课程系统的研究型课程系列中，进一步开展教学实践与研究。后来，上海市与外省市兄弟学校多次来校访问观摩、交流、指导该课程。

对"知识论"课程在学校课程体系中功能的认识，学校有一个逐步深化的过程。在起始阶段构建学校课程体系时，我们认识到"知识论"课程的性质和特点，与学校一贯要求学生在学习知识的同时，注重能力的培养，做到"化知识为德性，化理论为方法"相符合。在课程教学中，通过边实践、边研讨，学校感到"知识论"课程在学生与教师中之所以受到欢迎，成为学校课程体系中有闪光点的一门课程,是它所带来的一系列新的教育理念启迪我们思考,为学校探索以学生发展为本、建立新的课程体系提供了借鉴,并为学校致力于增进学生独立思考能力和学习能力的教育教学目标,提供了课程载体的有效保障。对执教教师来说,这也是富有挑战性的工作,促使他们从传统的教学模式中脱身,并逐步成为勤于思考、富有探索精神,能激发学生积极求知热情的教学骨干。从学生来说,该课程能促使学生对原有各学科知识框架进行初步的组织,提供知识与能力增长、更新的基础,以跨学科的探究方式,帮助学生形成一体化的认知结构,增强固化新知识的能力与对知识真伪的辨析能力,从而促使其对原有的知识进行新的反思。这正是从学校办学目标、培养目标出发,构建学校课程体系,开发建设校本课程的宗旨。学校认为,作为一门新颖的有创意的校本课程,"知识论"的教育目标、教与学的方式,应该在学校课程中进行推广。

二、"知识论"课程的操作设计

学校引进开发"知识论"课程,并付之于课程教学,在教研与课堂教学实践中,始终抓住一个中心、两个重点。

一个中心是,将"知识论"先进的课程理念,结合学校、学生实际,进行"本土化",即"中国化""大同化"。这也是上海市课程专家与教研室领导一再指出的方向。从国外"知识论"课程有关专家的介绍,和学校收集、翻译大量的"知识论"课程资料来看,虽然该课程在对问题的反思、批判的切入视角、展开的层次、例证的指向等方面,都有不少值得我们借鉴之处,但是,由于国情与社会背景的不同,主客观认同感与学生认知基础的不同,学校"知识论"课程教学的内容与要求,必须进行"本土化"的改造。这种改造不可能、也不应该偏离"知识论"课程教育目标的主旨,而是使之更切合我国社会发展与学生发展的需要,更贴近学生的生活与认知实际,更有利于学生个性的健康发展,使教学实效得到切实的保证。

两个重点是:学生学习方式的转变;学生思维模式的更新。在教学实践过程中,认识到研究性学习方式与思辨学习、批判性反思是高中阶段培养学生创新精神、能力和研究问题的重要基础,因此,在"知识论"课程教学中,重点要通过学生的研究性学习方式,促使学生学会学习,为学生获得可持续发展的终身学习能力打好初步的基础;重点要通过批判性反思习惯与能力的养成,促使学生学会思辨,为学生构建创造思维模式、提高思维品质打好初步的基础。

（一）课程的教育目标

其一,促使学生对已掌握的知识与经验进行批判性反思与质疑。初步学会对已有知识概念、论点与学习经历及其价值,进行科学的分析判断,探求其可靠性与合理性;初步学会对已有的各个领域知识与学习经历的确定性程度、局限性及联系,各种文化、价值观的局限与偏见,进行科学的分析判断;初步形成一种知识的贯通感与科学的多元价值观。

其二,促使学生形成和发展个性化的、较为合理的认知模式和思维品质。包括:初步掌握获取知识和学习经历的方法,分辨知识的价值,不将自己作为全盘照收的储收器;意识到自己和他人的认知与思维方式的偏见,初步学会对自己的认知、思维风格和策略进行反思、调整、完善;在学会学习与探究的过程中,在架建新的学习经历中,使自己的认知、思维更为负责,更有能力,成为科学理想的积极主动的认知者、思维者,成为知识的真正的主人。

（二）课程的教学原则

在多年探索实践中,学校认为"知识论"教学中,应注意以下几个教学原则:

1. 通贯性和整体性原则

在"知识论"课程教学中,各领域的知识在课程目标下,形成一种合理的通贯性和整体性。在教学中要注重跨学科、跨文化的分析比较,使学生个人的认知发展经过冲撞、比较、思考,克服自己已有的学习经历中仅从一个方位角度支离分隔地考虑问题的思维意识局限性,养成批判性反思习惯,培养创造精神和能力。

2. 学生学习的主体性原则

在"知识论"课程教学中,学生的主体性要从教与学两方面体现。学生不单是知识的学习者、接受者,而且是积极的认知者、思考者。应由学生自觉参与,主动探讨自己已有知识和经验的合理性、确定性和局限性。课程目标不是由教师来完成的,而是通过学生的主动参与来自己达到的,批判意识和能力是学生自己努力的结果。教师不再是知识或真理的占有者和给予者,而是讨论中的成员之一,与学生地位平等。教师不应急于将答案或自己的意见直接呈现给学生,教师的发言和观点也必须经过批判和探讨,从而充分展现学生在学习过程中的主体地位,真正使学生成为知识的主人。

3. 过程性和实践性原则

在"知识论"课程教学中,教学目标要通过学生对自身的知识和经验进行批判性反思而实现,要引导学生通过联系实际,如体验、实践、调查、主动查阅资料来获取和提高自己的经验。任何脱离学生自身体验、实践的做法,都会导致教学的失败。因此问题的提出、探讨应贴近学生的学习生活和社会生活,从中寻求批判反思的深广度。在教学中,要注重过程化、开放性。教学目标不单是追求一个结果,而且是在过程中培养学生批判反思,发现、提出、探究、解决问题的能力。要在过程中充分提供给学生展示自己的想法与看法的时间和空间;要在过程中,积极鼓励学生提出异议,相互尊重,善于接纳、修正自己的看法;在讨论中,要重视过程,不追求统一的结论。

4. 清晰性和简明性原则

在"知识论"课程教学中,教学内容与过程的组织设计,要力求达到清晰性和简明性,不要使大量新的术语、知识的讲解和细节内容的交代,占用大量的教学时间。要突出课程的教育教学目标,讨论主题和分析思路要简明清晰,问题的切入口与思考的引发点要简明清晰,批判反思的归结点要简明清晰。要使学生简明清晰地了解这节课讨论什么、为什么讨论、怎样讨论,激发学生讨论的情感,通过学生的活动,简明清晰地理解学习的心向与价值取向。

(三)课程的主要内容

与现有大多以知识为学习载体,学生环绕知识进行认知、理解、掌握、探究的高中课程不同,"知识论"课程教学不重在追求对新知识的学习,或对各学科的知识进行简单的综合,它没有固定的基本内容和传统意义上的教材,这为教师和学生教学的创造性和自主权提供了可能。参照国外"知识论"课程的教学,在研究实践过程中,学校最初只制定一个教学大纲,规定课程教学涉及的主要方面和问题。在教学实践过程中,学校结合学生关注的社会热点和科学发展的热点对教学涉及的主要方面和问题,在不同时期进行动态调整,某些内容可以根据学生需求和学生共同确定。总体上说,"知识论"课程主要涵盖以下维度的内容:

1. 概述

帮助学生认识到我们的感知方式、思维方式和语言表达方式都存在一定的局限性和不确定性,许多以前以为是确定的知识,实际上是未确定的,并对"知识论"课程的目标、上课方式、评价等获得一个概览性的了解。

2. 语言在思维和知识中的作用

这部分需要探讨的问题主要有:语言在我们认识世界中的作用;语言的功能;语言的意义;语言和思维;语言和现实;等等。

3. 逻辑部分

这部分需要探讨的问题主要有:思维和表达应注意的清晰性、精确性、严密性,防止没有条理的思维和推理过程中标准的不一致;要能对演绎推理中的大前提进行批判性检验,并能对日常生活中存在的诡辩具有一定的识别能力;日常生活的推理和自然科学的推理的异同,历史学中的推理和美学中的推理的异同;以及逻辑的局限性;等等。

4. 数学部分

这部分需要探讨的问题主要有:如何理解数学是一门语言? 数学是纯粹逻辑的东西,还是对现实世界的运转的描述? 如何理解"数学是科学之皇后"? 为什么许多社会科学希望以数学的形式发表结论? 数学和实验科学、人文科学在论证方法上的不同点和相似点是什么? 数学方法的局限性是什么? 人的情感、价值能否用数学公式来表述? 从数学发展史的角度来看数学视角下的现实及其对现实的扭曲,不同的几何学是否说明或描述了不同的世界? 数学的符号系统、数学体系与现实、数学的正确性与真理,等等。

5. 自然科学部分

这部分需要探讨的问题主要有:作为知识典范的自然科学知识只是人类知识和经验的一部分,它不能取代其他方面的知识,不能用自然科学的标准去衡量、否定其他领域的知识,人类经验中存在着自然科学及其方式无法合理探讨的领域;自然科学中的研究方法和论证方法;科学发现的模式;科学验证的方法;波普的证伪学说和库恩关于科学进步的"范式"转换理论;自然科学和宗教以及自然科学的伦理意义;等等。

6. 人文科学部分

这部分需要探讨的问题主要有:人文科学是否是科学,它与自然科学的相似与不同;人文科学与人文主义的特点;人文科学与社会科学的异同;价值在人文科学、社会科学研究中的作用;宗教反映了人类一种什么心态? 科学和信仰或知识与信仰能否并行不悖？经济、科学与人文精神的关系；等等。

7. 历史学部分

这部分需要探讨的问题主要有：什么是历史；历史是任人打扮的女孩子吗；历史能被了解吗；我们通过什么途径来了解过去；我们能否了解过去的原貌；历史事实与对历史事实的看法（历史的价值判断）是否有区别；历史发展是否有规律性；关于传统文化与现代化的论争以及历史是否会重演，等等。

8. 价值判断部分

这部分需要探讨的问题主要有：事实判断与价值判断（即"是什么"和"应该是什么"）的区分；什么是价值，价值确立的方式，谈论价值和事实方式的差异，价值的等级性及其划分，价值冲突与价值宽容，在道德判断中什么是最有价值的；政治判断中什么是政治、人权、国家权力；民主的本质，稳定、效率和公平；审美判断中什么是美与最美；影响审美因素的分析，美都是主观和不真实的还是美是一种认识方式，是通向真理的途径；美的功用，审美方式与道德方式和自然科学方式的异同；等等。

9. 知识与真理部分

这部分需要探讨的主要问题有：知识的定义；知识的分类和比较；知识的真理性用何种方式表达，它达到了多大程度的确定性；如何搜集或提出证据，主要采用了什么方式和模式，需要哪些理由或论据；社会与文化背景是否有重要性；正在考查的知识与其他类型知识有何异同；对知识（自然科学知识）就是力量观点和探讨；知识经济与知识；知识与认知方式；知识与权力；关于真理的观点；真理的多元性；等等。

（四）课程的教学方式

学校"知识论"课程的教学，多年来注重研究性学习方式，充分发挥学生的学习主体作用。

课堂教学中强调师生互动，教师根据学生实际，选择教学领域中能有效体现课程理念与教育目标的内容，以材料、情境、不同观点案例等形式，简明清晰地介绍引入主题的背景，精心设计问题与诱导学生发现、提出问题的过程，激发学生讨论问题时关注主题、思考主题，寻求自己表达对课题看法的方式、方法，倾听别人对主题看法的意见，反思自己的思考，提出认同点与不同点,进行呼应与争辩,善于在讨论的动态变化中,较隐性而有效地将讨论从局限于一个方位、角度引向开放,呈多方位多角度思辨,从少数学生议论引向更多学生议论,适时、适量地提出自己的看法。这些看法大多不一定是全面、成熟、完善的,教师的有些带有缺陷性的看法,能打破学生过去认为教师的结论是正确的终结性标准答案的思维定式,往往更能促使学生反思,形成争论的热点,寻求争议中的自我价值。对问题讨论的归结,也不一定要求统一;同时肯定几种意见的可取之处,分析各种意见存在的不足,并且由学生通过讨论来归结,由学生来指出这个主题还可深化思考的方向,也许更符合"知识论"课程的要求。因此,在介绍"知识论"课程背景知识后,发现、提出问题,以反思、思辨方式研究问题,共同讨论,寻求解决问题的途径与方向是教学方式的主要模式、结构。师生互动是教学活动的主体,教师的"动"是为了充分激发学生的"动",是发挥"互动"效应的关键,在激发学生的"动"中,充分发挥自己的主导作用,而学生"动"的兴趣、主动性、积极性、有效性,是师生互动的核心。

"知识论"课程教学方式的中心环节是环绕着问题展开的,根据背景资料提出问题、发现问题、讨论问题,探究问题的解决是课程教学的主体。而"知识论"课程中的"问题",又与其他课程的重心不同,它主要是环绕着批判性反思进行的,在展开批判性反思与论证过程中,教学方式要突出课程的特点,要注意教学过程中问题的掌握是否被辨认清楚,陈述的意义是否是一种假设,陈述的规则是否具体、特定、可靠,检验在推理过程中是否有模糊的疑点和相互矛盾之处,导出的结论是否合乎逻辑以及是否有充分及合理的论据,某一出自权威宣称的概念或定义是否可接受,等等。在讨论中要做到把主题和另一知识主题、普遍的知识与个人经验、理论上的知识与生活实际中的体验联系起来,对各类知识的优点和局限、相似和差异的评价用恰当的语言提出证据。在教学中要做到这些很艰难,但师生共同努力,力图追求在不同程度上达到这些目标,是"知识论"课程教学方式、教学过程中完成课程教育目标的重要保证。

"知识论"课程的建设对师生的课堂教学活动提出了新的要求,学校也从多个维度明确了"知识论"课程实施中师生思想行为的具体规范。如,要求学生:要有正确的学习观点、明确的学习目标、积极良好的学风态度;要求教师:要加强学习,提高课程教学的修养,要学会反思,做课程教学的实践者,要牢记目标,做课程开发建设的主人,要转变角色,做学生学习的同伴,要设计过程,使课程教学充满生机与活力。

为了更好地推动"知识论"课程教学,学校设计了这一独特校本课程样式的教学流程(图4-1):

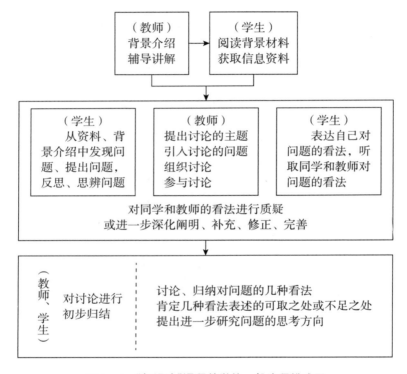

图4-1 "知识论"课程教学的一般流程模式图

(五)课程的学业评价

1. "知识论"课程学生学业评价的策略

(1)过程性与终结性评价相结合,注重过程性评价的实施方法与途径。在"知识论"课程教学中,对学生学业的评价不应过分注重学习的结果,而要注重学生在学习过程中各个阶段的进步状况与努力程度,使形成性评价在学业评价中占重要的地位,从而在真正意义上发挥评价促进学生发展的功能。

(2)定量与定性评价相结合,注重学生的过程与方法、情感、态度与价值观的实施操作方法与途径。在"知识论"课程教学中并不注重可以量化的课程内容。在学业评价中不应过分强调学生掌握了多少课堂上讲授的知识。要注重的是:学生是否在原有基础上提高了思维品质,能否在不同层次上学会运用批判性反思提出、思考、研究问题;联系实际的能力;激发一些创新精神;增强学习的动力以及改善态度、习惯,为学习的价值感到兴奋、自豪等。因此,要变革传统学业评价中倚重于定量的方法,而倡导注重定性的评价手段。

(3) 共性与个性评价相结合、注重学生个性评价的实施方法与途径。在"知识论"课程中,课程教育目标与课程教学对学生提出一些群体性的要求,而这些要求对学生个体来说,在不同层面、不同层次上可以有各不相同的展现。与学科类基础性课程的教学不同,在"知识论"等课程教学中,很难、也不应该确定学生必须要达到的统一学习标准,并以此划分每个学生的成绩。因此,在学业评价中,要淡化一些共性和一般性的评价标准,要注重学生个性的发展和个体间在学习进程与成果中所表现的差异性,要对学生在个性发展中健康成长的内容给予充分的肯定与鼓励,这种肯定和鼓励,往往对一个学生来说,会得到更多终生难忘的受益。

(4) 自我评价与他人评价相结合的实施操作方法与途径。在"知识论"课程中,教师与学生不仅人人都是课程评价的参与者,也都是课程教与学评价的参与者。在学业评价中,应该探索如何让学生不再处于消极、被动的接受评价的地位,基本形成教师与学生等多主体共同积极参与、交互作用的评价模式。学生不仅要对自己的学习进行自我评价,也要对其他同伴的学习提出相应的评价。在评价过程中学生的评价意见与人格要得到必要的尊重,从而使评价的过程真正成为学生自我审视、自我调整、自我完善的过程。

2. 学生学业评价的操作实施

"知识论"课程对学生学习的评价考核,由学生主动参与和撰写课题研究小论文两部分组成。其中包括:学生学习的积极主动性;讨论的参与程度及其表现的学习态度、学习过程、学习进取性、学习风度等;调查、查阅分析资料的积极性与能力;讨论中发现、提出问题,发表意见等的批判性反思的思维力度的提高也作为评价考核的重要标准。学生结合各专题讨论,以及自己的体验、实践,可根据一个或几个问题撰写课题研究小论文,阐述自己对问题的见解,其选题内容、表达方式,由学生自主选择决定。学生学习评价由教师与学生共同认定,可组织小论文交流讨论会,以学生自评、互评与教师点评等相结合,评价、认定学生的学习成绩。

"知识论"课程希望培养学生的研究性学习能力,着重于培养批判意识和批判能力,学生学业成绩的评价是通过为期两学期教学中的一次次讨论、一篇篇学习心得与研究论文而获得的。因此,该课程的评价是根据学生的参与度和发言及课后的小论文和感想的质量来进行等级评定的(包括不及格、及格、较好、良好、优秀)。评价的具体指标涉及三个方面:①观点和论证清晰性;②表现出的主动参与意识和批判能力;③内容新颖性和意义。其中第二个指标尤为关键。

评定等级:

优秀:主题明确,阐释明确,文章章节之间存在一定的逻辑关系;有较高的批判性思考能力;对不同观点的基础把握透彻,并能指出不同认知方式的区别和相似之处;能与其他领域的知识作适当的联系;表现了作者对知识问题理解的深透。

良好:主题明确,对重要的概念作了一定的区分,但存在不够清楚的地方,文中偶尔出现驳论;表现出对知识作批判性反思的能力,表现出认清价值判断基础的能力;能够把一个领域里的知识问题和其他领域的知识问题联系起来,选择的材料与其论题有一定的内在联系。

较好:作者试图阐明自己的想法,在逻辑上基本能紧扣主题。表现出一些关于批判性思维的判断的证据。不过,虽然提及获取知识的不同方法,但没有对其相应的价值和用途作区分,没有指出材料、论点之间的联系;虽然对知识问题有基本的理解,但有时过多地立足于某一单科知识。

及格:主题不甚明确,不突出,对重要概念没有作区分;论证过程中存在片面性,没有表现出批判性思维和逻辑的一致性,没有抓住不同知识及其获取方法的异同,虽然提到证实知识的问题,但其材料和论点较为片面。

不及格:主题模糊不清,章节混乱,对涉及的概念没有作一定的区分;没有表现出批判性反思,把知识当作是给定的和固定的,材料和论点没有什么联系。

学校将"知识论"课程的学业评价纳入学校的高中学分制管理体系,凡学生参加课程学习,通过学生自评、互评与教师评价学业成绩及格的,相应取得学年基本学分2学分。在学习过程中在原有基础上取得明显进步,学习小结与课题研究成果为优秀的,可取得学年奖励学分0.5—1学分,学业成果突出的也可给予奖励学分1—2分及以上。

附:大同中学"知识论"课程学业评价表

表 4 - 2　知识论课程中对问题的批判性反思

专题		教师	
对某个问题的批判性反思:			
批判性反思的其他问题:			

表 4 - 3　知识论课程学习学生自评表

评价内容	评价指标		
	优	良	中
学习态度的认真程度、进步程度			
参与讨论的积极性			
运用批判性反思审视、分析问题能力的提高程度			
学习小结及课题研究			
主动探究、合作交流学习方式的养成			
主要学习体会			

表4-4　知识论课程学习评价表

评价项目	评价指标	评价标准	评价结果
论文	30%	0—没有完成论文。 1—论文虽完成,但思想和观点不清晰,内容与知识论关系不大,批判性思维没有体现。 2—思想观点清晰,内容与知识论有一定关系,批判性思想体现不足。 3—思想观点清晰,内容与知识论联系密切,能体现批判性思想。	
课堂及网上交流	50%	0—没有参与发言意向。 1—准备发言,但是很少表现出讨论知识论观点的能力。 2—能够在基础水平上讨论知识论的观点,但不能描述这些观点的意义。 3—能够在基础水平上讨论知识论的观点,能简略描述这些观点的意义。 4—能够讨论知识论的观点,也能恰当地描述这些观点的意义。 5—能够有效地、自信地运用知识论语言和术语讨论和描述知识论观点及其意义。	
反思和笔记	20%	0—没有笔记和反思。 1—有笔记,但不翔实,反思不够。 2—笔记翔实,能在学习中积极反思。	
书面总评			

三、"知识论"课程的实践成效

经过多年的持续建设,"知识论"课程已经成为学校广受人知的特色化校本课程,不仅丰富了学校原有的课程体系,进一步拓展了学校的办学知名度,吸引了众多课程专家关注的目光,也在实践之中引领着教师课程观念、教学观念的持续转型。特别是课程的建设与实施,真正触动了原有的人才培养理念和方式,让学生的创新思维、批判能力、综合素养等有了培养的现实载体。关于"知

识论"课程的实践成效,学生发自肺腑的感言或许就是最好的证明:

学生甲:"知识论"课程结束了,可是学习它的方法、思路,伴随着那一次次的讨论,一份份的收获,将永远存在我的心中,相信这些一定能在将来对我有巨大的帮助。

学生乙:"知识论"不以传授新知识为目的,而以已有知识为基础,营造新思维的"宫殿",训练一种批判性反思的能力,教学形式新颖。第一堂课,老师出了个问题,要我们写 10 个"我知道"。一个小小的牵引,使大家顿时冲破了那无形而坚韧的思维框架的束缚,继而,我们大侃语言与思维,斗胆向高深莫测的逻辑学发起挑战,为克隆之利弊争得面红耳赤,"背叛"地将数学"批"得一无是处……争论、活跃,是"知识论"课堂上永恒的主旋律,在这旋律中,我们得到了课本外的知识。

学生丙:正是由于接受了"知识论"中的一些思想,我深切地体会到:对于每一件新事物,我们不能总是局限于先人对其的评价、分析中,更多的应该是将我们自身的想法、认识,结合到新事物的实际中去,去伪存真,不断扩展自己的知识空间,不断汲取获得知识的不同方法,这样,我们的创新意识才能更强。[1]

学生丁:我很高兴大同中学能开设这一课程,并且我能参与学习。我现在感到我能学习"知识论"是幸运的。虽然它对我的学习没有直接的影响,但是它能帮助我在学习知识的同时,正确地去看待我所掌握的知识,并且正确地去选择我所需要的知识,用正确的方式来获取知识。我相信"知识论"的绪言只是一个小小的开端,以后的课会更加精彩,让我受益更多!

第二节　研究型课程建设:完善学生的思维方式

上海市"二期课改"着眼于发展学生素质的功能,提出了由基础型课程、拓展型课程和研究型课程组成的课程结构。该课程结构是对第一期课程改革提出的必修课程、选修课程和活动课程这两大类"三板块"为特征的课程结构的突破。在实施素质教育和倡导终身学习的信息化社会中,研究型课程的提出和实

---

[1]　大同中学.合作与探究:上海市大同中学校本课程开发分析[J].教育发展研究,2000(7):45-49.

践,有利于学生的创新精神和实践能力的培养,有利于学生学会认知、学会做事、学会共处、学会生存,有利于学生个性和特长的健康发展。①

作为课程体系的独特组成部分,研究型课程在培养学生创新能力的过程中有重要的意义。在学校看来,学生的创新能力首先源于思维的拓展和完善。思维的作用是使感性认识上升为理性认识,并使理性认识向实践转化。而思维能力就是将感性认识上升为理性认识,并将理性认识向实践转化的能力。② 作为人的基本能力之一,思维能力对于人的全面发展和一生成长都具有积极价值,特别是在创新人才培养的过程中,如果缺少学生思维能力的培养和思维模式的重构,那将会成为"无源之水、无本之木",正是源于这样的认知,学校着眼于"二期课改"和素质教育,积极探索和建构学校研究型课程体系,以此提升学生的思维能力,为创新人才培养再注活力。

一、大同研究型课程的目标设计

研究型课程的建设和研究性学习的培养,是素质教育内涵的需要,是现代社会经济发展的需要,也是学生中学阶段自身发展,以及可持续的终身学习发展的需要。培养研究性学习不能局限于某一部分、某一层面的学生对象,而是应该注重全员性,即面向每一个学生。针对学校、学生实际与不同需求,对不同学生的研究性学习培养,可以有,也应该有不同层面的要求,向不同发展方向展开。对一些在某一方面有兴趣、有能力倾向的学生,可以,也应该开设一些有针对性的专项性的研究性课程,这些学生的学习周期可以是一学年,也可以是贯穿整个高中阶段,其学习要求可按学生个性发展不断递进;在高中阶段,可以,也应该能为一些创新意识与实践创造能力强、成果较突出乃至卓越的高层次的研究性人才打好深厚扎实的基础。因此,不仅要重视在基础型课程教学中学生研究性学习的培养,还要构建高中研究型课程结构,并将学生的研究性学习纳入学校学分制评价管理体系中,对学生的研究性学习加以集中有效的教育。基于这样的认识,学校首先对研究型课程体系的目标进行了设计:

---

① 沈建民,谢利民.试论研究型课程生命活力的焕发——兼论研究型课程与基础型课程、拓展型课程的关系[J].课程·教材·教法,2001(10):1-5.
② 张东江.论思维能力及其培养[J].河北学刊,1993(4):40-45.

（一）研究型课程的总目标

着重培养学生以创新精神与实践能力为重点的创造性学力，主要是通过情感体验和探究实践，培养学生对知识的掌握与运用永不满足、追求卓越的学习态度，发现、提出问题，研究、解决问题的创新意识与学习能力。

（二）研究型课程的分阶段目标

根据总目标，构建了以过程研究为主线的目标系列，并以学年为单元，确定分阶段的课程目标：

高一：着重培养学生科学的问题意识，增强学生的综合、整体认识能力，培养学生以人文精神与科学态度，从社会生活的现实与未来中发现、提出问题，抓住问题的本质，判断问题的价值。

高二：着重培养学生收集、分析、综合信息，以及初步的设计研究、解决问题的方案（包括实验设计方案），构建知识模型来研究、解决问题的能力。

高三：着重培养学生的思辨与批判性反思能力，为学生创新研究问题思维模式打下一定的基础，为学生研究的发展方向奠定初步的基础。

在分阶段教育目标中，各阶段的教育仅仅是有所侧重，不应也不可能对发现、提出问题与研究、解决问题的过程进行绝对的间隔，学会要先学会发现、提出问题，然后再学会分析、研究、解决问题。学生对问题提出与研究的学习是相互联系、相互交错、相互渗透、相互合成的，在发现、提出问题的过程中，就会寻找解决问题的途径、方法，研究如何解决问题。而在研究解决问题的过程中，往往又促使学生发现、提出许多新的较深层次的问题。因此，在分阶段教育目标实施中，都必须将学生研究性学习的总教育目标有机渗透在各阶段中，将培养学生创新思维的教育核心与发现、提出问题——研究、解决问题的教育主线整合在各阶段教育过程中去。

二、大同研究型课程的内容设置

（一）研究型课程的设置原则

为实现研究型课程建设的总体目标和阶段性目标，通过多次研讨，学校认为，研究型课程的设置与教学应遵循以下基本原则：

其一，探究性原则。研究型课程的设置与教学，要注意激发学生探究的意识与兴趣,培养学生探究的思维与能力。学生发现、提出、解决问题是探究性的。探究的过程,是形成学生认真务实、永不满足、追求卓越的学习态度,主动钻研、联系实际、追求创新的学习方式的主要载体。

其二,开放性原则。研究型课程中,学习目标是开放性的,主要着眼于学习的能力与态度,而不是知识本身,就学习的过程与结果而言,更注重过程。要通过学习实践、自我体验获得研究的意识与能力,必须打破全封闭式的课程教学模式,实施开放性教学。提供问题背景的教学内容是多角度的,教学要求具有相当的弹性;教学过程具有个体动态变化的特征,就群体来说,各教学环节的进度也具有一定的灵活性;课内外相结合,学习既有规定的时间、空间,又不受规定时空限制;学生研究问题的提出与确定、材料准备与处理、方案设计实施、成果表述都是开放性的。教育资源的利用是校内外全方位开放性的:师资可以是校内的教师,也可以是校外的教师、家长、亲友、专家与单位干部;设备场所可以是校内教室、实验室、图书馆,也可以是校外的工厂、农场、社区、教育基地、社会实践场所、图书馆、研究所等。在教育评价上,既重视结果评价,更重视过程评价,既要有管理性评价,也要有激励性评价,既要有共同的评价指标,更要有个性化的灵活的弹性评价原则;不同内容有不同的评价要求,同类内容也要根据学生各自体验的不同作出不同的评价,呈现出一定的开放性。

其三,实践性原则。研究型课程中,在指导学生学习间接经验的同时,更注重提供给学生在探索实践中获得直接体验的途径与机会。通过实践,学生运用自己的知识与能力在实际生活中发现、提出问题;通过实践,学生获得寻找解决问题的欲望与意识;通过实践,学生获得自我体验过程的主要载体。而实践中的体验过程,是学生获得研究、解决问题能力,提高创新意识与创造能力的基础。

其四,主体性原则。根据学生发展的需要,强调学生学习的主体性行为,是研究型课程目标、教学与评价实施的重要基础。在教学中,学生学什么,为什么要学,怎样学(包括从何处去学,向谁学,用什么方式、方法去学等),如何表述自己的学,以及在学习的自我预期目的确定后,进行学习过程的自我设计,为学习结果的获得在过程中的自我控制、判断、检验、调整、完善,都发挥了主体性。教师不作为知识的直接传授者,使教师的"教"真正为学生的"学"服务。学生不作为知识的被动接受者,使学生学习的主动性、能动性得到充分发挥,自主发展的意识与能力得到体验与提升。

（二）研究型课程的整体框架

学校的研究型课程设置的结构如图 4 - 2 所示：

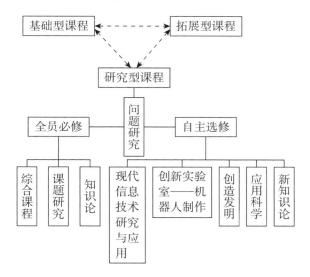

图 4 - 2　大同中学的研究型课程设置结构图

（三）研究型课程的主要内容

根据学校研究型课程目标与设置原则,设计并分别组织了学校学生全员必修与自主选修研究型课程的主要教学内容：

1. 全员必修课程

高一：以培养学生的"问题意识"为核心,以文理科综合课程为载体,组织问题的背景材料学习,着重培养学生发现、提出问题,主动探究问题,判断问题的价值,合作交流可研究的问题课题,为学校研究型课程教学与学生进一步研究问题的学习打好基础。

文科综合、理科综合课程是学校针对学生起始阶段的身心特点,培养学生开展研究性学习的重要组成部分,也是培养学生的创新精神与实践能力,加强德育核心地位的基础。

科学技术和社会经济的高速发展,带来科学知识量的剧增,人们在社会生活中也面临愈来愈多的复杂问题。原有单一分科的课程形态已经不适应现在的形势,也不利于学生形成合理的知识结构,不利于培养学生创造性的思维能力和综合解决问题的能力。而综合课程由于其目标指向学生知识的扩增、能力的提高、知情意行的协调发展,内容上具有明显跨学科的性质。其学习方式又是灵活多样的,其结构体系可严密、可松散,为内容的组织安排创造了较为便利的条件,从而可以容纳较多的新内容,可及时反映新动态,具体的实施也比较灵活。同时综合课程的设置有助于开阔学生的视野,避免科学知识的割裂,有利于培养学生主动求知的态度,增强他们对世界的整体认知能力和横向思维能力,促进知能的迁移,为培养学生在社会生活中提出问题、分析解决问题的能力打下基础。而且综合课程的学习也能促进分科基础课程的学习。

文科综合课程主要以人文精神为核心,使学生了解我国的文化传统,接受文学艺术的熏陶,初步养成自觉继承优秀文化传统、提高自身修养的意识,使学生通过了解社会、了解自我,初步树立实现自我价值与社会价值统一的观念。其主要内容包括"多元文化与主体文化""艺术与生活""科学与人文""传统、现代与未来"四个专题。

理科综合课程主要以环境与可持续发展教育为核心,通过环境观、资源观、能源观、人口观等观点教育,培养学生的科学精神。教学内容分为"资源与环境""能源与环境""生命与环境""人口与环境"四个专题。

大同中学研究型课程"文科综合"内容列举

专题一:多元文化与主体文化

通过文化的差异、文化的冲突、文化的融合、文化的主体性与多元性等背景资料的学习,实现对文化的理解和对社会生活的关注。

• 文化的多元性

(1) 东西方文化的差异及冲突的表现

教师及学生在课前收集相关内容,在课堂上进行交流。在交流过程中教师要注意将学生所列举的零散现象归纳为"类"的知识,从而使学生认识到文化是多元的。

(2) 东西方文化差异及冲突产生的原因

由师生共同讨论、分析,认识到由于人类生存环境、经济活动等差异导致产生了文化的多元性。

• 文化的主体性

(1) 中国文化的主体特征

由师生共同讨论、分析,初步了解中国文化的主体特征。

（2）西欧文化的主体特征

由师生共同讨论、分析,初步了解西欧文化的主体特征。

（3）文化的主体性

在分析了中西方各自文化的主体特征后,使学生认识到文化在存在多元性的同时,还存在着本身的主体性。

- 世界文化交融中主体性的保持

专题二:（艺术）文学与生活

通过诗歌、小说、戏曲、影视等艺术表现形式,实现对"美"的理解和追求,培养学生综合分析的能力。

- 中国古典诗歌与生活

（1）中国古典诗歌的发展简况

（2）中国古代杰出的诗人及其所生活的时代

综合中国古代历史、文化发展的背景,探讨古典诗歌发展的趋势和规律;综合中国封建社会的各个不同阶段的哲学主流思想、人文背景及诗人生活经历与环境,讨论诗人的成长及风格的形成。

（3）古典诗歌赏析与生活中的诗歌审美

师生共同欣赏,学生发表自己的阅读感想及评论,从中培养学生的审美情趣。

- 古典小说与生活

（1）中国古典小说发展史

（2）著名的古典小说及其作家

中国古典小说发展中受封建社会正统思想制约的因素探讨,综合历史、中国古代思想史作出分析讨论。

（3）中国古典小说与西方小说之比较

学生在教师的指导下讨论归纳,从中体会不同民族、不同生活习惯产生不同文化。

- 戏曲与生活

（1）中国戏曲发展史

戏曲的真正诞生与中国封建社会商业发展的关系,中国封建社会城市市民阶层的形成对戏曲发展的促进作用。

(2)《赵氏孤儿》《牡丹亭》的赏析

- 影视与生活

影视的诞生与科技发展的关系；影视艺术与商业化的矛盾；电视的诞生与发展对电影的冲击；明星制是否是电影的真正出路。

专题三：科学与人文

科学与人文是人类在探析对象和发现自己的活动中形成的两种观念、方法与价值体系。它们是人类寻求生存和发展的产物，一旦产生后，又成为人类认识世界和建构文化的灵魂与支柱；它们统摄着我们对世界的把握，形成不同视野中的世界图景；它们的分野、互渗，造成了人类知识与智慧的曲折演进；它们还渗透于文化世界的各个方面，人类的文明成果无一不是这两大精神的某种富集与结晶；它们之间的冲突与融合铸就了人类文明与文化的生动发展与综合提升。因此，对两者关系的探讨，不仅有一般的文化认识意义，而且还有着寻求现代化进程中优化科技发展战略及人的重塑纲领的实际价值。

- 科学与人文视野中的世界图景

(1) 科学视野中的世界

(2) 人文视野中的世界

(3) 两种视野的联系与区别

- 科学与人文的冲突

(1) 对科学的怀疑

从乐观到忧患

人文思潮的蓬勃发展

(2) 科学与人性的矛盾

- 科学与人文的交融

(1) 科学与人学的汇流

"天人合一"

科学向人学的渗透

人文精神向科学的融入

(2) 科学与人文的和谐发展

- 传统、现代与未来

以我们生活的都市——上海为学习的背景，让学生展开情境的学习与思考,以培养学生实现对乡土的亲和力。

(1) 上海的历史变迁

(2) 上海独特的人文、地理环境

(3) 海派文化

(4) 上海人

(5) 上海社会、政治、经济、文化考察

(6) 上海的发展

大同中学研究型课程"理科综合"内容列举

1. 资源与环境的可持续发展

(1) 通过了解各种不同类型资源的现状,认识资源的用途,树立保护资源的意识,增进学生对科学知识,尤其是对水资源、大气资源、矿物资源等有关知识的深入理解。

(2) 在探讨和研究各种资源的过程中,培养学生正确的科学态度和科学方法,树立正确的资源观和环保观,理解资源和人类可持续发展密切联系的重要意义。

2. 能源与环境的可持续性发展

(1) 拓展学生有关能源方面的知识,特别对核能、太阳能、电能、氢能等方面有更深入的理解。

(2) 结合生活、生产实际,开展调查、考察,使学生对生活中能源问题及其新能源开发的必要性、紧迫性有进一步的认识,树立正确的能源观。

(3) 培养学生的科学精神,引导学生学习科学方法,提高学生的科学研究能力,结合能源问题,帮助学生提出问题、分析问题,判断问题的价值。

3. 人口与环境的可持续发展

以人的自身发展与环境相统一为主线,增强学生对人类生存、人口与环境关系的认识,关注社会问题,激发学生的社会责任感和忧患意识;培养学生的科学态度和科学方法,使学生学会运用综合知识对相关社会问题进行科学分析和判断,树立正确的人口观,理解人和自然可持续发展的重要意义。

课程中的一系列活动组成,如资料收集、学生讨论、小组演讲和辩论、社会调查等,给学生提供多元化学习经验,发展其互相合作、社会交往、调查访问的活动能力和展现自我的独立意识。

4. 生命与环境的可持续发展

围绕基因本质、基因克隆、基因治疗、基因制药、基因食品等方面,特别是生命科学方面的最新内容开展教学。教学中努力提供条件(相关资料、录像、参观等),使学生在学习过程中尝试综合利用生物、化学、物理、地理等学科知识。这能够拓宽学生的知识面,更为重要的是能够使学生不断提出疑问,并初步学会分析问题和解决问题,培养其研究性学习能力,从而为将来从事科研方面的活动打下一定的基础。学生在接触了大量的知识信息后,思维有了更大空间,这有利于科学思维方法的训练和成型(发散性思维、批判性思维、综合性思维等),有利于综合意识的培养,从而为学生将来成长为复合型人才作铺垫,以适应自身发展和社会的需要。学生提出问题的过程也有利于促使他们迸发出创造的火花,在参与学习活动过程中,提高参与意识与协作能力,为将来走向社会作好积淀。

高二:以培养学生实践、创造能力为核心,以"课题研究"课程为载体,通过学生的自主探索实践,确定问题研究课题、解决方案与途径、研究成果的表达方式等,使学生了解问题研究的方法与过程,了解社会实际,增强德育,培养实践、创造能力。

下文是课题研究类研究型课程的实施方案:

课题研究课程实施方案

一、教育目标与课程建设的实施操作

高二年级,以学会探索、研究问题,解决问题为主的学生研究性学习,教育课程载体为"学生课题研究"活动。

在高一年级研究性学习中,通过"文科综合""理科综合"课程教育,使学生了解了一些人文与自然科学领域内贴近学生与社会生活生产实际的问题背景。初步学会发现问题、提出问题,并且判断问题的价值,是提高学生研究性学习素质的重要前提。学生的研究性学习,必须渗透在学校各学科课程教学与选修、活动课程教学等一切教育活动中,但也必须以某一课程教育为载体集中、显性地进行强化训练。从学生发现、提出的较有价值的问题中,引导学生自主地开展课题研究,是提高学生的综合素质,加强以德育为核心,以创新意识与实践能力为重点的素质教育的重要教育载体之一;是贯彻学校培养学生研究性学习,

构建研究型课程教学目标与原则的重要检验之一;是学生加强自主的研究性学习意识与加强研究性学习能力的具体体验操作之一。因此,在研究性学习中,培养学生学会发现、提出问题的教育是重要基础;学会探索、研究问题、解决问题的教育是重要实践;学会运用反思、批判方法,初步构建创新思维模式来发现、提出、研究、解决问题的教育最重要。其中心环节是课题研究活动的教育。

学生课题研究活动的教育目标是:

(一) 体现以学生发展为本的宗旨,发挥学生研究性学习的主体作用,并在研究性学习中,引导学生自主、有选择地学习知识,增强其探索精神与社会责任感。

(二) 注重在实践中促使学生密切联系社会生产、生活实际,以创新意识提高知识的综合应用能力,在全面提高学生素质的基础上,发展其个性特长。

二、辅导讲座内容的实施操作

学生课题研究基本属非课堂教学型,学校根据学生课题研究活动的进展,有计划地组织辅导讲座,具体内容为:

第一讲:科学研究课题的选择与确立

第二讲:如何开展资料的收集整理工作

第三讲:我是怎样进行课题研究的(学生或校友主讲)

第四讲:开展调查研究的方法与步骤

第五讲:开展课题研究活动的经验体会(学生或校友主讲)

第六讲:开展实验研究的基本方法

第七讲:本年级学生分课题交流

第八讲:总结研究成果、论文的基本要求

第九讲:课题成果汇报(学生组织)

三、活动方式、方法、组织的实施操作

(一) 课程计划

年级:高二全年级,限定性选修。

活动时间:不列入学校总课时表,由学生利用课余时间、双休日、寒暑假进行。

(二) 课程管理

课程教学研究与开发:校长室—教科、教研室—学生课题研究教学工作组。

课程教学管理：形成涵盖学科教研组、年级组、校团委、学生会等在内的多样化的课程教学管理主体，分工负责，团结合作。

（三）师资培训

由学校学生课题研究教学工作组负责，定期召集学生聘请的校内外课题研究指导教师会议，共同研讨并落实指导教师的工作要求、职责等。

（四）活动的过程组织和方式、方法

1. 在课题研究活动中，学生的研究性学习，以及教师指导学生课题研究时，应掌握以下几个方面：

（1）学生要加强自主选择的意识与能力

在课题研究的学生研究性学习中，应由学生自主确定课题，制订研究方案、目标、方法、操作过程、实施计划与成果形式，课题指导教师也由学生自主聘请。通过学生自行探索解决"学什么？""到何处去学？""怎样学？"等一系列问题，促使其学习方式方法在空间与时间上呈现更大的开放性、灵活机动性，从而改变传统课堂教学的教师传授、学生被动接受的教学模式，构建创新思维模式，增强学生的自主选择意识与能力。学校与教师的指导、辅导、帮助必须建立在尊重学生的自主选择的基础上。

（2）学生要加强知识实践应用的意识与能力

学生在课题研究过程中，对自己课题的确定、调查考察、分析研究及对成果的归纳总结、评定，都必须从社会生产生活实际出发，着重考虑实践性与应用价值。学生通过自己从社会生产生活实际中发现、提出问题，在社会生产生活中进行实践体验、调查考察、分析研究，并确定与验证自己的分析研究在社会生产生活的实际应用价值，改变传统课堂教学中重书本、重理论、重概念的教学模式，更注重于实际—理论—实际的学习，从实践应用中构建新的思维模式与学习方式，增强将知识应用于实践的意识与能力。学校与教师对学生课题研究的引导、辅导也要立足于实践应用这个重心。

（3）学生要加强科学创新的意识与能力

学生在课题研究中必须考虑的一个重点是课题的科学创新性。课题的确立、探索与研究，不仅是对原有信息和知识的整理、叙述和归纳性的加工，还必须通过自己的思维探索提出新的问题、新的观点。改变传统课堂教学中的接受性教学模式，更致力于挖掘每一个学生的创新潜质，从而增强学生的科学创新意识与能力。学校与教师对学生的课题研究要加以引导帮助,要善于发现、积极鼓励学生的科学创新精神。

(4) 学生要增强在学习过程中获得知识与能力的意识与能力

在传统的课堂教学中,虽然也注重对学生知识与能力获得过程的教育,但限于空间与时间,这种过程教育往往不可能得到较全面充分的展开。而学生研究性学习的一个突出特点是,学生的研究在面上来说,不可能都是成果卓越的,因此,衡量学生的研究性学习,过程重于结果,着力点在于使学生体验知识与能力获得的过程,为终身教育奠定基础。教师对学生课题研究的指导、评价,也要致力于对学生的知识与能力获得的引导、帮助。

2. 活动过程与方式方法

学生课题研究过程为一年,主要利用课余时间,包括以下环节:课题申报、课题认定、聘请指导教师、方案设计、专题讲座、研究进程、评审等。

(1) 课题申报

在高一年级第二学期末,由年级组织学生进行课题申报,填写《课题研究申报表》。学校鼓励学生个人独立申报并完成课题研究。学生也可组成3—4人的课题研究小组进行课题申报。由于学生存在兴趣爱好、个性特长、学习能力的差异,课题研究的内容全由学生自己来选择,学校也把经价值认定的课题推荐给学生。

(2) 课题认定

学生的《课题研究申报表》汇总至学校课题研究工作指导小组处,由工作小组组织、指导教师和学生一起进行认定。

(3) 聘请指导教师

课题指导教师由学生自己聘请,可以是学校推荐的校内教师,也可以是家长、亲戚或该研究领域的专家。

学校组织学生课题研究指导教师(校内外)召开工作研讨会,明确指导教师的工作职责。

(4) 方案设计

学生在教师指导下确立课题研究的目的、课题研究的步骤、课题研究的方法、课题成果的呈现形式等。

（5）专题讲座

在学生课题申报至结题过程中，参照大多数学生的研究进程，由学校教研室具体负责组织辅导讲座。

（6）研究进程

由教研室具体负责学生课题研究的过程管理。由学生定期反馈研究进程、遇到的问题，教研室与指导教师一起检查研究进展情况，及时协助学生解决问题。学生对自己的研究进程以周记的形式实录。

（7）成果结题

学生课题成果的呈现形式包括论文（或实验设计、调查报告等）、研究过程的体会等。

四、教学评价的实施和操作

1. 学校组织学生课题研究工作小组，负责课题申报的认定、评审工作。根据课题研究的内容归类，以科学考察、调查、研究、试验、实验、发明制作等为主的，由相关学科教师对申报的课题进行初步认定、初审；以社会实践考察、调查研究等为主的，由班主任对申报的课题进行认定、初审。课题成果突出的，由工作小组请专家进行认定。

2. 经学校各组室评审合格的研究课题，获活动课程学时 1 学分；成绩优秀的由学校讨论，给予相应的奖励学分。学分登记以评审合格通过的时间记录在相应学年的成绩册与学籍卡中。

3. 学校定期举行学生课题研究指导工作研讨会、学生课题研究表彰交流会，并编印学生课题研究成果汇编。

4. 学生课题研究的组织、评审、交流、表彰等工作应充分发挥团委、学生会的作用，逐步发展为以学生为组织主体的活动课程。

高三：以培养学生思辨学习、创新思维为核心，以"知识论（TOK）"课程为载体，通过对中学各学科的真理、方法、价值观和相互关系作为知识来整体了解（而不在于各学科知识的拓展、深入），探究认识世界万物的基本方法，并尝试加以检验，立足于使学生在反思已有知识的过程中，获得最佳的思维方法，培养学生以正确的科学态度、实践创新精神对待知识，为从更高层面上研究问题，以及为个人初步发展研究的方向打好基础。（第一部分知识论已介绍）

2.自主选修课程

自主选修课程主要的科目有：现代信息技术研究与应用、创新实验室——机器人制作与研究、创造发明、应用科学、新知识论坛（高科技、新政治经济知识等）等课程。主要的设计思路是：以实践创新能力培养为核心，通过对某一领域进行较高层次实践、实验、探索研究，培养学生的研究能力与态度，同时注重研究成果的实际价值，为培养较高层面的研究型人才打好基础。

3.必修课程中学生研究性学习的培养

各学科教学都要结合学科特点，贯彻学生研究性学习教育的总目标与分阶段目标，在课堂教学中注重研究性学习的教育教学，提倡在教学中充分发挥学生的主体作用；要结合学科教学内容，着重教会学生自己发现问题、提出问题、思考问题、解决问题。在培养研究性学习能力与习惯方面，充分发挥课堂教学的素质教育主阵地作用，与学校开发的注重培养学生研究性学习能力的选修课、活动课功能互补增益，形成教育的合力。

三、大同研究型课程的教学实施

研究型课程的实施是该课程建设的核心环节，是课程开发的途径，是课程走向学生的过程。与传统学科相比，研究型课程没有统一的教材，研究型课程的内容也不是现成的由专家学者编好、组织好的知识体系，而是在研究过程中不断被揭示、被形成，是学生在与周围环境、与教师和合作伙伴的相互作用中建构起来的，是伴随着课题研究或项目的实施不断生成的。其课程形态其实就是一种探究与学习的过程。研究型课程的这些特征有时会使课程实施者无所适从。这就需要一种全新的课程管理机制来保障它的实施。大同中学在组织机构、制度建设、师资培训、资源开发等方面进行了相应的管理改革，同时，注重研究型课程的过程管理，并强调管理的实效性。

（一）建立学校研究型课程教学组织操作网络

学生研究性学习的活动及活动的组织形式，学习的内容，学习方式等与传统的学科型或基础型课程的教学形式在诸多方面有着鲜明的不同，而且，因为研究型课程的开发建设，研究性学习的实施，需要协调包括学科教研组、年级组等在内的各方面力量相互合作。因此，我校针对学校研究型课程的规划，成立了研究型课程实施操作的各级领导管理小组,承担研究性课程的建设和学生研究性学习活动的管理工作,科研、管理一体化。

由校长室领导,教科室指导,分别成立学校研究型课程教学探索与实践课题研究组,文理科综合、知识论教学探索与实践的课题研究组,及学生课题研究指导组,定期开展工作研讨,进行过程管理,调控、完善教学组织实施操作,组织研讨课交流评讲,并请专家论证指导。每学期、学年召开有关组织实施的工作小结、总结研讨会。自主性选修课程由校教研室负责实施,并定期向校长室汇报教学情况,听取指导意见,进行组织管理。各课程教学过程管理与监测、评价管理,具体由校教研室负责。

（二）全员必修研究型课程教学的操作实施

以原教学班为组织形式。具体为:

学校组织成立文理科综合与知识论课程教学研究组,具体落实并组织教学,如文理科综合组组织任课教师共同备课,提供有关问题背景的教学内容,组织开放性教学(参观访问、考察调查、实验实践等),指导并与学生共同评价学生提出的问题,确定可进一步研究的课题。知识论组组织任教教师编写各部分教学材料,由教师组织学生自学,并与学生一起讨论问题,指导与参与评价学生的研究成果。

学校组织成立学生课题研究指导组,组织指导学生课题研究的系列讲座。原教学班班主任具体负责学生的课题申报工作,并报送年级组,分类给学科教研组、教研室、德育室,加以认定后,登记成册;召集学生聘请的指导教师开会,商研指导工作的开展,落实学生的课题研究。课程过程管理由教研室负责,定期请学生填写研究进程表,分别听取学生与指导教师的意见,加强学生与指导教师的联系。

（三）学生自主选修研究型课程教学的操作实施

以课程项目另组跨原教学班、跨年级的教学班。具体为:由原教学班班主任组织学生自主选择申报课程,分项目报送教研室组班。学校组织聘请校内外教师任教,由任教教师组织教学。过程管理与评价管理由教研室负责。

（四）制度管理

制定必要的学校规章制度,是学校行政管理机构在研究型课程实施中行使管理职能、履行管理职责、实行动态管理的基本依据。学校为保障学生研究性学习的有效开展，主要做了以下几个方面的工作：

一是制定了学校《综合课程指南》《课题研究实施细则》《知识论课程指南》等整体性规章制度，从学校实施研究性学习的指导思想、实施目标、实施原则、实施内容、实施策略、实施程序、课程评价等方面都做了具体的要求。

二是在研究性学习的具体实施过程中，相应地制定《学生课题研究指导教师职责》《学生课题研究教研组工作职责》《学生课题研究年级组工作职责》《学生课题研究活动须知》等规章制度，对学生进行研究性学习的主要环节提出了明确的要求和规定，对教师指导学生进行研究性学习提出了具体要求。在学生课题研究活动的具体实施中，除了对学生开展一些专题性的辅导，还对学生聘请的指导教师进行培训，加强指导教师对学生研究过程的指导监理工作，如，要求指导教师首先要与课题组学生一起重新审视、分析、判断课题研究的价值、目标与可行性，对指导学生收集与课题研究有关的资料、制定研究计划等方面都提出明确的要求。

（五）资源管理

一是加强教师培训，以研促教。教师是学校实施研究性学习的关键，教师培训既是学校实施研究性学习的一项重要工作，也是学校管理的一项重要内容。为促进学生研究性学习方式的形成，首先应当使教师明确研究性学习在落实、推进素质教育中的地位和作用，促使教师转变教育观念，改进或改变自己的教学方式，同时，加强教师科学研究的素养，提高教师的指导能力，具体做法是：(1)充分利用教工大会的时间和空间，请专家、学者到学校开设专题讲座，学校领导介绍学校对研究性学习与研究型课程的思考和建设情况，举行全校研究型课程教学研究课，评课、议课，提高教师对研究性学习的认识。(2)学校除利用研究型课程教学研究组的形式加强研究型教师师资的培养外，还组织各学科教研组充分开展学科研究性学习的探索与实践，定期举行学科研究性学习教学研究课，不断总结经验，用研究来促进研究性学习教师队伍的建设。(3)学校除了制定《学生课题研究指导教师职责》制度，还组织校外专家和课题研究工作指导组中有经验的教师定期对学生课题指导教师进行指导方法和指导过程的培训；要求指导教师全过程记录指导内容，写出切身感受，并加以总结、交流，以提高指导教师队伍的整体水平。

二是开发课程资源,积极创设条件:学生建立的研究课题,特别是那些有特长的学生建立的课题的实施,需要学校提供有力的后勤保障。除了对原有硬件进行必要的改造和开放外,学校应当根据现有条件和学生的需求,加强为研究性学习服务的硬件的建设。学校除了开放实验室、图书馆、电化教室外,还投入资金,创设了供学有特长的学生进行较高层次研究的创新实验室、信息技术应用与研究实验室等,为学生的研究性学习提供了有力的保障。

(六)过程管理

研究性学习教学活动的基本形式不再是班级授课制的形式。大同中学的研究型课程是以班级为基础,学生自由组合,或是跨班级、年级的组合;学生的课题研究活动,主要是在课程表安排的时间之外进行,有时在双休日、节假日、寒暑假进行;研究性学习的指导教师大多由学生自主选择,而且指导教师既可以是校内的,也可以是校外的;学生也不仅仅把课堂作为自己的学习活动场所,其学习内容也来自社会与生活。因此,传统的学科型或基础型课程的静态管理模式、注重结果管理的模式已经不再适应对研究型课程的管理,大同中学的管理注重过程的动态调控。

1. 综合课程

这门课程要求师生共同创设一定的问题情境,从学生生活与社会生活中,通过搜集、分析资料,社会调查,讨论等形式提出值得研究的问题,并通过小组或班级的活动判断研究问题的价值。

学校根据研究型课程的整体目标与整体结构,组织教科研室与专家认真研讨,确立该课程的阶段目标为:培养学生的人文精神与科学态度;增强学生的学科综合意识和整体认识能力;在拓展学生知识面的基础上,引导学生从社会生活中抓住问题的本质,提出要研究的问题,并学会判断问题的价值。

在校长室领导下,教科教研室抽调各学科教研组的教学骨干组成"文科综合""理科综合"两个教学研究组,反复研讨,根据学校提出的综合课程目标确定综合课程的教学内容:"文科综合"主要包括"文化的主体性与多元性""生活与艺术""科技与人文""传统与现代——上海的昨天今天和明天"四个专题内容;"理科综合"主要包括"人口与自然""能源与环境""生命与环境""资源与环境"

四个专题内容。

在综合课程教学的具体实施中，每个学生必须学习文科综合、理科综合各四个专题。由于综合课程的综合特点，每个老师都有机会到不同的班级组织教学活动，因此，学校在具体授课前，根据综合课程的教学内容制定了详细的教学实施计划。

在综合课程的教学实施中，文科综合、理科综合课程教学研究组每周共同备课、研究。对学习方式方法、教学策略、教学活动中出现的问题进行研讨，对教学过程与教学行为进行反思，及时调整教学计划、教学方法、教学进程等，以确保及时反馈，及时总结。

对学生学习过程的管理通过"综合课程问题价值认定报告表"进行，内容包括提出问题的背景（或情境）、提出的问题、问题的阐述、问题检索和分析的资料、问题价值判断的途径（社会调查、科学实验、参观考察等）、问题价值判断的形式（自我评定、小组评定、大组交流、指导教师评定）等。

2. 课题研究

这个阶段是学校管理的最关键阶段，学校主要通过《上海市大同中学研究型课程课题研究形成性手册》，对学生的实质性研究实践过程进行比较清晰、准确的监控反馈，并及时给学生以各种帮助和指导。该手册的具体内容包括：课题申报、课题认定、课题研究方案设计、课题研究活动进程、课题研究活动周记、指导教师指导记录、调查研究方案设计、实验方案设计、课题研究中期汇报、课题研究搜集资料列表、课题结题报告、课题研究活动自我评价表、指导教师评价表、论文答辩评审表等。具体管理过程为：课题申报、课题认定、聘请指导教师、方案设计、专题讲座、研究进程、成果结题、评审。

3. "知识论"课程

知识论教学研究组以校长为组长，带领成员组织研讨、交流、实践，形成"知识论"独特的教学方式与教学原则，以及对教师教学和学生学习的要求。

四、大同研究型课程的评价方式

研究型课程的开展，极大激发了学生的潜在能力。但是如何评价学生在研究型课程中的学习，却不是现行的教育制度所能解决的，特别是对学生学习过程的考核评价。就像尹后庆所说的那样，"研究型课程"的评价与以往的学科教学评价应有很大的不同,它应该重在学生研究性学习的实践过程而非研究的结果,并且研究型课程的评价不可能与高考挂得很紧。我们必须有一种新型的评价方案和一系列配套措施,它不仅能全面地检查学生的基础理论知识,更重要的是提高学生的潜在能力。

大同中学研究型课程的学习评价有以下几个特点:

一是确定了比较全面的评价内容,设计了一系列评价标准和评价量表,特别是在学生的发展目标方面,既有态度指标,又有能力指标,还关注了学生的个性表现,这体现了以评价促学生发展的新理念。

二是收集信息时关注了多方面的评价主体,把学生自评、互评及教师评价结合起来,也关注了课程实施的全过程,比如,课题研究课程采用形成性手册来收集学生学习全过程的信息。

三是评价的结果以学分形式来反馈,并与特长认定、"五免"制度等结合,有利于学生个性的发展。

(一)课程评价构成

大同中学的研究型课程学习评价,由以下三个部分构成。

1. 过程评价

研究型课程的过程考评主要是对学生学习的态度、在学习过程中表现的主动性和积极性,以及自主学习能力的发挥、合作学习的能力等的考察。

2. 成果评定

学校把学生学习所规定达到的基本目标作为基准,对学生的学习成果进行等级评定。等级评定以进行研究所必须具有的能力的提高和发展,以及研究成果的科学性、实践应用性、创新性等原则为指标,对学生的研究成果进行等级评定。如问题解决能力:遵循科学研究方法,常规性或创造性解决实际和理论问题的能力;信息选择与搜集能力:确定有价值的信息,并采用适当的工具或手段获得有效信息的能力;交流与合作能力:良好的理解能力;符合科学规范的语言及文字表述能力;与他人沟通与共事的能力;批判反思能力:对课题设计、研究过程及结果的自我评价及反思改进能力;采纳他人建议和批评的能力。

3. 学分制认定

学校将研究型课程的评价纳入学校学分制评价管理体系。课程评价由基本学分与奖励学分两部分构成。凡参加课程学习,缺课课时不超过课程总课时1/4,学习态度较认真,并能完成课程教学基本要求的,均能得到该课程的基本学分。凡在完成课程教学基本要求中,其成果有创新意识,创造能力强的,或成果虽不最突出,但在学习过程中,学习态度认真、积极、主动、突出,实践能力强的学生,给予一定的奖励学分。

(二) 评价的途径与方式方法

1. 评价的基本途径

研究性学习的过程评价是与研究型课程的管理过程密不可分的,可以说,管理的过程就是评价的过程。为此,学校制定了《上海市大同中学研究型课程课题研究形成性手册》,通过该手册对学生研究的全过程进行记录,以达到对其研究过程的真实评价。

如:在学生课题《学校草坪为何不绿》这一研究中,学生在课题研究周记中记录的决策与实践过程,成为过程性评价的重要依据:

(一)

我们的课题应该说是在冬天开始的。

高二上半学期,学校就向我们提出开展课题研究活动的要求:我们可以运用学校内任何实验器材、用品,针对生活中的一些问题、现象进行研究、分析,总结归纳出解决问题的方案以及自身体会。

当时,学校为了启发我们,设计了部分课题题目。其中一项"金属离子对于植物的影响"引起了我们的兴趣,原因是我们希望大同校园满目葱翠,鸟语花香。在准备这一课题过程中,我们发现所定课题涵盖太广,所以进行修改,具体选题对象为最具特色的大草坪。为了使我们的课题更具实际意义(最初我们选择的学校命题"金属离子对于植物的影响"过于理论化),最终决定研究关于施肥对于草坪的影响。当时我们想,施肥不当,可能是草坪不绿的主要原因。

确定了研究题目和方向以后,我们得等到放寒假之后才能有较多的时间开始具体的操作,因此,1月28日应该算是我们非常兴奋和激动的一天。

(二)

1月28日 星期四 晴

紧张的期末考试终于结束了,这对我们来说则是另一个新的开端,经过短暂的几天调整与休息,我们便投入到了十分有意义的,同时也是旷日持久的课题研究中去了,酝酿了两个月的课题终于开始实施,我们每个人的心中都殷切地期望把这个课题做好。

今天早上,班级活动结束后,我们简单地讨论后开始寻找指导老师。由于我们的课题与生物有着密不可分的关系,因此我们试图寻求生物老师的帮助,但可惜的是,生物老师不在,于是只得改变计划。经过商量,我们兵分两路,王晓良、吴博宇、朱杰去找化学徐老师,而金栋、韩建纬则到体育室找毛老师。

徐老师非常热心,对我们的课题提了不少宝贵的建议,同时还向我们承诺,要用什么化学试剂她都可以提供,遇到困难也可以找她。这对我们来说也是个不小的鼓舞。体育室毛老师对草地的了解不多,但他十分支持我们的课题,还建议我们到管理学校绿地的李老师那儿了解详细情况。李老师热心地介绍了目前学校草坪的情况,还借给我们许多关于这方面的杂志,并建议我们到浦东去买实验用的草籽。

接着,我们定下了下一步的行动计划,好的开端就是成功的一半,我们会尽自己最大的努力做好它!

在得到老师的帮助后,我们在 1 月 28 日晚上最后确定实验方案。我们认为确定计划非常重要,这会使得我们在以后实验中能够明确实验的目的,也会使下一步的工作非常清楚,提高课题研究的连续性。

1 月 29 日 星期五 晴

对许多学生们而言,今天是休息日,但一大早,我们一行五人满怀希望地踏上了"征程"。乘大桥一线公交车到第三印染厂,再转乘 83 路公交车,经过一路的颠簸我们终于到达了目的地。一个人不可能事事都顺心,我们找到好几家花店,却都不经营草籽,我们一次又一次地满怀希望而去可每次都失望而归,一个上午,我们累得腰酸背痛,却没有一点收获,正在我们迷茫之际,一位花店店主告诉我们东方路的花鸟市场也许会有,这可真是柳暗花明又一村!我们匆匆吃完午饭,也顾不得旅途劳累直奔东方路花鸟市场。这儿的规模颇大,使我们重新点燃了希望之火,可一圈兜下来,结果又是令我们沮丧之至!

下午三点,我们拖着疲惫的身躯回来了。今天一天是彻底失败的,这是我们始料未及的,但我们很清楚,失败、挫折是不可避免的,我们不会气馁、灰心,我们继续寻求新的解决办法。

1月30日　星期六　晴

今天,我们重新抖擞精神来到文庙花鸟市场,但是我们依然未能得到幸运女神的垂青,我们再度乘兴而去,败兴而归。经历了一连串的挫折之后,我们意识到了失败的症结所在:没有请教他人,自己瞎打瞎撞。

下午,我们回到大同中学找到了管理草地的园丁,从他的口中,我们得知学校草坪草籽的供应商——上海绿亚景观工程有限公司。公司远在虹桥,但我们还是决心走一遭。

草籽终于有了着落,这使我们着实踏实了不少,接着韩建玮去文庙花鸟市场买了实验用的肥料——尿素、草木灰(主要成分是 K_2CO_3)、磷酸二氢钾以及饼肥(富含微量元素)。同时,为了满足实验需要,我们又向徐老师要来了磷酸二氢钙,如今我们已经得到了实验所需的所有肥料,进展不可谓不大。

万事俱备,只欠东风!

2月1日　星期一　晴

昨天是星期天,公司不营业,所以我们今天才去。

由于学校的园丁不是本地人,而我们又没有听清楚,把路名听错了,结果下车后发现错了,再去问交警总算把地址搞清了,大概是好事多磨吧,又换乘了两辆车,到达了目的地。

这家公司的规模可真不小,经营的大多是大面积的草坪,比如高尔夫球场地。我们到了九楼找到了负责草籽的经理,一开始,他对我们的请求不以为然,甚至有点嗤之以鼻,但当我们耐心地把课题研究的计划介绍给他时,他对此产生了浓厚的兴趣,给了我们他的名片,还指导我们应当如何种植,介绍沙土比例为多少,何时撒种,等等,使我们获益非浅。最终,我们拿到了实验所需的黑麦草的草籽,而且是免费的!

一天的努力没有白费,我们都十分高兴,如今,一切准备就绪,明天就可以正式开始了!

2月3日　星期三　晴

为了使实验的效果更好,我们买了十几只盆子,又挖来了泥土与沙子,我们还在盆子下挖了个洞以增加透气性、渗水性,我们将沙子与土以 7∶3 的比例混合再装盆,鉴于我们经验不足,为了防止意外,除了十盆编号之外,还另外选了几盆作为"替补",以保万无一失。但是,一开始浇水,由于对土的性质不够了解,水浇得过多,给我们造成了一定的麻烦,但这也为我们今后的实验提供了宝贵经验。

2月14日 星期日 晴

草终于发芽了,我们的课题研究得到了重大的进展,现在我们可以松一口气了。

3月11日 星期四 晴

由于考虑到土壤的酸碱性对于植物的生长起着相当重要的作用,所以今天我们开始了这方面的实验。我们在编号为8、9的两盆草内(都是 N、P、K 微量元素具备)分别加入适量醋酸和碳酸氢钠,并开始观察。

3月18日 星期四 阴

加入醋酸和碳酸氢钠已有一星期了,影响是显著的。以下是加入酸、碱后植物(草)的生长状况与之前的比较:

盆8:未加酸前:生长正常,植株较高,茎较粗,草色深绿,美观。

加入醋酸(CH_3COOH)后:草发黄,且茎缺乏结实性、韧性,有明显倒伏现象,大部分已死亡。

盆9:未加碱前:生长正常,植株较高,茎较粗,草呈深绿色,分布均匀,较美观。

加入 $NaHCO_3$ 后:草微黄,茎结实性较差,倒伏现象严重,草相互贴连打结,大部分已死亡。

3月19日 星期五 晴

通过高二上半学期生物课程的学习,我们知道"生长素,化学名称吲哚乙酸,能明显地促进茎和胚芽鞘的伸长生长,对果实的生长也有促进作用。"(《生物》高二上 P67—P68)"生长素的浓度不同,对植物生长产生的效果也不同,一般在低浓度时可促进生长,中等浓度抑制生长,高浓度会使生物死亡"(《生物》高二上 P68)。怀着好奇,或者说是一种浓厚的兴趣,我们进行了实验[在盆7(N、P、K 微量元素具备)的草内加入少量生长素]。

3月26日 星期五 阴

诚如书中所写,生长素的作用是奇妙的。加入生长素后,盆7内的草茎变粗,且生长异常迅速。整盆草的密度很高,但草尖略有卷起现象。

3月29日 星期一 阴

今天,我们的实验工程已全部完成,面对这十位与我们朝夕相处的"草兄弟",面对眼前厚厚的一叠第一手材料及实验结果分析资料,我们颇有快慰之感。

学生课题指导教师在研究过程中对学生《课题研究形成性手册》进行抽查,并与学生进行交流,指导教师通过《指导记录》就形成了对学生的过程指导与评价。

2. 评价的方式

自我评价

学生课题研究的自我评价是通过《大同中学高中学生课题研究自评表》来完成的,包括学习态度与自我能力提高与发展的评价,其具体评价指标见《上海市大同中学研究型课程学生课题研究形成性手册》。

小组评定

小组评定,是课题研究小组成员对组内合作者的评定。

指导教师评定

是指导教师对课题研究小组成员研究过程与研究成果总结性的评价,包括口头评价与书面评语,评价的具体指标见《上海市大同中学研究型课程课题研究形成性手册》。

论文答辩与特长认定

由指导学生课题研究工作的指导小组,组织学生课题研究工作组教师对学生的研究成果进行评审,优秀的成果由学校组织论文答辩。对通过论文答辩确认优等的研究成果,组织专家进行特长认定。

3. 学分制认定

对学生进行课题研究的终结评价,由基本学分与奖励学分两部分构成。

凡参加课程学习,缺课课时不超过课程总课时1/4,学习态度较认真,并能完成课程教学基本要求的,按课程每周课时数值,以学年为单元,确定该课程学年学时学分值2学分。

凡在完成课程教学基本要求中,其成果有创新意识、创造能力强的,或成果虽不最突出,但在学习过程中,学习态度认真、积极、主动,实践能力强的学生,给予一定的奖励学分。根据获奖励学分学生的实际情况,以学年为单元,给予该课程学年学时学分分值的 50％、100％、100％以上三个层次的奖励学分。其最高层次的奖励学分上不封顶。

获奖励学分的学生覆盖面：在一般情况下，最多控制在全体学生数的20％—25％。

研究型课程评价的基本学分与奖励学分的认定要充分发挥学生的主体作用，组织学生积极参与，以学生交流互评、教师（或指导教师）共同评议形式进行。奖励学生的层次的分档也由学生与教师共同讨论，提出推荐名单，年级组与课程教研组协调决定。在学生互评与教师评议的基础上，基本学分由任课教师或指导教师负责认定，报送教研室审核，校务办公室对学习成绩册与学籍卡登记存档。奖励学分推荐名单决定后，由教师（指导教师）提出或组织学生提出书面推荐意见，报年级组或课程教研组协调初评，上报教研室或德育室认定，校务办公室对学习成绩册与学籍卡专项登记存档。其中奖励学分值超过课程学时学分 100％的，由教研室或德育室审核，上报校长室，学校组织专家进行特长认定，确定奖励学分值，颁发特长认定证书。最后由校务办公室登记存档。

五、大同研究型课程体系的探索过程

20 世纪 90 年代中期，上海启动二期课程教材改革，提出了构建基础型课程、拓展型课程、研究型课程为主干的学校课程体系，其中对研究型课程是这样定义的："研究型课程是学生运用研究性学习方式发现和提出问题、探究和解决问题，培养学生的创新精神、研究和实践能力、合作与发展意识的课程，是全体学生限定选择修习的课程"。这是《上海市中小学课程方案（试行稿）》对研究型课程的定义。作为上海教材改革的基地学校，我校在 1997 年开始进行研究型课程探索，那时我们还根本不知道研究型课程是怎么回事，学校交给教师的任务是探索一下原来只是学有余力的同学做的课题能不能扩展到让全体学生都来参与。于是，学校成立了一个以青年教师为主的课题组，以"学生课题研究"这个项目开始了我们的研究型课程探索之路。

我们对这个项目是这样设计的：计划用一个学年的时间，让学生组建课题研究小组，经历和体验确立课题、设计研究方案、开展社会调查（文献研究、实验研究）、撰写论文、论文答辩的研究过程。根据学生研究活动的推进过程，我们安排了各种专题辅导讲座,如:如何确立课题,怎样开展资料的收集、筛选和分析,怎样进行数据分析,怎样开展社会调查,怎样开展实验研究,怎样撰写论文报告等。

经过一年的实践,使我们惊喜的是,学生们真的做出了像模像样的研究论文,即便是那些在基础型课程课堂里表现不突出的学生也发挥得非常出色。然而,在这一年里,我们也发现了很多问题,其中最大的问题是学生没问题,或者说提不出真正有价值的问题。通过分析,我们认为这可能与学生在知识学习过程中、在参与社会生活的过程中缺乏问题意识有关。我们觉得有必要建构一种课程,与社会生产、生活的实际结合,让学生在背景知识的学习过程中着重培养问题意识,并能学会判断问题的研究价值。因为生产、生活的实际问题往往是不分学科的,所以,就诞生了我们在高一年级开设的综合课程——包括文科综合和理科综合科目,每个科目下面各设置四个模块。我们给综合课程这样定位:不是讲知识的课程,重要的是在知识的建构中生成问题(课题),如:"人口与环境"模块,我们让学生开展老城厢外来人口调查,让学生在与外来务工人员的接触中感受他们的生存境遇,在对其日常生活的记录中观察他们带给上海的发展或者影响等,问题(课题)就自然而然地引导出来了。事实证明,这样的做法,使学生的问题意识大大增强,甚至也影响了他们在基础型课程学习中生成问题的能力。

当然,学生的课题研究报告,并不都是完美的"杰作"。作为一种课程学习任务,在完成作业的过程中,重要的不是他是否掌握了正确的知识,而是他是否意识到他思维方式的局限。我们觉得完成一项研究后,学生应当对学到的知识和学习知识的方法进行反思,才能真正建构起自己的学习方式。因此,我们又在课题研究之后,引入了一门课程,即"知识论"。"知识论"课程不是教学生学习知识,而是引导学生对学过的知识和学习知识的方法进行批判性反思的课程。

这样,从一个项目发展到一门课程,再发展到一组课程,最后形成一个有目标、有结构、有内容、有实施要求、有管理和评价细则的课程体系。这个研究课程体系(群)以问题研究为中心,其总体目标是通过问题解决培养学生的创造性思维能力。总体目标下还有分阶段目标:高一着重于培养发现问题、提出问题、判断问题研究价值的能力,高二着重于培养解决问题的能力,高三着重于培养批判性反思的能力,最后指向思维模式的创新。

六、大同研究型课程的建设成效

(一) 研究为学生的主动、差异发展提供了有效载体

首先,研究型课程的开发和实施,调动了学生自主学习的积极性,改变了学生的学习方式。学生们这样看待研究型课程的学习:"以前的必修课或兴趣小组的活动课都是注重知识的传授,教师讲什么,我们就听什么。我们是被动的,并没有完全参与,只是一个普普通通的听众。而研究性学习却不同,老师让我们自主提问、自主思考、自主判断问题的价值。于是学习模式变为我们自主地去学,增强了我们学习的主动性,也提高了我们的学习兴趣和效率。"我们发现学生们的学习观念悄悄发生了转变。很多学生认为研究型课程不仅内容、形式新颖,而且大量的社会实践活动让他们真正体会到了学习的乐趣,在不知不觉中掌握了知识。有的学生还认为在课堂学习中,每个人都有自己思考问题的角度和对问题的看法,通过课堂交流,别人的看法都能给自己一些帮助和启发。学生们各种意见的交流让我们更加全面深刻地认识问题的本质。在问卷调查中,学生们认为:

这些课程虽然几乎占据了我们所有的课余时间,但我们结伴上网,去图书馆,去请教老师,收获颇丰,学到了许多课内无法学到的知识。

在这些课程的学习过程中,每个学生都可以提出自己的想法,由于没有框定的答案,即便是学习成绩不好的学生都乐于发表自己的意见,从而培养了我们积极探索的创新精神,逐渐确定了学生在课堂中的主体地位,能更好地落实素质教育。

其次,研究型课程的开发和实施,培养了学生发现、提出问题的能力。研究型课程的实施改变了以教师为中心的知识传授的课堂教学模式,鼓励学生走进社会实践的大课堂,于是学生感受到"使向来习惯于向老师要答案的我们渐渐学会留意身边小事,从生活中发现问题,自己收集和整理资料解决问题"。有同学在学习研究型课程的过程中,深切体会到"发现问题并不是一件非常容易的事情,它不是靠你凭空想象,而是建立在大量客观存在的事实基础上;它也不是那么容易察觉的,很多时候,它隐藏在事物的表面现象之后。只有抓住问题的

关键,并把它表达出来,这才算是有价值的问题"。通过研究型课程的学习,学生们从不敢提问、不会提问到自主提问、敢于提问、善于提问。学生们上必修课时不大会寻找问题,有时甚至有问题也提不出,而上了研究型课程,学生们不仅能够提出问题,而且能提出较有价值的问题,不仅可以在深刻思考社会现象的利、弊后提出问题,而且提出问题的数量和质量明显提高了,甚至可以针对某个细节方面的矛盾进行质疑。学生们认为:"在学习过程中,我们学会了更细致地去了解一个事物,也学会了更全面地去认识一个现象,这让我们在今后的学习中也能及时发现一些漏洞,及时修补,更自主地学习。"通过研究型课程的学习,学生们提出了大量与社会生产、生活密切联系的课题,如《解决新型建筑光污染的建议与探讨》《学校草坪为何不绿》《大同中学校园尘埃的分布及对策》《交叉路口管理的分析及建议》等。

再次,研究型课程的开发和实施,培养了学生搜集、分析信息的意识和能力。问题的提出和解决,离不开对信息的搜集和分析。传统的教学模式,注重对书本知识的学习,造成了学生习惯于在教科书中寻找信息、寻找问题的答案,信息搜集与分析的意识与能力相对较弱。研究型课程的学习,将学生置于一个开放的学习环境中,信息搜集与分析的意识与能力得以强化。通过研究型课程的学习,学生们不仅拓宽了信息搜集的途径,也拓宽了信息搜集的方法。

"我们不仅学会了从报刊和图书馆内的藏书中寻找资料,还主动地请教相关国家机关及有关专家教授。"

"我们不仅搜集和分析有关的文字资料,还学会运用调查资料解决我们提出的问题。"

高二(5)班的杨英华同学在完成课题《香港基本法和澳门基本法的比较》后这样写道:"除了在信息筛选上下功夫,我还注意了信息的准确性和权威性。我在找参考文献时,尽量多地从专业论著中选材。尤其值得一提的是,在分析有关驻军的规定时,我找到了《导论》,可同时发现了1990年和1997年两个版本。为了资料的准确性,我将两个版本进行了比较,发现再版时未做原则性修改,我参考了中国工程院部分院士的论文格式对自己的资料进行了分类整理。"

更为难能可贵的是,学生们能够利用现代化信息技术手段来进行资料的搜集。高二(7)班藤进同学搜集网上的外文资料,完成了课题《论五大湖水位下降与厄尔尼诺、拉尼娜现象的关系》。1998届高三(7)班余乐同学利用互联网技术进行网上调查,完成了课题《中外学生学习的比较》。

最后,研究型课程的开发与实践,培养了学生的创新精神和实践能力,同学们解决问题的能力得到了提高。研究型课程的学习,为学生的个性特长发展和展现提供了一个广阔的舞台,极大地开发了学生的潜能,促使他们运用所学知识解决实际问题,冲破前人藩篱,大胆创新实践。

2001届高三(7)班刘喆同学在研究学习活动中认为,数学绝不仅仅是思维的体操,更不应该是应试教育中拿分数的筹码。利用数学来创造财富,推动社会进步才是正道。创新精神和创造能力离学生并不遥远,只要我们关心周围的生活,去发现问题,并尝试用自己的知识去解决,就有可能做到"双创"。因此他在乘车时,留心交叉路口堵车的现象,利用所学的数学知识,设计了红绿灯时间控制方案。写成论文《交叉路口管理的分析及建议》,获得了"英特尔杯"科技论坛二等奖。高三年级罗毅、陈鸣、施瑛瑛三位学生,从1999年5月开始,提出以基因技术为理论的"造龙"设想,经过一年多时间的研究、探讨,在生物组张力老师的指导下,完成论文《从转基因技术谈合成"龙"的可能性》,并在英特尔上海中学生科学论坛上,向中科院、上海农学院、华东师范大学等高校和科研机构的专家和教授宣读此论文。专家们认为这个创意极富有前瞻性。

总体而言,研究型课程体系的建构和研究型学习的开展,为学生思维的开阔、能力的培养提供了更好的平台,学生的综合素质得到有效培养,指向新世纪的新型人才培养在大同中学从理想变为现实。

1998届学生韩建玮等同学完成课题《学校草坪为何不绿》后这样写道:

我们收获的不仅是一等奖

今年夏天,在1998年度的研究性课题论文的评比中,我们的课题顺利地通过了答辩,获得了一等奖,但是我们的收获不只是一等奖,课题研究给予我们很多启示,并发展了我们的多种能力。

出于对如何使学校草坪的草保持常绿、长得更茂盛的想法,我们几个同学组成了一个课题研究小组,在研究过程中,我们遇到了不少困难,如两次买草籽空手而归,缺少种草的经验,草籽发芽过程中受到外来因素干扰,导致实验失败等。也正是这些困难,促使我们努力地寻求解决方案,向生物、化学老师以及经验丰富的园丁伯伯请教课本上没有的知识。

通过对这一课题的研究,增加了我们的社会活动能力(例如:"远赴"虹桥购买草籽),培养了我们的实践能力,使我们能够真正地将所学知识融于实践[例如:在各类元素对于植物(草)影响的分析中,我们运用了高二生物课堂中所学到的相关知识;对植物(草)在酸碱环境中不同特性的分析中,我们又运用了相关的化学知识]。由于初次试验,所出现的困难还是不少,就促使我们去学习,求教新知识(例如:我们从一些相关杂志中学习了几套科学分析的方法,向老师求教了种植、施肥的方法)。虽然如此,我们的课题还存在不足,不少老师也向我们提出了宝贵的意见(例如:盆栽与大地栽培有否区别? 室内与室外环境有否区别? 等等)。这些意见为我们指出了进一步深入研究的方向,使我们的课题得到了延伸……

求知、质疑、探索过程培养了我们的思维能力,不断丰富和扩大自己的视野。我们运用一些工具、药品等进行了一些小试验,认真地进行观察,初步得出了一些结论,已能较正确地解释实际现象。通过实践和观察,我们不仅得到了感性知识,而且对环境科学也有了更深层次的了解,同时,在课题研究中,我们进一步懂得了如何理论联系实际,在日常生活中,会观察到大量的环境现象,解决许多有待解决的较简单的问题,从而逐步加深对知识的理解。我们通过课题研究也更深刻地了解了环境的重要性。今后,我们还要利用课外时间积极参加各类课题研究活动,为学校、为社会尽一份微薄之力。最后我们也希望这篇小报告能对校园环境的建设有些帮助。

（二）研究为教师的自觉、持续成长搭建了有效平台

一方面,研究型课程的开发与实践,促进了教师观念的转变与能力的提高。研究型课程的学习对教师的教学观念产生了极大的冲击,促使教师从"师为学高"的自负中解脱出来,真正体会到"学高为师"的真正含义,使教师的教真正为学生的发展服务。徐萍老师在指导学生做课题时说,"我只是学生的引导者、咨询者和资料提供者"。这句话,正是广大教师的认识。研究型课程的开发和实施,在一定程度上推动了教师在基础型课程教学方式上的转变,教授型教师转向而成研究型教师,改变了"满堂灌"式的教学习惯。教师主导型课堂学习方式转向学生主体型学习方式。教师的课堂教学更加重视学生主体的作用,更加重视营造民主、平等、和谐的课堂学习氛围。研究型课程的开发和实践促使学科

教学纷纷实践基础型课程研究性学习的方式,极大地促进了基础型课程教学的改革。

周树发老师在执教"知识论"课程时这样认为:

通过四年的教学实践,我越来越喜欢这门课了,这是因为:它独特的教学内容吸引了我。它的教学内容既有数学、自然科学,又有人文科学、历史,还有道德判断、审美判断、价值判断、逻辑等,可以说是包罗万象。它独特的课程论思想吸引了我。我们现行的课程过分地强调学科各自的知识体系。而"知识论"课程打破了学科界限,揭示各门学科之间的区别与联系,置"过程学习"于"内容学习"之上。它独特的教学思想吸引了我。它没有固定的教材,也没有固定的教学模式,强调以学生讨论、活动为主,力求增强学生的独立思考能力和继续学习的能力,这正是素质教育所追求的。它所具有的挑战性深深吸引了我。它要求教师从传统的教学模式中挣脱出来,勤于学习、勤于思考,富有探索精神,具有创新意识。

另一方面,研究型课程的开发与实践,促进了教师自身素质的提高,培养了学校的师资队伍。研究型课程的开发与实践,是基于学校平台的课程开发与实践。"综合课程"的开发与实践、"知识论"课程的开发与实践,没有现成的纲本和模式参照,学生课题研究内容涉及面广泛,参与研究课题的学生人数巨大,因此学校积极利用校本课程对教师进行培训。目前担任"综合课程""知识论"课程和学生课题研究的指导教师已经超过学校教师的半数。在一种开放的环境下进行研究性的学习活动,教师在学生面前并非无所不能。这就促使教师也主动地学习,以不断扩大知识面,不断提高学习能力。

不仅如此,研究型课程的开发与实践,为学校的发展,特别是原有课改基础上的再发展积累了经验。研究型课程的开发与实践是学校课程开发的有益而有成效的实践。大同中学一贯重视通过教改来促进学校的发展。研究型课程正是在原有三个板块的课程结构改革基础上形成的一种培养学生创新精神与实践能力的新课程体系。这种课程体系与德育工作、学分制评价与管理制度已经形成学校的重要特色。这就为学校在新世纪的发展奠定了基础。2001 年 5 月,学校召开新世纪学校课程建设国际研讨会,杨明华校长代表学校做"迎接世纪挑战,培育时代新人"的报告,获得与会各国中学校长的赞赏,这一报告的精髓就是研究型课程开发与实践的基本经验。

第三节　CIE 课程群建设：跨学科课程的统整实验

　　跨学科，亦译为"交叉学科"，最早出现于 20 世纪 20 年代中期西文文献中，指的是超越一个单一的学科边界而进行的涉及两个或两个以上学科的知识创造与传播活动。[①] 跨学科的理念进入学校教育领域之后，人们普遍认识到，通过跨学科的课程建设能够打破传统的育人过程中的学科孤立现象，更有利于学生综合素养的培育。因此，跨学科的课程建设自 20 世纪末以来逐渐受到重视。跨学科课程是指由一些有着内在联系的不同学科合并或融合而成的新课程。引入跨学科课程，可以完善课程结构与教育过程，有利于实现育人目标。

　　相比传统的学科独立的课程，跨学科课程具有四个方面的显著特征：其一，综合性特征。即跨学科课程要超越学科界限，实现多学科融合，要打破智育德育分离，实现教书育人有机统一，要实现学校、社会、家庭等各种资源跨界整合，要追求知识、能力、思维和态度的全面综合协调成长。其二，活动性特征。即跨学科课程要在真实生活的主题驱动下，通过一系列有意义的活动和分工协作来完成探究过程。其三，生成性特征。跨学科课程在复杂主题的驱动下，学习是学生个体或集体的自主探究过程，是一个不断生成问题、解决问题的过程。课程的生成性，是形成实践创新能力的前提。其四，开放性特征。跨学科课程倡导主题的多样性和个性化，主张主题选择、探究活动、参与人员、研究方法、资源开发的开放。[②] 从跨学科课程的理念与特征出发，大同中学基于对学校原有课程建设的系统性反思和对新世纪人才培养的校本性定位，明确提出课程整合的概念，希望通过课程的统整进一步建构适宜于创新人才培养的校本课程体系。CIE 校本课程群的建设就是代表性的成果。

一、CIE 课程的基本理念

　　"CIE"是英文 creativity（创造能力）、innovation（创新意识）和

---

① 周波.跨学科学习领域课程的建设[J].基础教育课程，2018(11)：14 - 19.
② 王菲菲，陈爱武.跨学科课程及其实践探索[J].教育与教学研究，2012(9)：121 - 124.

entrepreneurship(创业精神)的首字母缩写。创造（creative）——"创造模块"，强调从无到有，培养学生的创造性思维，发明具有社会价值的新型物品；创新（innovation）——"创新模块"，强调学生的迁移、想象能力，在前人的基础上进行更新、迁移和改造；创业（entrepreneurship）——"创业模块"，重视学生实业精神的培育，将学生的创意实用化、产品化和产业化。

作为一种独立形态的课程，该课程是以挖掘学生潜在创新意识、培育学生创新素养为目标，以学生自主开发并参与的项目为驱动的超学科统整课程。不以学科为限，基于项目驱动、主题辐射，将学生已有的知识、经验扩大到学生的生活世界、兴趣和需求，设计项目让学生进行探索。传统课程一般以知识为发展主线，讲求知识结构的连贯和严密，我们称之为"储备型知识学习"。但超学科统整的课程，往往是先有想法（需求），再寻求解法（知识），我们称之为"需求型知识学习"。

CIE 作为大同中学所有学生必须学习的核心课程，意味着大同中学的所有学生都要经历创意、创造、创业的体验。

对那些对某一领域有强烈兴趣、创新潜能和发展需求的学生来说，CIE 课程是为他们量身打造的特需课程，其目的指向培养学生的研究能力，打造具备某个专业领域学术能力的拔尖人才。

二、CIE 课程的基本特点

CIE 课程体现了以下特点：

一是课程提供给学生从创意到创造再到创业的完整经历与体验。这个课程的学习活动共有三个大的环节，可以把它比喻为学生将在课程学习之旅中走进三个房间，我们称之为"创意之屋""创造之屋"和"创业之屋"。在"创意之屋"，我们希望创造一个适于学生创新的学习环境，让学生经历不同的头脑风暴，尝试一些创新的工具和方法，形成一些创意的概念或想法。在"创造之屋"，学生会通过小组团队的活动将上一环节灵光闪过的想法表达出来。在"创业之屋"，学生将进行项目的设计并学习如何把它们的"产品"进行展示和推销。

二是以生活中的真实问题为开展学习的载体。这类课程，看上去都有点像大学的专业课程，在实际操作上，却是同学们生活中经常遇到的问题或事件。正如美国教育家杜威提出的"教育即生活"，我们也认为以生活中真实的事件作为载体,建立学科知识学习与现实生活问题解决之间的桥梁,对学生创造性解决现实问题能力的培养非常重要。所以,这些课程项目的学习都以学生生活中面对的真实问题或事件为载体,它首先是学生感兴趣的项目,由志趣相投的学生组成团队研究,学生的学习进程也是在教师指导下由学生自主设计的。

三是学习方式的从"用以致学"到"学以致用"。我们设计这样的课程,不是为了让学生学习某一方面的专业知识,尽管学生在他的未来大学生活中也许会选择这类专业深入学习或研究。正如前面所提到的,我们所做的是希望学生能在传统的学科学习之外,有一个从创意到创造再到创业的经历或体验。所以,学生选择这样的课程并不一定具备或储备某一方面的专业知识。在项目的开展过程中,当碰到问题解决所需要的某一方面专业知识或专业工具时,任务会驱动学生去学习这方面的知识。这种先有想法(需求),再寻求解法(知识),按取按需学习的方式,我们称之为"需求型知识学习"。比如,"定格动画"这门科目,涉及编写剧本的技巧、折纸、雕塑的技能,也涉及拍摄的技术、计算机处理的能力等。学生不可能已经具备了这些知识,但是只要有使用,必然会驱动学生去学习。

四是强调课程的统整性。在我们的高中课程体系中,最基本的课程是以分科为主的,学生要学习包括语文、数学等在内的十门基础型学科。即使是科学,我们也分为物理、化学和生命科学等。这样的分科学习固然有它的优势,然而,我们也意识到,随着科学技术和社会经济的发展,人们在社会生活中面临愈来愈多的综合性、多重性的复杂问题,学生在生活中面对的问题也是不分学科的,所以,我们设计的课程是将多门学科统整在一起的。如"建筑营造"课程,就可能涉及力学、结构学、材料学、美学、数学、经济学等多学科知识。我们认为跨学科的课程设计,可以将学生相关的知识经验组织在一起,让学生在学习的过程中,学到知识的意义,达到更佳的学习效果,且更容易将所学应用在日常生活中,从而更适应社会生活。

三、CIE 课程统整的实施方式

在具体的 CIE 课程实践中,我们以挖掘学生的潜在创新意识、培育学生创新素养为目标,以学生自主开发并参与的项目为驱动,以"云"为课程、师资、教学资源的构成形态,跨越不同学科,跨越学科课程与非学科课程,开发形成了"CIE"创新素养培育课程,并围绕"建筑设计与营造""电子门铃制作""学生电视台运营""手机软件设计"等内容开展了课程试验活动。该课程的主要教学内容以工程类学科为核心,涉及生物、材料、信息、环境等各个方面,以具有现实意义可操作的生活实例为教学载体,具有明显的跨学科特征,以学生为主体的团队活动为主要教学形式,开展与社会实践相结合的专题或项目研究。该课程面向高一、高二全体学生,以项目为载体,根据每个项目的不同内容和要求,采用比较灵活的课时周期,一般每个项目为10—15个课时。

首先,我们为学生搭建"素养框架",以"专业知识""操作技能""交流能力"为素养框架的坐标轴,分别提炼出各个坐标上面的素养培育目标,如学会制定建筑设计方案、学会设计建筑图纸、掌握建筑施工的各项技能等。

然后,在"素养框架"上面"嫁接"必需的课程,如建筑方案设计中要涉及的建筑学和材料学知识,建筑图纸设计中要学习的平面作图和三维制作等。这些课程会随着"素养框架"的变化而发生变化,由此就形成了"课程云"(图4-3)。

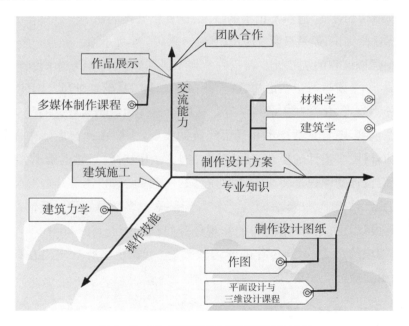

图4-3 CIE课程建筑与营造"课程云"图

有了课程,就需要有师资,我们采用"师资云"来解决校内师资不足的问题。CIE课程的核心研究小组由各个学科的骨干教师组成,他们是"师资云"的"云核",然后根据不同的项目需要吸纳项目师资。如:"电子门铃制作"由学校物理教师为"云核",吸纳了华东师范大学电子系的教授作为项目师资;"建筑设计与营造"的项目师资则是同济建筑系的大同校友。作为"云核"的核心团队,能够不断地从"师资云"中获取信息、知识和方法,不断地成长、优化,增强自身的研究能力和组织能力,并向外辐射,将自己的理念不断地灌输给连接到云上的师资,提高他们的创新培育能力。

与师资一样,课程的资源关系到课程实施的成败。作为一所普通高中,我们能够获取的资源还是比较有限的,建立长期的合作关系是一个途径,但是也存在一定的不足,比如合作面相对狭窄、合作度不够严密等。于是,我们提出了"资源云"的思路,学校作为"资源云"的桥梁,寻找适合的资源、提炼有用资源,将这些资源根据需要整合在一起,为我所用。目前,我们已经积聚的高校资源包括上海交通大学、华东师范大学(电子系)、同济大学、复旦大学。"建筑设计与营造"项目帮助我们开辟了校友资源,"微软工程师"项目帮助我们连接上了上海市青少年活动中心,"中日联合研究项目"让我们在国际友好学校方面找到了新的活水源泉。此外,我们还提倡学生自主寻找资源,学会"寻源",提高自己解决问题的能力,实现"授人以渔"的目标。

四、CIE 课程的实施

作为创新素养培育项目的核心内容,CIE 课程的开发和实践过程中处处体现面向全体学生的甄别、选拔与培养。

(一) 学生的招募与遴选

每次 CIE 课程实施之前,我们都会进行面向全体学生的招募活动,向学生宣传本期活动的内容和适合人群。有意向的学生可以向项目组递交申请表,然后参加 16PF 的创新因子测试,并结合项目组面试结果来确定是否能够参加该项活动。

(二) 课程的设计和实施

我们以寻找真实的项目为导引进行课程设计,让学生从项目需求出发重新整理自己的知识结构。CIE 第二季的"我为电子狂"要求学生设计个性化的门铃;"我的电视台我做主"则让学生自己组建一个学生电视台,并编制一期校园新闻。CIE 第三季的"我建我家"题材来自于同济大学的建筑节,作为选拔参赛选手的前奏,我们在学校里"克隆"一次建筑节的主题(纸板房建造);"营销达人"则让学生成立房屋营销团队,销售建筑节建造的纸板房。

为了更突出项目的真实性,我们提高了活动的"仿真度"。学生电视台实地采访了区劳技中心,真人、真事的优秀作品真的播出了;纸板房也真材实料地搭建了起来,学生们摸爬滚打地造房子;营销团队不仅要面对真实的房子模型,还要将这个模型放到真实的城市里去,考虑真实的周边环境,并面向真实的"客户"(外校听课老师)来推销自己的"房产"。

(三)学生的管理和评价

在 CIE 课程的实施过程中,我们注意记录学生的学力因素和非学力因素,过程性、全面化地评估学生的创新能力;注意记录活动前后的学生表现,关注学生对活动的反馈;关注样本学生,为特长学生遴选提供资料。评价的内容包括:

1. 项目理解力

2. 自律能力

3. 合作能力

4. 交流能力

5. 动手实践能力

6. 语言表达能力

7. 学术能力

五、CIE 课程诞生记

"CIE"这个词语的产生来自我与丹麦一位校长在一次晚宴上的交流。汤姆·霍道先生是丹麦奥迪斯兰德斯学校的校长,是丹麦的教学流程研究专家。他告诉我,丹麦在历史上是欧洲一个资源缺乏、国力较弱的国家,正是靠着不断地创新让这个国家成为欧洲非常富裕的国家。对如何培养学生的创新能力成了我们讨论的话题。他介绍了他们学校在学科教学中经常采用的一种培养学生创新能力的教学方法:首先创造一个适合于创新的学习环境,让学生经历不同的头脑风暴,尝试一些创新的工具和方法,形成一些创意的想法;然后通过小组活动将这些灵光闪过的想法设计出来;再指导学生进行项目的设计并学会使用工具,把他们的"产品"进行展示和推销。听过他的介绍后,我把我长久思考的一个问题和他进行了沟通:我是不是可以这样认为,一个创新成果的产生必定要经历这样的过程——要有"金点子",即要有创造的灵感;要有动手能力,把"金点子"付诸行动创造出来;最后,要使创造出来的东西为大众所接受。他非常同意我的观点,并形象地概括说:要培养学生的创新能力,必须让学生走到三个房间内,即创意之屋、创造之屋与创业之屋。

这引起了我极大的兴趣,我询问他能不能在我校开展一次教学实践,让我们的老师来观摩一下,他说给他三天时间可以尝试一下。最后我们"讨价还价",让他设计了一个一天的活动方案。这就是我们学校在 2010 年 11 月份开展的"创新体验日"活动。

创新体验活动以丹麦教师讲述"丑小鸭"的故事为开端,指出创新并不如我们想象得那般困难,每一个个体天生都具有创新的意识和能力,丑小鸭之所以能变为天鹅是因为蛋本身就是一只天鹅蛋。然后由教师拉出一条横线,其中一端为 0,另一端为 100,学生依据自身对于创新的了解程度进行站位,从而以具象化的形式了解学生当前对于创新的了解情况。接着让每一名学生以卡通人物或偶像等角色为自己制作新的身份名牌,从而转换学生的角色,突破其身份障碍,帮助学生发散思维,展开联想。25 名学生在丹麦教师的指导下按照鞋的款式是否相同或者鼻子的形状是否相似等诙谐轻松的识别标志,进行随机分组,形成 5 支 5 人团队。乐高玩具是丹麦颇具地方特色的玩具,教师要求学生们在 2 分 30 秒内用 7 块乐高玩具拼成一只鸭子,从而让同学们意识到目的是相同的,但不同个体的结果却是丰富多样的。采用学生独立思考和小组讨论的形式,初次让学生思考究竟什么是创造。教师强调创造其实十分简单,有时出现错误或是做一些他人未做之事也是创造。接着,教师以"设计一部节约能源的手机"为问题,引导同学不断思考,不断挖掘自身创造的潜能,构思那一部独具特色的个性化手机。教师通过多种方法引发学生的创意灵感。如:出示不同情境的照片,如家庭、船只、牛等,让学生们借助照片提供的具体情景,从而产生灵感,并将照片中的某一属性迁移运用至当前所讨论的手机问题;出示写着代表不同职业角色单词的卡片,让学生们能够站在其他职业角色的立场上去思考手机的功能及其市场前景,帮助学生换位思考,完善对于手机的开发和设计;学生依据出示的照片及角色卡片,独立思考,形成心中那部能够节约能源的手机腹案,并将其写下,说明其构造、作用和功能等;小组内传阅组员各自的新鲜想法,以小组讨论的形式,最终从小组 5 个方案中,角逐出一个最为团队所接受,也是最具创意的方案。在归纳、汇总其他四个小组对本组的建议后,要求本组列出本方案的 3 大优势和 3 大挑战,从而帮助各小组明确各自方案的优势和待解决的问题。研究自己方案所需的各种资源和条件,并根据远近、重要程度,在网状关系图上列出能够促使本组方案实现的人脉资源。根据信息的收集与整理,在完善本组的方案后,将本组所设计的节能手机描绘在图纸上,并凸显其功能和特点,构思本组节能手机的宣传标语和 logo,待设计方案明确后,规划今后三个月的生产和推广计划,明确每个阶段的具体操作和要求。教师团队设定了这样一个情境:假如你在电梯内遇见了诺基亚的总裁,你如何在电梯从 1 楼升到 35 楼的短暂时间内,表达本组的创意想法并最终打动总裁。小组在这一环节中选派一位组员现场模拟电梯营销情节,要求在一分半的时间内陈述本组手机设计的亮点和创意。在营销环节后,每一位成员在纸上写下对于其他四组方案的意见和建议,并最终将这些想法反馈到各小组以供参考借鉴。最后再次拉出横线,学生依据活动后自身对于创新的了解重新进行站位,从而了解活动后同学们对于创新的认识程度,为本次活动画上一个圆满的句号。

"创新体验日"活动中,我们欣喜地发现学生们的潜能得到了开发,他们充分地享受到了创造的快乐和成就。通过一天的活动,我们教师也感受到:来源于真实问题的课题让学生能够浸入式地参与研究,甚至于学生的作品还有机会成为真实公司认可的方案,这极大地提升学生的成就感,激发学生参与学习的兴趣。这样的课程学习模式可以让学生学会项目管理、学会寻找知识、学会寻找帮助,而不是单纯地记忆知识,变储备型学习为需求型学习,提高学习和应用之间的转化率。课程强调团队合作,让学生学会交流沟通的技巧,真正适应社会化生产的分工协作模式,能帮助学生更好地融入社会。

于是,我们发动大家讨论我们可不可以开发这样的课程。虽然大多数教师都承认这样的课程和课程教学模式非常令人兴奋,但真要开发这样一门课程,教师也担心这些问题:作为一门课程,课程的目标该如何定位?课程的内容该如何安排?怎么来提高学生的学习兴趣?学生没有相关的知识储备怎么办?教师的知识储备不能解答学生的问题怎么办?

我觉得,要开发这样的课程,首先应该改变教师的课程教学理念。如果教学理念不改变,虽然是新瓶,装的也只能是旧酒。于是,我把我思考已久的几个观点和大家进行了交流:首先我对这门课程的定位是培养有兴趣的学生,而不只是培养学生兴趣;其次,这门课程不以学习知识为主要目标,老师是来上课,不是来讲授知识的;再次,学生知识与技能的获得是在课程学习过程中通过项目驱动来建构的,是在创造过程中习得的;教师的知识是有限的,教师回答不出学生的问题不可耻,关键是教师要知道可以通过什么途径去帮助学生解决问题。我的这些观点得到了老师们的认可,下面的关键是如何通过行动让这门课程成型并得以实施。

副校长(当时是校长助理)王菲老师是计算机专业的硕士研究生,她想到了计算机研究领域里的"云计算"概念。所谓"云计算",就是将大量用网络连接的计算资源统一管理和调度,构成一个计算资源池向用户提供按需服务。提供资源的网络被称为"云"。"云"中的资源在使用者看来是可以无限扩展的,并且可以随时获取,按需使用,随时扩展。"云计算"的概念让我们眼前一亮,这和我们心目中的CIE课程真的非常相似:按需服务,随时扩展。我们的CIE课程也应该随"心"而动,而这个"心"就是学生的创新素养发展的需求。于是,我们以挖掘学生的潜在创新意识、培育学生的创新素养为目标,以学生自主开发并参与的项目为驱动,以"云"为课程、师资、教学资源的构成形态,组合而形成了CIE创新素养培育课程,并围绕"建筑设计与营造""电子门铃制作""学生电视台运营""手机软件设计"等内容开展了课程实验活动。

实验中,从CIE课程走出了一批特长学生,他们先后在上海市,乃至全国的科技大赛中斩获大奖。更令人欣喜的是,CIE课程日益成为学校的明星课程,每年的招募会都会吸引大批学生前来报名,可见创新发展已经成为大同学子的发展需求。这也激励着我们将创新素养培育项目的实践研究推向纵深,向着更加系统、规范、创新的方向发展,尝试形成基础型课程、拓展型体验活动、研究型创新培育和社会化评价机制的链式结构,让每个学生都能够在高中阶段找到自己的特长,养成创造性思维的习惯。

我们将CIE理念渗透进基础型课程的课堂教学。CIE课程的实施不仅提供了一种全新的课程,还引入了一种不同于传统的教与学的方法,我们将这种教与学的方法引入基础课程的课堂,促进学科课堂教学的变革,实现接受性学习向接受性、研究性学习并重的变化,单纯的知识讲授向生活建构融入教学情景的变化,简单的课堂操练向学生主动探究的变化,最终让基础课程的课堂学习从单纯的学习知识的过程转变成为创新能力培养的过程。

第四节　生涯导航课程：指向学生生涯发展的项目学习

教育是促进人的生存和发展、提升生命质量的活动，近年来，在对教育本质和目标的追问之中，人们越来越清晰地感觉到，教育的核心价值在于促进生命成长，在于实现人类幸福，由此，从教育与幸福的维度关照和推动教育变革成为教育内涵发展的新生动力。教育通过有目的、有计划和有组织的人类活动传递个体生存所必需的知识技能，培植并提升个体内在的生命品质，为每个受教育者提供负载人类终极关怀的有价值的教育，赋予学生终极关怀并塑造学生的终极价值，使他们成为有灵魂有追求的人，使他们生命的机能从压抑和束缚中解放出来，以严肃的态度对待自己的学习生活、人生价值、职业取向，即为学生终生的幸福负责，[1]这就是教育与幸福的内在逻辑关系，也是推动教育改革和发展的原始起点。

然而，值得注意的是，幸福既是现在的，也是未来的。[2] 未来属性是幸福的一个重要特点，这一方面意味着对于幸福的追求是驱动生命个体不断超越现实而走向未来的强大力量，另一方面也意味着教育对人类幸福的关怀不能仅仅聚焦于当下的生活，也应该着眼于未来的发展。正是从这个意义出发，生涯教育作为教育促进人类幸福的重要方式，开始成为教育改革与发展的重要关注点，成为教育研究的热点领域和教育实践的施力重心。

一、生涯导航课程的研发初衷

1971 年，美国联邦教育署长马兰博士正式提出了"生涯教育"的概念，将以往单一以知识技能和从事职业为中心的就业指导与个人的价值观和职业观教育联系在一起，将就业指导拓展为贯穿人一生的生涯指导。自此，学校教育如何针对性地开展学生生涯指导，就成了一个重要的研究领域。由于认知的局限，这一领域的研究最初主要流行于高等教育领域，盖因在人们的传统认知中，高等教育是

---

① 向晶.追寻目标：学生幸福的教育关照[J].全球教育展望,2014(11):17-24.
② 高德胜.幸福·道德·教育[J].华东师范大学学报(教育科学版),2012(4):1-18.

连接学习与就业的最后桥梁。实际上,随着近年来基础教育课程教学的改革,尤其是人才培养全过程理念的确立,高中、初中甚至小学阶段的生涯教育研究和实践也逐渐多了起来。生涯教育成为贯穿学生学习生活始终的重要问题域。

随着高中课程改革的深入,特别是学生在学习过程中自主权利的不断增加,如何设计科学的学习生涯,如何更好地度过高中三年的生活,成为摆在每一个高中生面前的现实问题。高中生涯教育与辅导旨在为学生高中生涯任务的顺利完成提供支持。根据生涯教育与辅导的目标与内容,教育工作者应从四个方面着手以达到高中生涯教育的目的:确认需求、发掘潜力、发现可能和寻找途径。① 从教育对于幸福的关注,对于每一个生命个体的关照出发,我认为,有必要通过项目化学习的方式,对学生的高中生涯进行必要的引导,建构支撑学生生涯健康、顺利发展的导航课程体系。

对于一名寒窗苦读九年的学生来说,为了实现进入一所好高中的目标,他心无旁骛地拼搏到初中最后一年,在欣喜若狂地收到一所实验性示范性高中的录取通知书后,会为将要开始的高中做些什么呢?

也许他会树立一个新的目标——考一所好的大学。然而,离高考还有三年的时间,那还是一个有些遥远得看不到的梦。对大多数同学来说,中考以后,甚至高一、高二的假期也许是对自己寒窗苦读的一份补偿。直到进入高三,他才会感叹"该念的书还没有念"。

也许他也会在策划提前学习一些高中的内容以保持自己在某些学科上的超前优势,可是应该读哪些书,读到什么程度,对这些问题的迷惑也许远大于对某道习题的解答。

也许他会认为像初中那样,上课记记笔记,课后完成作业,把书读好,用一个又一个的学科成绩高分证明自己的优秀,这就是高中生活。殊不知,一进入高中,他们将会面对课程选择的烦恼。

也许他会认为,进入高中他会一如既往,像初中一样优秀,殊不知作为优秀学生的高傲与考入重点中学的自豪感将在学校的第一次考试后受到考验。

……

---

① 刘靖文.高中生涯教育的实践与反思:资源整合与途径[J].中小学心理健康教育,2017(18):37-39.

最近几年来,学校对学生自主学习情况进行了多次跟踪调研后发现:初三毕业生在中考结束后,很少有人能自觉地安排"前高中生活",也很少有同学在高中一开始阶段对自己高中三年的学业生活进行规划;很少有同学对自己高中三年要学习的课程有个整体的了解和设计;同学普遍感受到初高中的教学方式和学习要求有差异,对高中学习的适应是他们进入高中后的最大挑战;很多同学认为高一学期初的考试会让他们有一种挫败感,需要很长一段时间才能调整过来。

对高一任课教师的调查也发现:教师们对新高一学生的学习习惯、学习方法,甚至是学习基础也不够满意。

基于上述现象或问题,我们认为,对于刚刚进入高中的高一年级学生而言,学科知识的教学并不是学校教育第一要紧的任务。学校对高中学生教育的首要任务是要帮助学生了解高中学习"学什么"和"怎样学",即帮助学生认识学校、认识高中、认识自己,从而指导学生开展高中学业生涯规划的制定和执行,以达到更好地自主主动地学习的目标。

二、生涯导航课程的内容架构

高中阶段,是学生成才、成人、成长的关键阶段,高中时期的学习对于其将来的职业生涯也会产生重要的影响,如果在高一阶段就尝试开展自己的学业规划甚至是职业规划的话,不仅能为其成长提供动力源泉,也会对学生的自主发展起到更好的引领作用。

大同中学高中预备期课程,在高中一年级第一学期开设,设置四个模块学习内容,分三个阶段进行。

预备期课程内容模块分为四个部分,分别是:文化导航模块、学业导航模块、学法导航模块和学程导航模块。

文化导航:目标是引导学生了解大同校史,感悟大同文化,培育学生的大同精神,让学生在探究大同优秀校友成长历程的活动中,树立做新时代大同优秀学子的意识。主要课程载体为学校根据校史资源自主开发的"大同文化"课程,课程实施以理论讲座和实践探究为主,安排学生参观校史室,自学《大同人》,浏览大同官网,小组探究怎样做一名"大同人"等。

学业导航:目标是帮助高一新生了解高中学习的要求和特点,理解学业规划对高中学习的意义,知道并尝试进行个人学业规划;了解高中学生的心理特点,知道并掌握几种心理调适的方法,尽快适应高中的学业。主要课程内容包括高中生学业规划、高中生心理转型、学校课程与学程等。课程实施以理论讲座和实践操作为主。学生在教师指导下,分析自身的发展需求和个性特长,撰写与交流个人学业规划。

学法导航:目标是帮助学生了解自主学习的理念和自主学习的技巧,认识自我,建立自信心和正确的学习动机,培养认识和反思自己的学习能力,学会选择适合自己的学习策略。课程内容包括"学习总论""反思学习""时间管理技巧""自主学习与有效学习策略"等,课程实施以理论讲座和实践操作为主,要求学生建立自主反思学习的档案。

学程导航:目标是帮助学生了解各学科的课程目标与学程安排,体验高中学科课堂教学的风格与学习特点,较快完成初、高中的过渡和衔接,更好地适应高中的学习生活。课程载体是各学科基础型课程,要求教师不以落实知识为主要目标,将课程学习的目标和课程实施的重点放在对高中学习风格的体验上,放在引领学生对自己的学习习惯、学习方式的反思和建构上。以英语学科为例,设置学习规范、学习策略、语言交际和语言文化四个模块,引导学生反思过去学习英语的思路和方法,从而建构更适合自己的学习策略。

整个高中预备期课程按照实施的节点分为三个阶段:开学初的集中学习阶段—学期过程中的个别辅导阶段—学期终的反思小结阶段。

开学初集中阶段:学校安排一周的时间开展预备期课程的学习,要求学生积极参与课程的过程学习,在教师的指导下制定自己的学业规划。

学期过程中:要求学生建立反思学习笔记,不断对自己落实规划的过程进行自我反思和改进。指导教师定期与学生交流,给予其学习生活的意见和建议。

学期终的小结和反思:要求学生就学期初制定的学业规划和一学期执行规划的情况与家长、同学、教师进行交流,听取他人的建议和期望,修正规划内容,在反思中改进。

高中预备期课程实施以来,学生自主学习的意识得到大大增强。有学生在小结中写道:"通过预备期学习,我认识到学业规划的重要性。一个没有规划的人是注定成不了大事的。这个学期,我不仅给自己制定了规划,并努力地向着自己的目标进发,我发现自己的学习自主性强了,敢于提问了,这些可喜的变化一定会为我的未来打好基础。"

学校对高中预备期课程进行深化研究,在前几年开展的心理导航课程、职业导航课程基础上,打造具有学校特点的高中学生导航课程体系,为学生的幸福成长提供有力的指导。

在具体的实施中,学校为高一新生专门编订了《大同中学课程导航手册》,其中详细介绍了高中三年的课程架构、三个课层不同的学习要求,使学生对高中三年学习做到心中有数、早做规划。在此基础上,各学科还会依据学程导航目标,为学生编订《学科课程导航手册》。例如,英语教研组为高一新生准备了便于师生互动的《学程导航手册》。手册介绍了高中英语学习不同层次的总体要求以及达到该层次所需的学习路径、方法及拓展书目。课程导航真正为学生走近大同课程、理解大同课程提供了沟通的平台。

第五节 着眼未来:校本课程持续迭代升级的探索

校本课程作为一种重要的课程类型,是由学校自主开发的,能够体现学校办学思想和特色的,可供学生选择的课程。校本课程在满足学生的兴趣、需要,发展学生的个性特长,体现学校的办学特色上,有着十分重要的意义,是不可或缺的。[①] 但是,对于任何一所学校而言,校本课程体系的建构都不是一蹴而就的,而是基于学校实践问题解决过程而形成并持续迭代升级的。

回顾大同中学的校本课程开发,大概经历了"丰富课程科目,打造'课程超市'—规范开发程序,提升课程品质—立足学校情境,建设特色课程—形成课程哲学,系列建设课程—开发跨学科课程,实验课程统整"五个阶段,开发了比较稳定的近百门科目和较为成熟的学校校本课程实施体系,为学生的选择学习和个性成长创造了课程的保障和实践的时空。

第一个阶段:丰富课程科目,打造"课程超市"。着力提升校本课程的数量,以满足学生选择性学习的需求。这个阶段大多依赖教师特长开发课程,通过面向全体学生和教师进行"选修意向"和"课程开设意向"的调研,经过几年的建设,一大批教师对于开发校本课程有了认同与实践的跟进,学校打造"课程超

---

① 何勇平,范蔚.校本课程的特色与学校更新[J].课程·教材·教法,2006(10):16-19.

市"的目标基本完成,形成了比较稳定的八大类共计 103 门科目。

第二阶段:规范开发程序,提升课程品质。校本课程科目丰富了,但难免良莠不齐,部分课程实施效益不高的弱点就显现出来,学校进一步思考课程的质量、管理的科学性及课程与培养目标之间的整体性关系,成立了"课程建设研究小组",从课程申报、课程审批、选课操作、教学监控、教学评价等几方面都建立起了规范化的管理体系,保障学生对修习课程的品质要求。

第三阶段:立足学校情境,建设特色课程。即围绕学校的育人目标,着力打造学校的品牌课程,彰显学校的育人特色。由教师特长导向的校本课程开发模式转项目标导向的校本课程开发模式。围绕学生创新素养培养,形成了学校的校本特色课程群。

第四个阶段:形成课程哲学,系列建设课程。学校的校本课程在这个阶段进入体系建设,确立了"一个指向"——所有的校本课程开发都指向培养走向未来的大同人;"两种策略"——广域建设,特色开发;"三个结合"——与学科课程结合,与社会多样化需求结合,与学生自身发展需要结合;"四个途径"——学校开发,课程引进,教师申报,专家指导的原则。形成了德育课程链系列、学子导航课程系列、学术研究课程系列、科学素养课程系列、人文素养课程系列组成的校本课程体系。

第五个阶段:开发跨学科课程,实验课程统整。为进一步破解学生有限的学习时空与无限丰富的课程学习要求的矛盾,学校尝试课程统整的校本课程开发思路。学科统整的思想在校本课程建设上有两个方向:一是打破学科界限,实现学科间的课程资源统整。比如,"室内设计与三维制作"统整了立体几何、工业制图、材料学、环境学、美术设计等方面的知识;"演讲与口才"统整了语文、英语等领域的知识与技能。二是实现课程与社团、社会实践之间的统整,建设课程链。比如,"趣味数学"的任课教师将数学问题和世博元素进行了嫁接,指导学生用数学建模的思想寻找"最优世博旅游路线",策划、制作世博旅游指导手册,帮助社区居民和外来游客更好地参观世博,感受世博;指导学生利用在"文博视界"课程所学知识,走进社区为居民开设中国古代陶瓷艺术、书画艺术讲座。

最近几年,未来学校、未来教育作为热词开始进入教育界人士的视野,很多教育专家对包括瑞典关于学习空间的变革、美国关于技术教育与课程整合、俄罗斯关于学校与外部社会的关系等在内的国外先进经验进行了分析与思考,并试图将这些研究成果融入我国未来学校的建设规划之中①。在我看来,讨论未来学校和未来教育,更多地不应该是一种具体的存在样态,更为重要的是,树立起着眼于未来教育和未来学校来变革当下课程和教学的理念。《国家中长期教育改革和发展规划纲要(2010—2020年)》中提到要解决好培养什么人、怎样培养人的重大问题。为适应未来的社会发展,要坚持能力为重,强化学生学习能力、社会责任、实践能力、创新能力的全面培养。在这样的政策背景下,学校的课程建设,尤其是校本课程建设着眼于时代发展的迭代升级就显得更有必要了。在这一领域,大同中学始终坚持通过课程再造实现学校发展和人才培养的更新,让课程始终成为大同人眼中最亮丽的风景。

一、课程内容满足学生多样需求

每个大同中学的学生入学后都会得到一份课程资讯,这份课程资讯为学生提供了选择课程的指南。这些课程涵盖了语言文学、数学、自然科学、社会科学、艺术、技术、体育与健身、综合实践等八大学习领域。

这些课程,有的从某一学科领域出发,引导学生在感兴趣的学科领域拓展更广阔的学术视野、研究动向,为未来的学术选择与进阶打好基础:

如果学生对语言文学领域感兴趣,可以找到"《红楼梦》与传统文化""王安忆小说阅读""演讲与口才""英语小品与戏剧"等课程。比如,该领域的"中国古代文化十讲"课程,深入语文、文化、历史等学科,通过对汉字文化、古代基本礼仪、古代科技、古代姓名文化、古代节日、古代历法等学术领域的探究,发展学生语言文学类学习的兴趣与特长,引导学生领略博大精深的中国传统文化。其中,"探究中国人姓氏文化"专题中设计了一个活动——引导学生分析自己的名字,从文化内涵、父母期望以及自身理想出发,为自己起一个字或号,这一活动既巩固了拓展的知识,也使学生对中国传统姓名文化产生了浓厚的兴趣,产生了继续研究的愿望。

如果学生对数学学习领域感兴趣,可以选择"图论""微积分初步""趣味数学""博弈论"等课程。比如该领域的"趣味数学"科目以"换一种方式来认识数学"为理念,挖掘身边的数学学习资源,通过"奇妙的数字""古怪的趣题""玄幻

---

① 杨强.未来学校:勾勒无边界教育蓝图[J].辽宁教育,2018(2):93-96.

的图形""神秘的游戏"等四个部分的学习活动,使学生增强对数学学习的兴趣。"微积分初步""图论"等科目则面向一部分在数学学习领域有纵深拓展需求的学生。

如果学生对自然科学领域感兴趣,可以选择"应用化学""生命科学拓展实验""德国卡尔斯鲁厄物理课程""生物国防"等课程。比如"德国卡尔斯鲁厄物理课程"打破了高中物理课程体系中的牛顿经典体系,一改传统的以力学为中心内容的课程结构,以能量、信息和携带它们的实物物理量为中心概念,换一个角度来分析物理现象,将物理学各分支学科综合到一个统一的结构中去,使学生对现代物理学科的演进有了更广、更深的认识。

如果学生对社会科学领域感兴趣,可以找到"历史事件、人物探究""中国古建筑文化""时事热点追踪""人文上海""创新经营""两千年前的哲言""文博视界"等课程。热衷于剖析国内外新闻热点,想一探究竟的同学可以选择"时事热点追踪"修习;立志投身经济领域创业的同学可以在"创新经营"课程中找到相应的学术知识与实践训练机会;而如果想深入了解传统的文化遗产,"中国古建筑文化"可以提供丰富的资讯,让学生在学习中开阔视野,增长见闻。

如果学生对艺术、技术领域感兴趣,这里有"高中女生形象设计""经典音乐欣赏""歌曲创作""人工智能""网络文明""游戏设计初步"等课程。比如"网络文明",融合了技术应用与人伦哲思,既拓展学生在网络应用和安全维护方面的知识,也引导学生思考现代科学技术带来的社会发展两难命题。

在体育学习领域,学生可以选择自己喜欢的项目,比如足球、篮球、排球、乒乓球、羽毛球、健美操、武术等,在运动场上挥洒汗水,放松身心,提高技艺。

与上述纵深挖掘本学科知识体系的课程不同,还有一些课程跨越了学科界限,统整不同学科。如信息技术与美术学科整合的数码美术设计课程——"十字绣与平面设计",信息技术与社会学整合的网络文明课程——"网络文明",信息技术与音乐学科整合的数码音乐创作课程——"数码音乐创作"。以"STS"(即科学、技术、社会)课程为例,这门课程旨在联通物理、化学、生命科学学科,引导学生将理化生学科知识融入社会实践和当前学科热点,提高对知识的理解和应用能力。寻找、发现学科之间的"嫁接"途径,就能够开发出更多符合时代潮流和学生需求的课程。就拿"数码音乐创作"课程来说,完全跳出了高中阶段的音乐课程的范式,在信息技术与音乐之间架起了桥梁,采用数码音乐这种当前非常流行的音乐样式,为喜欢音乐创作的学生提供了一个全新的学习平台,不仅吸引了具备音乐特长的学生,更吸引了不少具备计算机特长,对作曲感兴趣,但缺少乐理知识的学生。

除此以外,还有一些课程超越学科界限,将目光投注在反思性学习能力的培养上面,关注对知识本身进行批判性反思。比如"知识论"课程的原型是国际高中文凭课程(即 IB 课程)的核心课程,通过本地化改造以后,更加适合我们的高中学生的实际情况。通过这个课程的学习,引导学生对其已有的知识和经验进行批判性反思,探讨这些知识经验的可靠性和合理性;鼓励学生通过对概念和论点及价值判断的基础进行分析,从而对自己的知识、经验和他人的知识、经验及判断形成一种批判意识和批判能力,并进而认识到各学科知识之间的联系和局限,打通各种学科知识之间的藩篱,获得一种整体感和贯通感。

在探索校本课程内容多样化建设的同时,我们还在探索课程实施的多样化,在以学期为单位的校本拓展型课程之外,还设计了一系列短课程,提供不同学科领域发展的最新资讯。比如大科技课程,主要介绍科技前沿发展动态,以 2049 资料包为蓝本形成了 20 多个专题的讲座资源库,涵盖了文史、科技、艺术等各方面的前沿知识,如:"改变人类生活的纳米技术""生命导航""智能交通"等。我们还邀请两院院士加盟"大同院士讲坛"课程,让学生零距离亲近大师。

在校本研究型课程方面,学校设置了课题研究实训课程、CIE 课程、自主研修沙龙等不同层面的校本课程。

课题研究方法实训面向全体学生,通过一系列小型课题研究的方式,让学生通过实践掌握课题研究的基本方法。如:在"我家的户口本"项目中,学生可以学会通过文献研究和社会调查的方法获得信息;在"冰箱总动员"项目中,学生将尝试自主设计实验,并掌握实验观察与记录的基本技能;在"节能小达人"项目中,我们鼓励学生改造、创造小制作。

再比如学校的"自主研修课程",聚集一部分有志于在各领域深入研修、进阶的学生,或采取手工作坊师傅带徒弟的形式,或采取柏拉图式的探讨模式,或采取课题研究的样式,围绕课题开展研修。

对于大同学子而言,这些校本课程群提供了充分的选择空间,满足了他们不同层面、领域的修习需求。

二、课程价值着眼学生未来发展

课程建设与开发，无法回避价值的问题。

课程的育人、文化传承以及政治等方面的功能体现着对人、对社会的价值。课程的属性与人的需要之间是一种对应关系，其中包含着人们对学校教育的一种主观要求和主观评价，即课程价值。价值是多层次的，既有对人类、社会、集体的价值，也有对个人的价值。[①] 课程实践的过程就是使课程中预设的价值从潜在价值转化为现实价值的过程，[②]对于校本课程的建设而言，这种价值的实现首先应该体现在学生的成长发展之上。

早在 20 世纪 80 年代末应试教育占据学校教育主要地位时，我们就已提出要使课程立足于学生德智体美劳全面和谐的发展，在打好学生扎实素质基础的同时，扩大学生的知识视野，拓展学生的兴趣能力，健康发展学生的个性特长。

进入 21 世纪，面对全球化时代和知识经济时代对人才的需求和教育的挑战，我们全面思考学校的培养目标，认为走向未来的大同人，应该有深厚的人文功底、扎实的科学素养、不息追求的创新意识和应对未来挑战的能力基础，应该是"人格健全，基础扎实，学有特长""既怀民族情感，又有国际视野"的现代人。基于这一指向，我们将校本课程拓展为"全球意识与民族自尊、合作与竞争、民主与法制、网络意识与网络道德、创新意识与实践能力、创业与风险意识、科学精神与人文精神、交往与慎独"等八个方面的教育内容，统整于八个学习领域中，广域建设校本课程，重点开发支撑学校办学特色、体现育人目标的科目。

进入新时代，学校"坚持五育并举，聚力创新教育"，校本课程建设与开发聚焦"全球意识""公民素养""创业精神""环保生态""健康素养"等主题。

三、开发机制保障课程精品

校本课程开发是一个系统工程。经过二十多年的探索，我校形成了一套从教师个人修炼到组室建设，到学校系统管理的策略与路径。这些策略与路径保证了学校的校本课程建设不断更新、完善内容，保证了课程执行的质量和效益。

---

① 严仲连，马云鹏.论课程价值的实现与理性选择[J].教育理论与实践，2010(11)：39 - 43.

② 虞永平.学前课程价值论[M].南京：江苏教育出版社，2002.

（一）实践—反思—实践：教师建设课程的路径

在特色、精品课程开发中，学校倡导并指导教师个人通过反思、调整、提高，对已有科目不断琢磨、精研，结合学生的需求，建设丰富、优质的课程资源。

比如一位青年教师本着对于中国古建筑文化的强烈爱好，开发的"中国古建筑文化"科目，在四年的实施过程中经历过三个阶段：

以高校教材框架构建课程结构与初次实践阶段。最初，教师按照大学里中国古建筑史的框架编订教学方案进行教学。经过一个学期的实践，学生的反映和自己的感觉都不太好。对此，教师进行了问卷调查及自我反思，感到高校的中国古建筑教材偏重介绍隋唐以前的建筑，因其地面建筑已不复存在，虽有学术研究的价值，但对于普通中学生就不适合，存在过于专业和枯燥的问题，必须推翻原体系重新架构。于是他开始了科目的修订，进入第二阶段。

以"立足学生认知结构"为基础重构体系与逐步完善阶段。在参考了一些中国古建筑文化通俗读物后，教师对科目体系进行了重构。为增加课程趣味性、通俗性和直观性，将原来以时间为线索的体系改为以建筑类别为线索，比如宫殿建筑、园林建筑、祭祀建筑、陵墓建筑等，每一专题略述渊源，并以一二现存完好的建筑作为个案详细介绍。这位教师还对每一个专题都制作了多媒体课件，其中提供大量照片，也搜集了一定数量的录像资料，以备课堂插播，增强了课程内容的直观性和趣味性。这一调整得到了学生的广泛认可。

增加交互及研究性学习内容与编写教材阶段。在第三阶段中，这位教师感到虽然科目内容很吸引学生，但充其量只能说是一个合格的古建筑系列讲座，而不是真正的课程。拓展型课程的目标不仅仅在于拓宽学生的知识面，还应该成为提高学生基本技能，形成收集、处理和运用信息能力的有效载体，应该让学生在课程中形成民族认同感、公民意识、社会责任感和创新精神。"中国古建筑史"课程能够做些什么呢？作为一名历史教师，有责任让学生在认同传统文化的基础上产生对于民族文化的强烈归属感与热爱，该课程就是一个很好的载体，应以潜移默化的方式引导学生进入中国古代优秀文化。因此，这位教师把"中国古建筑史"改为"中国古建筑文化"，并在课程内容上有所拓展。他尽力在每一课时都安排一定的课后思考与课堂交互时段，还在课程内容中增加了两个探究课题，一个是通过个案探讨中西方园林艺术和美学意识差异的课题，旨在培养学生对于不同文化的宽容认同心理以及对民族文化的深入认同意识；另一个是关于传统文化遗产保护的课题，旨在培养学生对于文化遗产的保护意识。教师提供一定的材料和找寻资料的提示，引导学生进行这两个微型课题的探究。与此同时，编写教材被提上了日程。在教材的编写上，教师借鉴了二期课改历史教材和港台教材的编写特点，在正文的编写上力求文字清新、生动，增加各种栏目穿插其间，以求引起学生的阅读兴趣；正文后则提供拓展阅读资料、进一步探究的书目以及探究题。

在这样实践加反思、调整的螺旋式上升的科目建设中，一门门特色、精品课程逐渐涌现，教师的课程理念、课程意识、课程能力也有了长足的进步，为校本课程开发的进一步发展打下了坚实的课程资源基础及人才资源基础。

（二）团队—整合—协作：团队建设课程的路径

在特色、精品课程开发中，以学校为主体调动各方面资源，着力打造核心科目。

比如，"知识论"（TOK）科目的建设，就是以学校为主体打造的精品科目代表。"知识论"是国际中学文凭的一门重要课程，学校在与国外友好学校的交流过程中发现了这一科目，感觉到这门课的价值并不在于教给学生任何新知识，而是引导学生反思学过的知识，培养学生的批判性反思能力。从友好学校处得到的材料是舶来品，要进行体现本土化特点的改编，这需要教师具备课程开发的能力。该课程涉及自然科学和人文社会学科几乎所有领域，因此在教学过程中，教师遇到一系列问题：这种类型的课程与其他学科有什么联系和区别？怎样组织学生有效学习？怎样评价学生的进步？教学目标实现得如何？等等。为此，学校组织了以各学科教研组组长为骨干的实施队伍，与华东师范大学课程专家组成课程开发与实施小组，由专家进行课程思想培训，教师共同备课、共同研究，边实践，边总结、反思，在实践过程中提高教师的课程开发与课程组织实施的能力。最终，一门本土化的精品核心科目在团队建设中逐渐成长起来，成为大同中学的品牌科目。

（三）审批—研究—反思：学校管理课程的机制

学校建立了"学校课程建设研究小组"，由校长室直接领导，在学校课程构建、课程管理与评价等有关学校课程教材改革方面进行研究，在学校课程教学运作上进行调研,使校本课程建设与实施形成了良性机制。

学校课程建设研究小组成员由校长、教学处、信息科研处、学生处及教研组长、年级组长与教师代表组成;学校也聘请有关课程与教学专家作为顾问参加重大项目的咨询与研讨;在学校课程管理与评价中根据需要邀请部分学生代表参加。

学校课程建设研究小组在校本拓展型课程开发中的主要任务包括:研究、完善学校课程整体结构,对学校课程布局的优化进行探讨;研究、讨论每一学年的课程计划,为学校课程计划的实施提供咨询;进行新课程开发的探索,对新课程的开发与实施进行指导,并进行课程教学调研和课程教学评价;对学校选修课程进行课程评价,审议、评估学校选修课程的教学目标、教学时间、教学内容、教学方法、学习评价、选修方式、课程学分;在学校课程(选修课程)实施中,进行教师教学、学生选修、学习效果与质量的调研,进行学校课程教学的管理,并参与学校选修课程教师的考评。

学校在实践中规范了课程开发与实施的程序:每学期有课程申报,每个申报都有课程建设研究小组的评估,每个评估都有对申报教师的反馈,每个立项课程都有课程实施的计划,每个立项课程的教学都有课程建设研究小组成员的过程跟踪指导。

校本课程开发的程序如下图(图4-4):

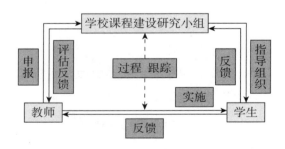

图4-4 校本课程开发流程图

这一时期,学校对于校本课程开发提出了"五个一":每一个科目都要有清晰的课程目标表述,每一个科目都要有细致的实施要求,每一个科目都要有科学的内容设计,每一个科目都要有合理的课程评价计划,每学年要为学生提供一份课程选修资讯。

　　学校强化了对课程实施中期检查、期终评价的管理。每学期对课程实施进行中期检查,学校课程建设研究小组成员采用听课、学生座谈、问卷调查、教师访谈等形式对课程实施进行中期检查;每学期期末,组织课程评价的学生问卷调查,以提升课程教学的质量。

　　总而言之,在校本课程建设的二十多年中,大同中学走过了从"学生适应课程"到"课程适应学生",再到基于"培养目标"的课程迭代升级的建设历程,越来越感受到校本课程在满足学生个性特长发展中发挥的重要作用,也越来越感受到校本课程在体现学校办学特色、培养特点上产生的重要影响。

　　面对知识经济与全球化浪潮,如何改善学校教育的生态,让课程更好地为学生个性特长的发展服务,是大同中学不断追求并为之努力的方向。

第五章

保障
——相伴课程改革的评价探索

评价的探索和改革，是课程建设过程中一个相对独立而又十分重要的领域。课程评价是完整的课程建设与开发的重要组成部分，也是保障课程质量，实现课程建设与实施持续改进的重要方式。

　　就课程建设领域的评价变革而言，其研究和实践的历史虽然远远不及课程本身的历史，但是其成为一个相对独立的研究领域至今也已经经历了相当长时间的积累。一般认为，现代课程评价是在"八年研究"中以崭新的内容出现在课程开发过程中的。在"八年研究"中，泰勒及其评价委员会的出色表现奠定了课程评价在课程研究中的地位。在"八年研究"之后，泰勒依据"八年研究"的成功经验，提炼出了系统的课程开发原理，并在他的代表作《课程与教学的基本原理》一书中进行了全面详细的阐释。[①] 在这种阐释过程中，泰勒明确地把课程评价作为课程开发的重要一环，并提出了课程评价的基本框架，形成了现代课程评价的基本思路，为现代课程评价的研究和实践奠定了重要的基础。现代课程评价产生于 20 世纪 30 年代，经历近一个世纪的风雨，课程评价已经成为一个相对独立的研究领域，围绕课程评价开展的研究和形成的理论建构，在课程建设的实践领域发挥着重要的引领和指导价值。

　　对于学校的课程建设与改革而言，评价领域的探索是不可或缺的。但是，相对于正统的评价理论研究，学校课程建设中的评价改革具有两个鲜明的特点：其一，课程改革中的评价，即便是针对性的课程评价，在很大程度上也无法成为一个完全独立的研究领域，它总是与学生评价、教学评价、教师评价等相结合运用，都是当时教育通行的评价理念和原则的重要体系，都需要将最新的评价理念融入其中。因此，对于课程的评价，既要动态地变革以体现最新的评价思想，也要与学生评价、教师评价、教学评价等相结合进行，形成相对完整的学校教育评价体系。其二，课程改革中的评价，必须坚持鲜明的发展性导向，坚持为学生成长服务的基本原则。2000 年，世界教育论坛通过的《达喀尔行动纲领》

---

① 刘志军.发展性课程评价研究[D].上海：华东师范大学,2002.

宣称,接受高质量教育是每个儿童的权利,影响教育质量的所有因素都以学生的全面发展为核心。2010 年,我国《国家中长期教育改革和发展规划纲要(2010—2020 年)》提出,"把促进人的全面发展、适应社会需要,作为评价教育质量的根本标准",这意味着任何层面的评价改革,都要以促进教育质量的提升和学生的全面发展为根本遵循。从我国基础教育课程与教学改革的现实情况看,尽管不同改革时期的重心不同,但是发展素质教育,践行立德树人,促进学生德智体美劳全面发展始终是改革的核心任务。素质教育的根本是让学生认识自己的生命价值,唤醒学生创造生命价值的意识,引导学生实现自己的生命价值。这意味着有效的、科学的评价体系,不仅要为学生提升生命价值营造最适宜的评价环境,意味着需要各级政府以转变"应试教育"质量观为宗旨,以引导国人转变教育质量观与引领教育走出困境为目标,积极改革创新教育评价制度,[①]也同样意味着学生评价的变革创新应该是学校教育评价改革的关键领域,是课程评价、教学评价和教师评价的最终归宿。因此,通过学生评价理念与方式的重构,能够真正触及学校教育评价的核心领域,通过学生评价体系的回顾,也能够完整充分地展现学校课程教学和人才培养的理念与思路。

在大同中学看来,进行课程改革,实施素质教育,其前提和关键是改革教育评价管理制度。如何通过科学有效的学生学业评价促进学生的"全面发展,学有特长",如何将评价过程变成学生自我成长的过程,一直是学校课程改革探索的命题。

第一节　"五免"制度与特长认定

每一个学生都是不同的个体,都有自己的兴趣爱好和个性特长,真正科学有效的评价体系,首先应该尊重和认可学生的差异,其次,应该有助于学生个性特长的成长。

纵观 20 世纪八九十年代的世界基础教育课程教学改革,主要教育发达国家在审视第三次科技革命对教育影响的基础上,普遍开始着眼新世纪的发展构

---

① 刘尧.开创提升质量的教育评价新时代[J].教育测量与评价(理论版),2018(6):1.

思未来人才培养的特征和模式,其中,促进学生个性特长的发展,被视作创新人才培养的首要条件,也成为主要教育发达国家推行课程教学改革的重要逻辑起点。以德国为例,德国各州的中学教育尽管各有特色,但是自 20 世纪 90 年代开始,各州的中学教育改革,在人才培养的目标定位上逐渐呈现趋于一致的局面,其中的共性特点和追求是:帮助学生发展成熟和对社会负责的态度和人格;传授基础知识和技能;发现和发展学生的天赋;培养学生认识自己的天赋、发展倾向和对自己未来发展作出正确选择的能力;培养学生独立作出判断和行动的能力;促进学生对世界的理解和批判的能力;发展学生参与社会民主建设的意识。① 由此可见,贯穿其中的核心内容是让每一个学生的特长得到充分发展。这是课程改革的价值导向,也应该成为学生评价的重要逻辑出发点。

20 世纪 80 年代到 90 年代,大同中学的课程教学改革主要围绕学生特长、个性的发展进行,以此为基础,这一时期,学校也在学生评价领域进行了一定的探索,其中最具有代表性的探索成果就是特长学生认定和特长生的"五免"制度。根据教育改革发展的时代特点,着眼新世纪创新人才的培养,时任大同中学校长陈德生提出了"全面发展,学有所长"的育人理念,创立了鼓励特长生的"五免"制度。所谓"五免"制度,也就是在一段时间内,学生为了自己专注的特长成果,可以提出申请"五免"——免上课、免考试、免测验、免作业,有的甚至可以免修。设立这项制度的初衷是让那些有专长的学生在某段时间专注自己的特长成果,不给他太大的学业压力。

"五免"制度立足于学生的差异,从引导学生在全面发展的基础上实现个性特长成长的逻辑起点出发,通过制度性的设计为特长生在优势领域的充分成长提供了可能。到了 90 年代,为了更好地配合"五免"制度,学校又推出了"特长认定制度",通过校内外专业群体的专业认定,为学生特长的发展和培养提供更具针对性的帮助。

作为一项系统性、针对性的课程教学和评价改革,学生"特长认定"不是一种随意性的行为,不是学生提出所谓的"特长",学校就盲目地给予认定和支持。为了保障认定的权威性和专业性,学校配套了相应的制度体系,根据不同学科、

---

① 李其龙.让每一个学生的特长得到充分发展——德国普通高中阶段课程研究[J].全球教育展望,2002(3):18-21.

不同领域的特点,组建专业化程度高、权威性强的认定团队,确保经过特长认定的学生真正是在某一领域具有较强发展潜力和较高专业水平的,也能够通过这样的认定方式实现更具针对性和有效性的学生培养。

下文记录的是 2004 年 3 月学校的某次计算机学科学生特长的认定活动,从中可以管窥学校学生"特长认定"的工作思路与方法:

2004 年 3 月 27 日,上海市大同中学第六届学生创新与实践能力(计算机学科)特长认定会召开了。本届的计算机应用小组是我校依靠本校师资独立完成培养的第一届学生,从学生选拔、培养到最后的论文撰写和作品设计,都凝聚了我校计算机教师的心血,探索出了一条教学相长,开发校本研究型课程的新路。

本届 8 位同学的 4 篇论文,选题都来自学校日常教学管理工作,有的是关于计算机加密软件的开发,有的是关于校园网软硬件设备维护的专家咨询系统,有的是关于青年教师网络化培训,还有的是关于使用 Linux 集群进行科学计算,这些选题不仅考验了学生理论上的创新实践能力,同时也引导学生从身边的事情出发,学会理论与实际结合,加强理论知识向实际应用的转化。其中,张杰同学的课题"软件的加密与解密初探——Windows 保护精灵软件的开发与加密"获得了上海市第十八、十九届英特尔杯创新大赛计算机科学论文类二等奖;周垒同学的论文获得上海市第十九届英特尔创新大赛计算机科学论文类二等奖和同济大学专项奖——"春华奖",同时在多个软件下载网站中位居下载排行榜前列。

在将近 4 个小时的论文宣讲和答辩过程当中,与会专家认真听取了学生的研究报告,对论文的内容和研究成果进行了认定,充分肯定了我校学生研究性学习的成果,认为我校的计算机特长学生能够主动地联系实际生活中的问题,选题具有一定的实用性,研究过程能够比较好地反映自主学习和创新实践的过程,研究的成果具有一定的学术和应用价值,并对他们提出了更高的要求,要求他们在进一步深入学习基础知识的同时,注意信息科技的发展前沿,走出校门,在更大的研究舞台上展示自我、培养自我和提高自我。

参加本次特长认定会的专家有上海现代教育技术学会秘书长、上海现代教育技术中心副主任陈家虎,黄浦区教育局副局长王伟鸣,复旦大学教授(原计算机系主任)施伯乐,上海交通大学(原计算机系主任)教授尤晋元,上海市软件技术开发中心研究员刘光龙,上海师范大学教授俞时权,上海市隧道工程轨道交通设计研究院教授级高工周国甫,上海市青少年教育中心信息教育部主任余晓清。

学生特长认定制度和"五免"制度,着眼于不同学生的成长差异,力求为学生的个性成长提供更为坚实的支持。该制度施行以来,不仅探索形成了"个性化教学"的有效载体,也为部分有特长的学生的"弯道超车"发展提供了可能。

2004年秋天,大同中学毕业生张思诚成了上海交大计算机系一名新生。按卷面成绩,他没达到该专业录取分数线,但由于获计算机"特长认定",张思诚坐上了通往高校的"直通车"。在学校的特长认定会上,他向来自上海交大、复旦和市信息中心的"考官"们展示了自己的作品。专家们看了连夸"好"! 这一生动的案例当时在上海和全国高中教育中都引发了很大的关注,这种关注的背后,既是对"五免""特长认定"等独特的学生评价行为的认同,更是对大同中学学生评价系统性变革的认同。大同中学的学生评价探索,归根到底,就是一句话:不拘分数育人才!

第二节　学分制课程管理与评价制度

《中共中央国务院关于深化教育改革全面推进素质教育的决定》指出,实施素质教育就是全面贯彻党的教育方针,以提高国民素质为根本宗旨,以培养学生的创新精神和实践能力为重点,造就"有理想、有道德、有文化、有纪律"的德智体美等全面发展的社会主义事业的建设者和接班人。

大同中学认为,素质教育是系统工程,要创造有利于实施全面素质教育的宏观环境,就必须改革传统的学生学业管理与评价体系。

传统的配给制学业管理与评价,虽然也有很大的优点,但由于它统一性、标准化、被动性的特点,在对学生的学业管理与评价上也表现出很大的弊端。突出表现在:重智育,轻德育;重书本知识,轻社会实践;重校内教育,轻校外社会教育;重结果,轻过程;重统一标准,轻个性差异;重死记硬背,轻创新精神和能力的培养。这种一刀切的做法在很大程度上忽视了学生个体差异性,妨碍了学生个性特长发展和创新精神、创造能力的培养。

　　按照素质教育的要求,学生的学业管理与评价应当体现:育人目标的整体性,课程结构的多元性,学生个性的差异性,评价机制的激励性。从而使学业评价的功能重心从单一的选拔功能向综合的服务功能转移,使学业评价能全面反映学生的思想、文化、身心、劳动素质与个性特长;反映学生的德育与创新意识、实践能力;使学业评价能全面反映学生在必修课程和选修课程,基础型课程、拓展型课程和研究型课程,显性课程和隐性课程,以及各种不同周期的课程中的学习;能全面反映学生在学校和校外由学校组织指导的社会实践等学习,以及学生自主学习的一切教育活动;使学业评价通过形成性评价的方式全面反映不同学生的发展水平和学生通过努力所实现的自身价值;通过特色评价方式,了解不同学生的个性特长,使学业评价能全面反映学生学习的质与量,体现对学生的整体评价,激励学生全面素质的提高与个性特长的充分发展。

　　在大同中学看来,要全面推进素质教育,学校必须构建起着眼于时代要求,以学生的发展为本,把学生身心全面发展和个性潜能开发作为核心,为学生人格和才力的自我发展、终身学习意识与能力的养成提供足够时空的素质教育的课程体系。

　　在实施高中素质教育课程体系中,我校以学生的发展为本,确定了学校素质教育课程体系的三个特性——即课程目标的整体性,课程结构的多元性,课程实施的差异性,并形成了包括基础型课程、拓展型课程、探究或研究型课程在内的素质教育课程体系。

　　为确保这一课程体系的实施,一个十分实际的问题是:课程目标的整体性需要有科学的评价制度加以保障;课程结构的多元性需要有科学的评价体系加以管理;课程实施的个别差异性需要有客观的评价标准加以激励。也就是说,实施素质教育课程体系的关键之一是改革教育评价制度,至少是要在学校内部构建新的评价制度,能有效地规范并检验学校教育过程中素质教育的贯彻、素质教育目标的实现,以确保以学生发展为本、全面提高学生素质、健康发展学生个性的素质教育的实施。我们感到有必要进一步探索适应这一变革需要的课程管理与学业评价制度。由此,旨在保证素质教育推进、课程改革深化的崭新的"大同中学高中学分制"应运而生。这一项既是管理又有评价功能的制度从1995 年开始在学校运行。

一、学分制课程管理与评价的方案设计

学分制是一种以学分来计算学生学习量的单位，并以修完规定的下限学分作为学生获得毕业资格的基本条件的课程管理制度。应当承认，学分制"是配合选科制的实行而采取的一种管理手段""是与弹性学制相配套的课程管理制度"。但在建立新的学分制管理机制的实践过程中，我校切实体会到，要使学分制发挥更大的作用，还应当进一步拓展它的功能，赋予它以"管理＋评价"的综合功能，以引导、激励学生自主发展、个性化地发展。吸收了历史和当代学分制方面的长处，结合教育实际，我校设计了具有素质教育评价管理特点的与学校课程相配套的学分制方案，并在实践中不断改进，逐渐形成了与二期课程改革实验相配套的管理和评价体系（图 5－1）。

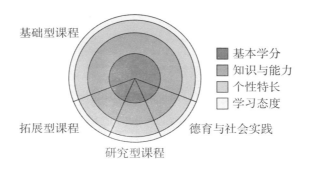

基础型课程

■ 基本学分
■ 知识与能力
■ 个性特长
□ 学习态度

拓展型课程　　　　　德育与社会实践

研究型课程

图 5－1　大同中学学分制管理与评价体系图

在具体的方案设计中，大同中学的学分制管理与评价体现出三个维度的鲜明特征：

（一）学分制评价管理方案指向强调全面性

学校把围绕"基础型课程、拓展型课程、研究型课程"设置的素质教育课程体系，包括必修课程、选修课程，显性课程、隐性课程等各类课程管理都纳入学分制的评价管理范畴。

列入课程计划的军训、下乡、下厂等社会实践活动以及班团活动、午会课，社会公益服务与劳动等定点、定时，较稳定，并有相应考评制度的教育活动，根据活动项目的内容、学习量，考评合格，由学校认定给予规定的学分。

学校还将与实施素质教育相关的一些短周期课或微型课，以学期、学年为

单元进行组合,纳入相关学习领域,给予相应的学分;未组合而经考评合格的微型课、专题系列讲座课,也分阶段根据教育、学习量折算基本学分,使这些在素质教育中有重要意义的新课程形式和内容,在学分制管理中得到类似其他课型的价值地位。

（二）学分制评价管理方案结构强调多元性

学生获得的实际学分用周课时数折算成学分,以学时学分统计。由基本学分和奖励学分组成。

1. 基本学分

以学时为计算单位,按照学生学习领域设置,以学生根据课程计划必须达到要求的教育、教学量为基本评价指标,每学年规定学生取得必要的学科领域最低学时学分标准。在整个高中阶段,规定学生取得必要的最低学时学分为高中毕业的标准。

2. 奖励学分

由于基本学分只能反映学生教育教学活动必须达到基本要求的统一量,以基本学分作为单一的评价指标,有导向学生以满足于教育教学基本要求为学习目标的弊端。增设奖励学分,其目的是使学分制的评价指标,能全面反映出学生在完成课程规定的学科知识、能力掌握与社会实践等教育活动基本要求时所表现的差异性,以及学生在自主积极地获得知识与技能、学习与活动能力等深广度上、个性特长发展上的差异性,从而鼓励学生根据自己的个性特长,多学、学好,进一步激发学生学习的积极性、自觉性,激励学生发展自己的才能和开发创造性潜力。

（三）学分制评价管理方案奖励强调激励性、差异性和个性化

奖励学分的获得主要体现在三个方面:

其一,设置"知识与能力获得"奖励学分,对学生基础型课程学科学年总评成绩进行分段区分,一般情况下,学生学科学年总评在年级前 15％内的,奖励学分值为该学科学分值的 1/4;在年级前的 16％—40％内的,奖励学分值为该学科学时学分值的 1/8。拓展型课程以及研究型课程以教学班为单位,评 10％左右的成果优秀者,教学周期为一年的奖励 1 学分,成绩突出的可获 2 学分以上;教学周期为一学期的,奖励 0.5 学分,成绩突出的奖励 1 学分以上。

其二,设置"个性特长"奖励学分,以激励学生个性特长的发展。

为鼓励学生更好地发展自己的个性特长,利用校内外资源自主主动地学习,学校对学生的个性特长给予认定,将学生学科竞赛以及非学校计划安排的学生自主学习的课程纳入学科领域奖励学分的范畴:

对经有关单位批准的各类竞赛,获市级及以上等第奖的学生按照其获得的等第及相关学科学年学分值给予等值的奖励学分。

对校内外学习相结合、利用校外教育资源主动学习,获得有关单位批准的社会等级资格证书的学生参照相关学科的学年学分的等值或 1/2 值的标准给予奖励学分。

对在德、智、体、美、劳等某一方面有较明显特长的获显著成绩的学生,根据具体情况按相关学科学年学时学分值分别以 1/2—1/4 值的标准给予奖励学分,特长突出的给予等值乃至更多的奖励学分。

其三,设置"学习态度"奖励学分,为体现学生在学习过程中的突出进步,情感、态度、价值观上的明显提升,设置该领域的奖励学分为 1 学分。在操作中,获奖人数原则上不超过教学班的学生数 25%,在学生自评基础上,由学科任课教师评定。

上海市大同中学学分制管理与评价方案

指导思想:

深入贯彻上海市"二期课改"以学生发展为本的理念,围绕培养新时代优秀大同人的学校培养目标,坚持大同中学学分制特点,将所有学校对学生开展的教育教学活动都纳入到学分制管理与评价制度中,建立适应学校"二期课改"课程设置方案的学分制课程管理制度。

树立评价是为了发展的观念,发挥"评价促进学生发展、教师提高和改进教学实践"的功能,充分关注学生在学习过程中"知识与能力,过程与方法,情感、态度和价值观"上的差异和发展,扩大学分制课程管理与学业评价的范围,增加评价的内容,制订评价的具体指标,完善注重学生主体参与的评价方式,促进不同基础、不同能力的学生在原有水平上都有所发展。

一、高中学分制课程管理与学业评价学分的配置方案

(一) 围绕"课程结构的多元性",按学科学习领域设置基本学时学分

根据上海市"二期课改"精神,在实施高中素质教育课程体系中,学校围绕

"课程目标的整体性,课程结构的多元性,课程实施的差异性"形成了"基础型课程、拓展型课程、研究型课程"三大课型,涉及"语言文学领域""数学领域""自然科学领域""社会科学领域""体育与健身领域""艺术领域""技术领域"以及"社会实践活动领域"八大学习领域的课程结构。

学校学分制课程管理与学业评价在结构上分学习领域设置,按照课程实施的周课时规定每一领域课程学习的基本参考学分底线。

各学习领域学分配置情况见附表。以"语言文学学习领域"的学分设置为例,规定了学生高中三年在该领域学习的基本底线学分为30学分,以及各年段的领域学习基本底线学分:高一年级9学分,高二年级9学分,高三年级12学分。学生在保证基本底线学习的基础上,可以选择加学或不学该领域的课程。

(二) 围绕"课程实施的差异性",领域内按层次设置基本学时学分

上海"二期课改"课程方案,以学生发展为本,立足于为学生潜能开发与特长发展创设足够的时空。人是有差异的,每个学生都有自己的智能优势、兴趣爱好、个性特长。在课程管理和学业评价上,应当体现对学生自主学习、主动发展的尊重,以有利于学生形成适合于自己的素质结构。

针对学生学习兴趣、学习能力、发展倾向的要求,学校对物理、化学等学科实施分层教学。为了体现分层教学的价值,在学分制方案中,分层次配给学分值。以"数学学习领域"为例,针对学生学习的能力倾向和学习程度与能力的不同,调节学习的课时,将数学分成"A""B"两层进行教学;为了反映学生这种学习的差异,课程学习的学分也有相应的差异,具体为A层4学分,B层3学分。

根据学校课程方案,学生根据学习兴趣、个性特长和自主发展的需求,可自主选择学科领域进行拓展型课程、研究型课程的学习。为了能反映学生在课程学习选择上的这种差异,学分制方案不规定各领域进行拓展型课程和研究型课程学习的底线学分,只规定了拓展型课程、研究型课程学习的基本底线学分,学生在保证基本学分的前提下,根据自己的兴趣和能力,自主选择学习的领域或进行领域的组合学习,以保障学生更好地挖掘自己的潜能,促进个性特长的发展,形成自己的素质结构。

(三) 为体现学生学习过程中"知识与能力""过程与方法""情感、态度、价值观"上的差异和发展,设置奖励学分

由于学时学分只能反映学生教育教学活动必须达到基本要求的统一量,以

学时学分作为单一的评价指标,有导向学生以满足于教育教学基本要求为学习目标的弊端,增设针对高中教育教学实际与素质教育要求的奖励学分,其目的是使学分制的评价指标能全面反映出学生在完成课程规定的学科知识、能力掌握与社会实践等教育活动基本要求时所表现的差异性,以及学生在自主、积极地获得知识与技能上、学习与活动能力等深广度上、个性特长发展上的差异性。从而鼓励学生根据自己的个性特长,学多、学好,进一步激发学生学习的积极性、自觉性,激励学生发展自己的才能和开发创造性潜力。

奖励学分注重学生综合素质的评价,主要分为三个领域:

A:知识与能力领域

为体现学生学习基础与能力的差异性,对课程学习中学习成绩优良的学生给予的奖励学分。

B:过程与方法领域

为激励学生在学习的发展与能力掌握上的进取性、发展性,根据学生基础与能力的差异在学习过程中的发展给予的奖励学分。

C:态度、情感与价值观领域

对在课程学习过程中态度积极、个性特长发挥显著的学生给予的奖励学分。

奖励学分的设置保证不同基础、不同能力的学生都能得到不同的发展和激励;对个性特长突出的学生加大奖励学分的激励力度。

二、学分的计算与认定

(一) 学时学分的计算与认定

学时学分取得的依据:基础型课程、拓展型课程、研究型课程以及社会实践活动修完规定的课时,经学期考评合格,即可取得相应的学分。不合格不计学分(经补考合格后,补计相应的学分),每学年规定学生取得必要的最低学时学分标准,作为升留级的参考依据;在整个高中阶段规定学生取得必要的最低学时学分为高中毕业的标准。

基础型课程、拓展型课程和研究型课程的学时学分的认定,以学习成绩或研究成果(大考成绩占 40%、中考成绩占 20%、平时测验占 20%)、学习过程(占10%)、学习态度(占 10%)为学期总评的依据。具体操作由任课教师或指导教师考评,学生自评、互评,经年级组与校教学研究室认定,班主任与校务办公室负责记录归档。

有关社会实践、社会公益服务劳动、文明行为规范等教育、值周班活动与劳动等活动类课，由班主任考评（组织学生参与考评），年级组与校德育研究室认定，班主任与校务办公室负责记录归档。

（二）奖励学分的计算与认定

1. 知识与能力领域的奖励学分

基础型课程的奖励学分以该学科学年学时学分值为依据，奖励学分值一般不超过学时学分值的 1/4，奖励学生的人数一般为总人数的 40%。

在操作中，对学生学科学年总评成绩进行分段区分，一般情况下，学生学科学年总评在年级前 15% 内的，奖励学分值为该学科学分值的 1/4；在年级前的 16%—40% 内的，奖励学分值为该学科学时学分值的 1/8。

拓展型课程以及研究型课程的"知识与能力领域"的奖励学分以教学班为单位，评 10% 左右的成果优秀者，教学周期为一年的奖励 1 学分，成绩突出的可获 2 学分以上；教学周期为一学期的，奖励 0.5 学分，成绩突出的奖励 1 学分以上。

学科竞赛奖励学分纳入相关学科群拓展领域中的"竞赛等自主学习的其他课程"项目计算，凡参加竞赛获市级或市级以上一等奖、二等奖的，按学科学年学分值给予等值的奖励学分，获其他等第奖的根据具体情况，按学科学年学分值的 1/2—1/4 给予奖励学分。

参加社会各级资格证书考核合格的奖励学分纳入相关学科群拓展领域中的"竞赛等自主学习的其他课程"项目，参照相关学科的学年学分值给予等值或 1/2 标准的奖励学分。

社会实践活动领域的奖励学分参照相关的活动课程学时学分给予等值或更多的奖励学分。

2. 过程与方法以及情感、态度、价值观领域的奖励学分

为体现学生在学习过程中的突出进步，情感、态度、价值观上的明显提升，设置该领域的奖励学分为 1 学分。在操作中，原则上不超过教学班的 25%，在学生自评基础上，由学科任课教师评定。各学科根据学科学习要求和特点，制订该领域奖励学分操作细则。

3. 奖励学分的认定

学科学习成绩优良的奖励学分，由任课教师评定、年级组和校教学研究室

认定、班主任与校务办公室负责记录归档。

竞赛、社会等级资格证书考核的奖励学分,由学生提出申报,由相关任课教师、年级组和教学研究室共同认定,校学分制领导小组审核,班主任与校务办公室负责记录归档。

社会实践领域的奖励学分,由学生提出申报,班主任、年级组和校德育研究室共同认定,校学分制领导小组审核,班主任与校务办公室负责记录存档。

对特长显著的学生,学校组织专家进行特长认定,校学分制领导小组商定奖励学分值,告知年级组与班主任,班主任与校务办公室负责记录存档。

二、学分制课程管理与评价的功能定位

大同中学实行的学分制主要起课程管理的功能,兼有学业评价的功能。

从素质教育的要求与培养目标的整体性着眼,学校将德、智、体、美、劳等方面全面纳入学分制管理与评价体系中,使之尽可能涵盖学生的思想政治素质、文化科学素质、身体心理素质、劳动技能素质以及个性特长,也涵盖了多元化的课程结构的教育教学目标。

由于人的客观差异性,决定了学生在智力和智力发展上的差异性。每个学生在个性特长、兴趣爱好、学习能力、发展方向等方面存在着诸多差异。学生的学习根据自己兴趣爱好、个性特长、发展愿望,自我设计学习的目标、学习的内容,并通过自我探索实现自我发展。学生要形成具有个人特征的素质结构,决定了课程学习的选择性、多元化。因此,在课程实施中,需要有统一的量化的标准加以管理。

我校设计的学分制管理与评价体系,设计基本学分,以学生根据课程计划必须达到要求的教育、教学量为基本评价指标,每学年规定学生取得必要的最低学时学分标准。在整个高中阶段,规定学生取得必要的最低学时学分为高中毕业的标准。利用学分制的管理职能,在多元化的课程结构中为学生提供统一的量化的课程管理标准。应用学分制的统一管理功能,为社会实践等教育社会化课程与学校的非学科类德育课程提供统一的量化的课程管理标准。

学校设置的素质教育课程体系中,包括必修课程、选修课程,基础型课程、拓展型课程、研究型课程,显性课程、隐性课程等各类课程的管理都纳入基本学分的范畴。

列入课程计划的军训、下乡、下厂等社会实践活动以及班团活动、午会课、社会公益服务与劳动等定点、定时,较稳定,并有相应考评制度的活动课,根据活动项目的内容、学习量,考评合格,由学校认定给予规定的基本学分。

在某些课程领域中,学科的课时允许在一定弹性限度内供学生自主选择,如在同一年级内,同一学科每周的学习量、教学进度、内容、要求的差异,统一用基本学分核算。

学校还将与实施素质教育相关的一些短周期课或微型课,以学期、学年为单元进行组合,考评合格后给予相应的学时学分;未组合而经考评合格的微型课、专题系列讲座课和非课堂教学型课题研究等,也分阶段根据教育、学习量折算基本学分,使这些在素质教育中有重要意义的新课程形式和内容,在学分制管理中得到类似其他课型的价值地位。

由于基本学分只能反映学生教育教学活动必须达到基本要求的统一量,以基本学分作为单一的评价指标,有将学生导向以满足教育教学基本要求为学习目标的弊端。因此,我校在设计学分制时,在充分发挥其课程管理功能的同时,也考虑到在学分制中给予应有的学业评价功能。增设奖励学分,其目的是使学分制的评价指标能全面反映出学生在完成课程规定的学科知识、能力掌握与社会实践等教育活动基本要求时所表现的差异性,以及学生在自主、积极地获得知识与技能上、学习与活动能力等深广度上、个性特长发展上的差异性,从而鼓励学生根据自己的个性特长,多学、学好,进一步激发学生学习的积极性、自觉性,激励学生发展自己的才能和开发创造性潜力,充分发挥引导、激励、发展性学业评价的积极功能。

三、学分制课程管理与评价的实践应用

人是有差异的,每个学生都有自己的智能优势、兴趣爱好、个性特长。在课程管理和学业评价上,应当体现对学生自主学习、主动发展的尊重,"让课程适应每个学生的发展",让每个学生都有适合自己的体现自身素质结构的学分结构及学习所需要的必要的张力,这是大同中学学分制管理与评价在实践运用中的逻辑起点和价值追求。以下以高一年级两名学生的学分报告单为例(表5-1,表5-2),分析学分制管理与评价在实践中的具体运用方式:

表 5-1　大同中学×年高一一班顾×同学学习分析报告单①

学习领域		基础型				拓展型				研究型				学分总计
		基本学分	奖励学分			基本学分	奖励学分			基本学分	奖励学分			
			A	B	C		A	B	C		A	B	C	
语言文学	语文	3	1	作文竞赛3		阅读1								17
						名著赏析0.5	0.5							
	英语	4		中级证书2		口语1								
						英语俱乐部1								
数学	数学	3				练习1								4
社会科学	政治	2	0.5			文选1				文科综合1				9
	历史	3	1			社会热点追踪0.5								
	社会													
自然科学	地理					科学技术社会0.5								7.5
	化学	2												
	生物	2												
	物理	2			0.5	世界博览0.5								
	科学													
体健		2				排球1								3
艺术						1								1

————————————

　　① 注:奖励学分中的"A""B""C"分别为"知识与能力获得""个性特长""学习态度"三方面的奖励学分(下表同)。

（续表）

学习领域		基础型				拓展型				研究型				学分总计
		基本学分	奖励学分			基本学分	奖励学分			基本学分	奖励学分			
			A	B	C		A	B	C		A	B	C	
技术	劳技	2												4
	信息	2												
综合实践	军训	1												3
	班会	1												
	社会服务	1												
合计		30	2.5	5	0.5	9	0.5			1				48.5

表5-2 大同中学×年高一—班姚×同学学习分析报告单

学习领域		基础型				拓展型				研究型				学分总计
		基本学分	奖励学分			基本学分	奖励学分			基本学分	奖励学分			
			A	B	C		A	B	C		A	B	C	
语言文学	语文	3				阅读1								17
	英语	4				口语1 快速阅读 0.5								
数学	数学	3	1			练习1								5
社会科学	政治	2				邓小平理论 0.5								5.5
	历史	3												
	社会													

（续表）

学习领域		基础型				拓展型				研究型				学分总计
		基本学分	奖励学分			基本学分	奖励学分			基本学分	奖励学分			
			A	B	C		A	B	C		A	B	C	
自然科学	地理					物理实验0.5				理科综合1				10.5
	化学	2												
	生物	2												
	物理	2	0.5	物理竞赛1		生物科普0.5								
	科学					理选1								
体健		2				篮球1								3
艺术						1								1
技术	劳技	2				机器人小组1						英特尔科技1		6
	信息	2												
综合实践	军训	1												3
	班会	1												
	社会服务	1												
合计		30	1.5	1		9				1		1		43.5

比较上述两名同学的学业分析报告单可以发现：

其一，学分保障了学生共同的学习量，两位学生所获得的实际学分虽然不同，但在基本学分的统计显示其共同的学习量为 40 学分（基础型课程 30 学分，拓展型课程 9 学分,研究型课程 1 学分)。

其二,虽然学生获得基本学分的共同量相同,但学分在不同学科领域中的分配不同的,显示出这两位学生在学习兴趣爱好和个性能力发展的差异,反映了学生的素质结构。随着课程改革的不断深入,我校已经建设近百门拓展型、研究型课程。在课程实施中,有规定学生必须共同修习的科目,也有规定学生必须学习的课程领域,学生可以根据自己的兴趣爱好在领域内自主选择修习科目的课程,此外,还有学生可以自主选择课程领域修习的课程。学分制评价管理制度为这些课程的实施提供了有力的保障。

其三,学分制不仅能保障和反映学生学习的量,更重要的是也能够保障和评价学生学习的质、学生学习过程的进取性、学生个性特长的发展和自主学习的程度。上表中的顾同学语文学习成绩优秀,在班级学科学年总评成绩 15 名以内,经任课教师认定获得 1 个奖励学分,政治、历史学科也有相应奖励学分,比较客观地反映了她在这些学科学习"知识与能力获得"上的质。她参加"市民英语中级证书考核"经学校认定获得 2 个奖励学分;参加上海市作文竞赛获得一等奖,经过学校认定获得 3 个奖励学分,也比较客观地反映了她自主学习的程度与个性特长的发展状况。虽然物理学科学习成绩不算很好,但由于学习进步明显,经过任课教师认定获得 0.5 个奖励学分,也比较实际地评价了她在这一学科中的学习努力程度和进取性。

在具体的运行和管理过程中,学分制评价管理方案的实施涉及学校教育各个方面,以及多个部门,直至教师、学生每个成员,经过几轮实践,我校理顺了学分制评价管理的操作网络。

以学校的某一位具体教师的工作为例:孙老师是高一(6)班的班主任,从事语文教学二十几年,根据学生的考试成绩登记学籍卡、撰写学生评语、发放学生学业评价成绩手册的工作已经驾轻就熟。自从学校实行学分制评价管理制度后,孙老师的工作内容发生了改变:

由于对学生的评价不仅仅要关注学生的学习成绩,语文备课组对学生的学业评价从"课堂学习""课外拓展与研究""考试成绩"三个方面进行评价,他更加关注学生在课堂学习中的学习表现了,预习、课前演讲、听课、发言、质疑、课后作业、课外阅读,学生学习过程中的各方面都成了他关注的焦点。李同学学年总评成绩一般,但根据孙老师平时的记录,经过同学们的评议,他非常慎重地给了他"0.5"的奖励学分。

张同学在全国"新概念作文大赛"中获得一等奖,他及时地提醒张同学进行学分申报,并在张同学提交的"奖励学分申请表"上签上了鉴定意见,报送学校教研室审批,教研室审批后,将结果送到教务处备案。

作为"古代诗歌赏析"拓展型课程的授课教师,在对学生考查后将该课的学分登记送教务处,并按照5‰的比例提交了三个同学的奖励学分申请表,教研室认定后,给予了"0.5"的奖励学分,一个学期的课程结束了。

作为班主任,学期结束,他发放给学生的不再仅是学生的学科学习成绩了,而是教务处一年来汇总的学生学习学分记录表。

像孙老师那样,我校基础型课程、拓展型课程、研究型课程学时学分的认定,由任课教师考评,教务处负责记录归档。课程学习奖励学分的认定由任课教师提出申请,教研室认定,教务处记录档案。学生自主学习的课程和体现其个性特长的奖励学分,则由相关学科教师认定,由学校教研室审批,教务处归档。

第三节　学生综合素质评价制度

进入新世纪的课程教学改革,一个重要的思路转型就是从完整的人的视角理解和设计教育的路径与方法。伴随着这一理念转型,学生综合素质的培养与评价成为研究与实践的热点问题。2019年颁布的《国务院办公厅关于新时代推进普通高中育人方式改革的指导意见》更加强调了综合素质评价的重要性:"把综合素质评价作为发展素质教育、转变育人方式的重要制度,强化其对促进学生全面发展的重要导向作用。"提出要"强化对学生爱国情怀、遵纪守法、创新思维、体质达标、审美能力、劳动实践等方面的评价"。

在2014年9月3日发布的《国务院关于深化考试招生制度改革的实施意见》对综合素质评价作出了描述:"综合素质评价主要反映学生德智体美全面发展情况,是学生毕业和升学的重要参考。"2014年12月10日发布的《教育部关于加强和改进普通高中学生综合素质评价的意见》,提出"综合素质评价是对学生全面发展状况的观察、记录、分析,是发现和培育学生良好个性的重要手段,是深入推进素质教育的一项重要制度"。2018年11月颁布的《上海市普通高中学生综合素质评价实施办法》强调，要坚持立德树人，践行社会主义核心价值观，传承和弘扬中华优秀传统文化、革命文化和社会主义先进文化，反映学生全面发展情况和个性特长，着力促进每一个学生的终身发展，促进高中人才培养模式转变，为高校科学选拔人才提供参考。同时，该《实施办法》从品德发展与公民素养、修习课程与学业成绩、身心健康与艺术素养、创新精神与实践能力四个维度界定了学生综合素质评价的范围，为高中阶段的综合素质评价提供了基本的范畴和指导。

从概念上说，高中学生综合素质评价是评价主体依据评价指标和标准，运用恰当的评价方法，对照评价对象的实际表现进行价值判断的过程，其根本目的是促进高中学生在原有发展基础上全面而有个性地发展。基于这一概念，结合高中阶段学生成长发展和课程教学改革的特点，可以概括发现学生综合素质评价主要包括以下特征：

其一，综合素质评价注重学生的全面发展，关注学生发展的过程。学生综合素质评价关注的是完整的人的发展，并不是只重视某一方面的提升，以学生全面而有个性的发展为出发点和归宿，不仅关注学习成绩，还包括思想道德、技能体质、适应能力等各方面，要发现和发展学生多方面的潜能，关注学生发展的全过程，全面了解学生发展中的需求，引导学生全面而有个性地发展；其二，综合素质评价充分发挥评价的激励和导向作用，通过评价引导学校实施素质教育，引发学生提升自我、完善自我的愿望，明确自己的努力方向，促使学生改进自己的学习方式和学习行为，帮助学生树立自信心，激励学生不断进取。

由此，从本质上看，综合素质评价就是倡导全面评价、过程评价、多元评价观的具体应用，其价值导向就是全面和谐发展、个性特色发展、科学甄别遴选和可持续发展的教育理想，是科学育人、公平选拔、因材施教、分类培养、持续发展的教育治理导向。

对于综合素质评价而言，评价方法的建构是最为基础和关键的。评价方法是综合素质评价体系的重要组成部分，在评价实施过程中扮演着重要的角色。如果说理念是评价的灵魂，决定着评价的性质和取向，则技术和方法就是评价的骨骼，支撑和架构起评价的各相关因素，决定着评价完成的质量。[①] 综合素质

---

① 李雁冰.课程评价论[M].上海：上海教育出版社，2002.

评价实施以来,出现了诸多新的评价方法,如档案袋评价、表现性评价和苏格拉底研讨评价法等,但纵观综合素质评价方法的发展,仍然可以发现诸多问题,[①]如评价的运用僵化,与现实脱节,与评价的指标设计不符,对学生的全面发展促进价值不明显等,亟需通过校本化的研究和探索加以改进。基于这样的认识,大同中学着眼于高中阶段学生生涯成长的过程性、全面性,将综合素质评价与学生生涯指导有机融合,形成了基于学生全面发展和生涯教育的学生综合素质评价体系。

一、综合素质评价指标体系设计的基本原则

学生综合素质评价是一种全面呈现学生状态的评价,是促进学生自我认识、自我反省、自我纠正的评价。因此在评价的过程中应该坚持导向性原则、全面性原则以及发展性原则。发展性原则是综合素质评价中最重要的原则,评价不仅要关心学生的现实表现,更要注重学生的未来发展,使学生在原有水平上得以发展。

学生综合素质评价应秉承将个人的发展与学校的整体教育方针相结合的原则,同时坚持客观实际的原则、系统性原则、可比性原则。由于评价指标必须反映主体对象的共同属性,而学生在年龄、专业学习、生活环境之间存在着差异,因此在评价中按照可比性原则对评价结果加以适当的调整,以准确反映出学生的实际水平。

此外,在开展综合素质评价中应考虑评价是一个动态的过程,坚持动态化原则,关注学生个性发展,使评价贯穿于整个教育过程中。针对不同学生的特殊性,评价时要坚持差异公平的原则,既考虑到学生的共性又兼顾个性,发挥学生评价主体的作用,使评价更好地进行。在部分评价指标中可以考虑多方共同参与学生综合素质评价,也就是多主体参与评价,使评价主体多元化,激发评价主体的积极性,营造和谐的评价环境,获得全面的评价信息。

二、综合素质评价与学校人才培养的有效贯通

学生综合素质评价指标体系的建构与评价的实施,最终是为了促进学生的

---

① 靳玉乐,孟宪云.中小学综合素质评价的方法及其改进[J].西南师范大学学报(自然科学版),2014(1):142-147.

成长与发展。因此,就学校范围的实践看,综合素质评价的指标设计必然应该反映学校在人才培养上的独特定位。

随着中国学生发展核心素养的正式发布,明确了教育要以科学性、时代性和民族性为基本原则,以培养"全面发展的人"为核心,凝练成中国学生发展核心素养的内涵,综合表现为人文底蕴、科学精神、学会学习、健康生活、责任担当、实践创新六大方面。

根据学生发展核心素养的要求,我们从国家意志、学校传统和时代使命等角度思考如何奠定学生健全人格和基本公民素养的基础,如何为学生的未来人生做准备。学校提出以文化为引领,对学校培养目标进行再提炼;以核心素养的培育引领学校课程变革,突出多样化和选择性,对学校的课程进行再设计;支持学生个性化成长,对学校现有课程资源进行有效整合和深度开发。

依据学生发展核心素养的根本要求,在秉持大同校训"笃学敦行,立己达人"及培养目标"学会做人,学会学习,学会生活,学有特长"的基础上,我们提出了面向未来大同学子应该具备的五项必备品格,即全球意识、民族情怀、责任担当、全面发展、学有特长。同时,提出了学校着重培养学生的八大关键能力,即社会生活能力、团队合作能力、有效学习能力、信息与技术能力、实践行动能力、创意创造创业能力、批判反思能力和自主发展能力。学生综合素质评价的指标设计,要完整清晰地反映上述人才培养特色与追求。

三、学校综合素质评价体系的建构与运行

学校综合素质评价的设计依据《上海市普通高中学生综合素质评价实施办法(试行)》的相关要求,在确保共性记录的基础上,落实上海市综合素质评价四大评价模块的记录,包括品德发展与公民素养、修习课程与学业成绩、身心健康与艺术素养、创新精神与实践能力。同时,为基于生涯发展,彰显校本培养目标的落实,学校在上海市综合素质评价既有指标的基础上,进一步深化探索,细化了相应评价指标和观测点,以更全面、全程、多元地呈现学生在学校丰富的教育经历。

(一) 大同中学个性化综合素质评价指标体系的形成

在推进上海市普通高中学生综合素质评价实施办法过程中,我们认识到市

级的综合素质评价指标为兼顾公平和评价导向,在强调共性普适的基础上,学校学生培育的个性化部分的彰显略有不足。此外,对学生德智体美劳全方位的测量和记录的观测点,就大同的校情学情而言相对较窄,无法完整呈现学生实际在校所能参与、接受和发展的全部教育历程。

为此,学校在上海市综合素质评价指标的基础上,进一步深化探索,在对照四大评价领域,即品德发展与公民素养、修习课程与学业成绩、身心健康与艺术素养、创新精神与实践能力的基础上,结合校情学情,细化了相应评价指标和观测点,指向生涯发展,以更全面、全程、多元地呈现学生在校的教育经历(表5-3)。

表5-3 大同中学学生综合素质评价指标体系

上海市综合素质评价指标	拓展领域（维度）	一级指标	二级指标
品德发展与公民素养	社会参与	国家认同	政治认同、文化自信、国家意识
		社会责任	遵纪守法、关心集体、节能环保、公益服务
		公民道德	诚实守信、尊重生命、尊敬师长
		国际理解	全球视野、交往交流
修习课程与学业成绩	文化修养	学业水平	学业成绩、学科均衡、学科特长
		学习品质	学习表现
		学习能力	信息素养、技术技能、批判反思、合作交流、创新实践
身心健康与艺术素养	身心健康	身体健康	体质健康、体能机能、体育品格、运动机能
		心理健康	自我认知、人际交往、社会适应
	人文审美	艺术表现	人文修养、审美情趣、艺术技能
		艺术活动	审美体验、艺术创造
创新精神与实践能力	自主发展	生涯规划	志向目标、学业规划、职业体验、行动执行
		自主管理	自主自立、言行得体、个性特长、追求卓越
		实践能力	活动参与、团队精神、组织领导、问题解决

1. 社会参与——品德发展与公民素养的拓展

在上海市既有品德发展与公民素养的评价基础上,学校进一步强化对学生社会参与情况的考察。在社会参与下设四大一级指标：第一，国家认同。通过军训、团组织生活、党章学习小组、主题教育等活动重点培育学生的国家意识、政治认同与文化自信，旨在树立学生的爱国情怀，厚植文化之根。第二，社会责任。通过组织学生积极参与社会公益劳动、志愿者服务、值周班等落实遵纪守法、集体教育、节能环保、公益服务的培育，旨在引导学生做守法公民，勇担社会责任。第三，公民道德。通过课程德育、品德专题、生命教育等载体，引导学生诚实守信、尊重生命、尊敬师长，为学生的品德修养打上大同的烙印。第四，国际理解。通过对学生参与学校对外交流、合作研学、交换生等国际交流项目进行记录和评估，鼓励学生开阔视野，具备全球眼光。

2. 文化修养——修习课程与学业成绩的拓展

在上海市既有修习课程与学业成绩的指标基础上，学校进一步强化对学生文化修养的考察，不仅反映学生的学业水平，更关注学习背后的学习品质与学习能力的习得。文化修养下设三大一级指标：第一，学业水平。该指标在记录基础型课程、拓展型课程、研究型课程三类课程学习成绩与参与情况的基础上，进一步对学生学科发展均衡性、学科特长等开展观察与记录，旨在全面地呈现学生的学业水平。第二，学习品质。通过对学生学习态度、学习习惯的考察，包括学生的出缺勤情况、作业递交情况、复习预习情况等的记录，呈现学生的学习品质。第三，学习能力，通过学科教师对学生信息素养、技术技能、批判反思、合作交流、创新实践五方面的能力进行鉴定和评估，以反映学生的综合学习能力动态。

3. 身心健康与人文审美——身心健康与艺术素养的拓展

在上海市既有身心健康与艺术素养的指标基础上，学校进一步强化对学生心理与艺术素养的考察和记录，通过设置身心健康与人文审美两大维度，全面反映学生的身心与艺体发展情况。身体健康，通过对学生体质健康、体能机能、体育品格、运动技能四大二级指标的考察，不仅关注学生的基本身体素质概况，同时对学生的专项体育技能情况、学生在校常规体育锻炼中所表现出的品质进行系统梳理，以呈现学生的身体健康全貌，激发学生体育锻炼的热情。心理健康，重视对学生自我认知、人际交往、社会适应能力的考察。

人文审美包括设艺术表现与艺术活动两个二级指标。第一，艺术表现，通过对学生阅读书目、艺术特长、参与专项各类比赛的情况进行记录反馈，以呈现学生艺术的整体表现,激发学生钻研艺术的成就动机。第二,艺术活动,通过记录和呈现学生参与艺术类的体验或创造活动,呈现学生对艺术的热爱程度与参与情况,激发学生对艺术的参与度与积极性。

4. 自主发展——创新精神与实践能力的拓展

在上海市既有创新精神与实践能力的指标基础上,学校进一步强化对学生自主发展意识与生涯能力的考察和记录,通过设置生涯规划、自主管理与实践能力三大一级指标,激发学生的生涯意识、自主意识,引导学生对自己负责。第一,生涯规划。通过依托学校生涯教育数据平台对学生志向理想、兴趣爱好、优势特长、学业规划等的测试和记录,在导师的指导下学生规划高中三年个人发展的蓝图,树立生涯发展意识。第二,自主管理。通过对学生所担任的社会工作情况、各级各类获奖进行记录,体现学生的个性特长、言行举止、自立卓越等情况。第三,实践能力。通过对学生参与校园文化、社会实践、社团活动、主题教育等的考察,对学生的活动参与情况、组织领导力、团队协作力、问题解决能力进行评估,以激发学生实践能力的提升。

(二) 大同中学综合素质评价管理办法的制定

学生综合素质评价是此次教育改革的重要举措与教育评价改革的未来导向。学校首先必须立足上海的教育方针与政策,基于既有政策落实综合素质评价的实施。为此,学校根据《上海市普通高中学生综合素质评价实施办法(试行)》(沪教委基〔2015〕30 号)的相关要求,结合我校学生综合素质评价工作的实际情况,成立大同中学学生综合素质评价领导小组。该小组由校长牵头,由学生处、教务处、教学处、体艺科处、校团委、教师组成,学生自管会和家委会代表参与监督。

同时根据文件精神,结合上海市普通高中学生综合素质评价信息管理系统(以下简称"信息管理系统")的应用,为配合市区上级主管部门的实施要求,结合本校的特点,科学实施学校相关管理制度,规范本校学生综合素质评价信息的录入和使用,保障信息的真实性,制订有《上海市大同中学学生综合素质评价管理办法(试行)》。

1. 组织管理

学校成立大同中学学生综合素质评价领导小组(以下简称"校综评领导小

组"),主要由校长室、学生发展中心、教学处、教务处、体艺科处等部门组成。校综评领导小组负责协调和落实全校学生综合素质评价工作的组织、实施、管理和监督,日常事务由学生发展中心牵头协调。

校综评领导小组下设综评工作小组,由各部门相关人员组成,具体负责《上海市普通高中学生综合素质纪实报告》(以下简称"《纪实报告》")的相关信息记录工作。教务处、教学处负责"修习课程与学业成绩""研究性学习专题报告";学生发展中心负责"品德发展与公民素养"和"学校特色指标——人文素养类"记录的管理;体艺科处负责"身心健康与艺术素养""学校特色指标——科技创新类"以及"参加科技活动、取得创造发明、专利情况"记录的管理。

将学生自管会和家委会纳入综评工作小组,及时通报工作情况,听取意见和建议。

成立学校"研究性学习专家委员会"(以下简称"专家委员会"),负责制定学生"研究性学习专题报告"的审核办法,对学生提交的"研究性学习专题报告"及其佐证材料的真实性实行导师、专家委员会二级审核认定制度。

由学生发展中心牵头,设定专人负责信息审核、公示、录入(包括信息输入、核对、上报三个环节)、维护和管理等相关工作,建立相关工作流程。

每学年要结合学生实际需求,系统梳理社会实践资源;制定本校学生参加志愿服务(公益劳动)等社会实践活动的计划,确保学生百分百有岗位,百分百完成社会实践规定学时,并鼓励学生发扬志愿者精神,投身更多的社会志愿服务活动;主动对接社区、社会实践基地,建立学生社会实践的双向签约制度,不断丰富学生社会实践基地,提供更多的选择性;要求学生生涯导师参加学生的志愿服务(公益劳动)等社会实践活动,及时记录学生参加社会实践活动的情况。

2. 主要任务

指导学生:班主任和学生生涯导师要指导学生填报"自我介绍"和"研究性学习专题报告"的内容。

——指导学生按时、客观、真实地记录学习和成长经历。

——指导学生在每学期末整理、遴选用于撰写自我介绍的材料;在高中毕业前再次遴选高中三年积累的典型事例,用于撰写"自我介绍"。

——指导学生在高三第一学期遴选"研究性学习专题报告"。

系统维护：学生发展中心负责在学生军事训练、农村社会实践、国防、民防活动结束后，及时记录学生参加活动的情况，并在规定时间内录入信息管理系统。

学生发展中心负责在每学期末，及时录入学生本学期获得的个人先进荣誉称号；负责遴选出 1—2 个具有代表性的重要党团活动（主要指学生参加各级入党积极分子学习班、高中生党校培训，以及市、区县、学校共青团活动），录入学生参加党团活动情况。

学生发展中心负责将违纪违规情况和是否有犯罪记录在高三最后一个学期统一录入，对受警告、严重警告、记过、留校察看处分的学生，在受处分后确有悔改表现，可按有关规定和程序解除其处分。

由教学处、教务处负责在每学期末，及时将学生本学期基础型课程学期成绩原始分、学生修习的拓展型课程科目、学生参与非本校组织的各类调查研究课题或实践项目及其相应的总学时录入信息管理系统。

其中，研究型课程，包括学校开设的专题研修课程、课题研究课、CIE 课程，由课程导师负责提供选修该课程的学生名单，由教学处负责审核录入。要求每个学生至少选修上述三类课程中的一项，完成规定学时以后必须提交研究性学习报告。研究型课程每学年末录入。

学校专家委员会对学生提交的"研究性学习专题报告"及其佐证材料的真实性进行审核认定。指导教师（包括校内外教师或专家）要撰写对代表作的简要评语，保证评语的客观性。高三第一学期末，学校完成研究性学习专题报告的审核、公示和录入工作。

学校设置两项"学校特色指标"，包括人文素养类特色指标——"七彩校园"和科学素养类特色指标——"创新素养培育"。学校成立特色指标工作小组，负责特色指标信息搜集、审核和录入工作。其中，学生发展中心负责"七彩校园"特色指标的具体操作，由专人负责根据特色指标要求记录学生参与相关活动的情况，包括参与活动、学生获奖及学生参与组织活动的情况；体艺科处负责"创新素养培育"特色指标的具体操作，由专人负责根据特色指标要求记录学生参与相关活动的情况，包括参与活动、学生获奖、学生参与组织活动的情况。学生参与校外各种比赛（特指不能列入综评网对应项目的比赛），可以向特色指标工作小组提出申请，并递交佐证材料，经特色指标工作小组认定，可以计入特色指标对应类别并予以等第确认。学生的"学校特色指标"表现由学校在每学年的 9 月份录入上学年的内容，一年一录。（红色标记表示和市里的规定有些不一样，是我们学校实施过程中根据实际操作进行的修正）

3. 推进使用

引导学生开展自我评价并进行自我调整和自主管理，实现全面而有个性的发展。

促进教师转变观念，加强对学生成长过程的指导和生涯辅导。

深入系统地分析、利用综合素质评价信息，组织开展各种素质教育活动，促进学校形成人才培养的特色。

4. 审核监督

学校拟录入的信息经审核或评定后在校内公示 7 个工作日，公示无异议的，由学校统一录入信息管理系统。信息管理系统自动生成的《纪实报告》，经学生确认后在本校公示（涉及个人隐私的信息除外）。公示无异议后，由学生本人签字，再经班主任和校长签字以及学校盖章后存档。

在公示期内，学校接受本校家长和学生对相关学生的综合素质评价材料的质询与投诉，若查实信息有误，学校需更正并重新审核相关内容。

四、综合素质评价与学生的生涯发展指导

自 2015 年以来，大同中学的高中生在毕业之际，都会生成一份综合素质评价纪实报告。报告记录了学生在品德与素养、学业成绩、身心健康、创新精神与实践能力等方面的表现，由市统一的信息管理系统存档，并供高校招生参考使用。在我看来，这份报告字字千钧，其实回答的是三个问题：

"我是谁"——"我"有哪些兴趣爱好、学科特长和专业志趣；

"我从哪里来"——"我"在高中三年拥有怎样的学习和成长经历；

"我要到哪里去"——"我"的志向和目标追求是什么。

能从容回答这三个叩问的学生，自然就是一个有故事的人。而故事，其实就是素养和能力的外显。高中是学生个性形成、自主发展的关键时期，要让学生的综合素质评价报告出彩，需要指导学生对高中生活进行设计，让学生一进入高中，就能学会对三年进行整体规划，思考未来的目标、人生的彼岸，以及通往彼岸的途径。

所以，从某种意义上讲，综合素质评价，不是"评"出来的，而是"做"出来的；这种"做"也不是野蛮生长，而是以终为始的有序生长。所以学校必须"加强对学生理想、心理、学习、生活、生涯规划等方面指导，帮助学生树立正确理想信念、正确认识自我，更好地适应高中学习生活，处理好个人兴趣特长与国家和社会需要的关系，提高选修课程、选考科目、报考专业和未来发展方向的自主选择能力。"这也就意味着学生综合素质评价必须与学生生涯指导建构起互通联动的关系。

（一）生涯测评：找准起航的锚点

学生的生涯发展需配置相应的过程性记录，以呈现学生在学校的完整教育经历，这一经历涵盖上海市与学校综合素质评价所涉及的相应内容，同时更多地指向学生的生涯发展。为此，学校通过引进生涯教育数据平台，结合学校综合素质评价记录手册，为学生提供相应的生涯测评与数据记录与指导。

该生涯教育数据平台内容丰富，包括引导学生明确自我的生涯目标，评估当前的生涯现状，制定生涯规划的实施措施，在实践中反思和修正自我的生涯规划等。借助该计算机辅助系统，可以有效快捷地辅助学生开展生涯教育。

学校在每年新生入校报到后，预备期教育的第一项工作就是借助计算机系统开展生涯测评，为后续的生涯教育开展前测。新生一人一号，点开网页，在一周内完成相关初测。之后的三年，这个系统都伴随着学生成长。该生涯教育数据平台主要包括：生涯测评系统、信息数据库、生涯决策系统、生涯辅导系统和学生成长电子档案。

作为生涯教育的重要分析和诊断工作，生涯评估主要包括四个方面的目的。一是诊断：系统性地诊断、评价和促进学生的自我认知；二是预测：预测未来的学业和工作成就，为生涯探索提供相关信息；三是比较：将个体的特点与群体进行比较，促进个体的生涯探索；四是发展：为学生提供指导发展方向，引导学生探索自我、激发潜能。

其中，发展是生涯评估在生涯教育中的主要目的。通过评估学生与专业选择相关的兴趣、价值观、个性等因素，得出该学生关于学业、专业与职业发展方向的指导性参数，为学生提供兴趣发展、能力提升、学习风格调整等方面的建议，也为学生的学业方向及职业发展方向决策提供参考意见。

生涯评估主要聚焦于自我认识与探索、外部世界探索、生涯发展水平评估、生涯支持系统和身心健康状况等五个方面。每个方向都有评估工具可以尝试使用。其中,自我认识与探索包括兴趣、性格、能力、价值观等;外部世界探索包括职业探索、学科专业探索、生涯探索行为等;生涯发展水平评估包括生涯成熟度、生涯决策困难、生涯信念与生涯障碍等;生涯支持系统包括父母期望与生涯社会支持等;身心健康状况包括学习生活适应性和心理健康等。

兴趣评估——兴趣是最好的老师,它是学生学科成绩、学业满意度及生涯发展的决定性因素之一。聚焦自己的兴趣,可以带给学生们"高峰体验",充分发挥个人才能,创造性地学习和生活,提高效率。如通过霍兰德兴趣测评,学生可以发现自己的兴趣类型,从而找到适合自己的大学专业和努力方向。

多元智能评估——多元智能理论认为,每个人都有着自己的优势智能和独特的智能结构;每种智能都受到环境和教育的影响而不断发展,各种智能的发展情况也因人而异。通过该测评,可帮助学生探寻多元智能结构,发现自己的优势,最终依据多元智能的测评情况给予学生选择未来专业和职业的建议。

性格评估——每个人都是不同于其他人的独特的个体,如 MBTI 性格理论认为,每个人都会有某种思维方式、重视某些价值观和情感的偏好,由此体现出我们与他人的异同。通过性格评估,可以帮助学生了解自己的性格类型及特点,学会理解、欣赏自己和他人,从而提高学习效率,促进人际和谐。

价值观评估——学生在学校的日常学习生活中,经常会面临各种选择,什么重要,什么不重要,这些背后是价值观的衡量。知晓自己的价值观,能够帮助学生明晰学习及其他活动的意义;分清轻重优劣,在每一个当下,做出令人满意的决策。通过该测评,学生能从长远的角度来激发自己努力学习,学会珍惜,从容选择。

学习生活适应性评估——青少年时期是个体心理迅速走向成熟但又尚未完全成熟的过渡阶段。生理特征的突变,学习压力的逐年增加,以及外界环境的各种变化,都会给学生的学习、人际、生活带来不同程度的影响。这项评估可以帮助学生了解自己当下的适应状况,为进一步自我调适、寻求支持与帮助提供参考。

呈现一组数据来说明生涯评估对综合素质活动设计的重要性:

图 5 - 2　2016、2017 级学生兴趣类型评估比例

　　这是分别对 2016 级和 2017 级学生进行的霍兰德职业兴趣测试。测试结果显示：2016 级学生在兴趣类型偏向上在社会型、研究型所占比例较大；2017 届学生在艺术型、研究型、社会型所占比例较大。尤其令人惊讶的是两届学生相比，2016 届学生社会型偏向最高，高达 58％，2017 届学生艺术型偏向最高，高达 35％。生涯规划报告给出的建议是：社会型学生，学校可多提供与人沟通、交往、团队协作的机会，促进学生发展出高超的社交技巧和进取精神；艺术型学生，可以营造自由、舒适的学习氛围，增强艺术性和表达性，如运用音乐、美术等艺术形式，让学生通过各种方式获得知识和表达自我。

我们可以设想,如果对 2017 级的学生执行为 2016 级学生设计的综合素质活动,学生将会经历怎样的旅程。

(二) 生涯教育:帮助学生找到"赛道"

寻找赛道是一个对自我认知不断调整的过程。而这当中,既有教师情感的浸润,也有生涯教育的方法论。

在大同中学,学生从高一进校就开始接受生涯教育,一直延续到高三毕业。这一系列的生涯主题教育活动,不是杂乱无章的,而是实现了内容序列化。具体来说,有四个方面。

一是生涯认知。这是生涯教育的最初阶段,通过课程、主题班会、学科渗透等方式,帮助学生在自我认知、社会角色、职业角色、社会行为及自身应负的责任等方面,有初步认识。

二是生涯测评。学校引进了多种测评工具,包括卡特尔人格测试、霍兰德职业兴趣测试、多元智能测试、MBTI 性格评估、学科素养测评等,对学生将来适合什么样的专业和职业,提供参考。

三是生涯体验。在生涯主题班会、心理月、生涯成长工作坊、职业体验日、家长进课堂等丰富的体验活动中,学生逐步形成正确的职业观、人生观与价值观。

四是生涯实践。学校跟复旦大学合作开辟复旦科技人文讲座,让学生在大学先修课程中提前了解大学专业。同时,结合"十八岁成人教育",带领学生撰写生涯规划书、进行专题研究等。

除了内容序列化,学校还针对高一至高三年级学生的身心发展特点与成长需求,做到生涯教育年段序列化。

高一年级指向"认识自我,初步规划",以"点燃梦想"为主题,开展"梦YUAN"系列活动;高二年级指向"体验职业(专业),调整规划",以"奠基梦想"为主题,开展"梦 XIANG"系列活动;高三年级指向"选择专业,明确发展",以"追逐梦想"为主题,开展"梦 FEI"系列活动。

而每一个年段,同音不同字的系列活动,诠释不同的内涵。以高二"梦XIANG"系列活动为例,包括梦乡系列、梦项系列、梦想系列、梦响系列、梦祥系列、梦香系列等。由此实现横向贯通,各大板块序列化。

同时,纵向上,三大年段也得以衔接,分层递进。

比如,高一"梦缘"系列,是邀请家长、专家来班级为学生作人生观、价值观的指导,激发学生个人梦想;邀请毕业校友与同学们互动交流,共话成长,明确自己的人生目标。

高二"梦响"系列,是利用假期走入企业,寻找未来职业发展的可能性和兴趣点;利用课余走近高校参观考察,了解名校历史,体验名校的校园文化。

高三"梦菲"系列,是开辟"理想中的大学"专栏,分批分类介绍世界或中国名校,为高考的选校和选专业传递更多信息。

从高一到高三,是纵向衔接、横向贯通、螺旋上升、分层递进的整体推进。学生在高一能做到认识自己,认识周围的资源;在高二初步定下方向,再结合自己的学习能力选择课程,能够更多地了解自己;在高三,能更加明确目标,付出行动。

内容和年段的序列化生涯指导,构建了大同中学的"彩虹生涯成长伴随系统"。在成长伴随中,学生就会对未来有着比较清晰的规划,自然也会缓解高考的焦虑情绪。

（三）导师陪伴,导航成长

导师制是一种能够贯彻全员育人、全过程育人、全方位育人的教育制度,它适应综合素质培育的要求和人才培养目标的转变,要求教师营造一个合作、开放、主动和互动的育人环境,针对学生的个性差异,指导学生的思想、学习、生活与生涯发展。

导师可以从以下三个方面协助生涯教育的实施:

第一,面向个体,提供个性化指导。相对于一个班主任管理一个班级,导师可以充分尊重每个学生的独特性,进行个性化指导。每个学生的兴趣爱好、学习能力、所处的环境以及境遇是不同的,被充分尊重,才会激发更大的潜能和创新力,成长为更好的自己。

第二,全过程育人,提供全程化指导。导师制要求导师持有整体性和一贯性的观念,关注学生从入学至毕业的整个教育过程,以及在这个过程中学生在学习、生活、心理、生涯发展等各个教育环节的表现,并给予及时、有针对性的指导。这个特点符合"全程生涯发展"的理念,有助于学生对自己进行动态评估、持续激励和及时调整。

第三,全员育人,提供未来学科方向指导。作为生涯教育实践教学的导师,加强了各个学科学习与生涯发展的全面渗透和融通。同时,也能根据学生专业学习的特点及学习的实际情况,充分发挥学生自身的特长和优势,帮助学生找到感兴趣的领域和持续努力的方向。

上海市大同中学"学生成长导师"工作条例(草)

一、总则

1. 学生成长导师是学校实施优质教育管理、全面育人的重要实施者。学生成长导师与本班班主任组成导师团队,协作开展教育工作。

2. 学生成长导师由校长聘任。在教师任职条件基础上突出考查以下条件:作风正派,心理健康,为人师表;热爱学生,善于与学生、学生家长及其他任课教师沟通;学识广博,把握教育教学发展规律,具有较强的生涯(学涯)指导能力。

二、学生成长导师基本任务

1. 关注受导学生的思想、品德、行为上的细节表现,尊重、爱护学生,采取多种方式与学生沟通,帮助、指导受导学生形成良好的思想道德品质。

2. 关心受导学生的身心健康,对受导学生进行心理疏导和健康指导。

3. 关心受导学生的学业进步及个性特长发展,指导学生改进学习方法,提高学习能力。

4. 指导受导学生合理安排课余生活,引导受导学生参加积极向上的文化娱乐活动。

5. 经常与受导学生家长及其他科任教师沟通,全面了解学生成长过程中的各方面表现。

6. 组织落实好受导学生的综合素质评价工作,指导学生开展学涯规划,实事求是地评定学生,向学校提出奖惩建议。

三、学生成长导师工作职责

1. 每位导师指导6—12名学生。通过对学生思想引导、心理疏导、生活指导、学力辅导等促进学生全面和谐发展和个性化发展。

导师每周至少与受导学生谈心辅导一次,并记录辅导内容;受导学生每周一次向导师汇报生活学习情况;必要时可随时汇报和咨询。

2. 全面了解学生情况,为受导学生建立成长记录档案。

包括:学生基本情况(道德素养、行为习惯、身心发展状况等);学生个性特征(性格、兴趣、特长与潜能、学习风格、智力结构、职业倾向及发展目标等);教育背景(学生的学业成绩记录及分析、成长记录等);学生家庭背景及社会关系情况等。根据学生个性特征、社会发展状况和趋势对学生进行生涯指导。

3. 关注学生的思想道德。防止和纠正不良行为的产生和发展。关心学生的心理健康教育,指导学生的生活和心理的辅导。

4. 关心学生的学业进步及个性特长发展,指导学生选课,指导记录《学生生涯(学涯)发展手册》。

5. 及时与学生家长、班主任、其他任课教师沟通,全面掌握学生在各方面的表现,并适时引导。

导师应对受导学生本人及其家庭有清晰的了解。每月至少一次电话联系,每学期至少进行一次家访或者开一次家校联席会议。家校联席会议由导师提出申请,由班主任协调举行。

6. 鼓励导师开展个案记录和分析。在教学处、班主任协调下,每学期至少开展一次学生情况分析会。必要时对重点案例进行集体会诊,提出解决方案。

7. 导师应组织落实好受导学生的综合素质评价工作,指导学生开展学涯规划,对受导学生的进步和发展情况作出实事求是的评价,向学校提出奖惩建议。

8. 每学期结束前最后一周,导师将指导记录上交教学处或上传校园网存档。

四、学生成长导师工作考核

1. 学校给导师颁发证书并记入教师业务档案。

2. 学校通过导师自评互评、班主任评价、学科教师评价、学生及家长评价等多种形式,采取定性与定量、过程与结果相结合的方法,对导师的工作进行客观公正的评价和考核。

3. 教学处负责检查、督导导师完成《指导记录》。学生处负责汇总受导学生反馈和发展表现。

4. 学生成长导师工作记入教师绩效考核工作量。导师每年的考核成绩作为年度评先、评优、评职等重要条件。每学期对优秀导师给予表彰。

总而言之,学生评价改革是我国教育改革的关键环节,影响着素质教育的推进及教育公平的实现,是落实立德树人根本任务的关键所在。① 学生评价在我国教育教学和课程变革的历史上有着悠久的积淀和传承,如何在更好地传承基础上实现与时俱进的评价变革创新,这是教育改革始终应该关注的问题。随着大数据、人工智能等技术的发展,教育评价迎来了第五代变革。其中学生立体评价是应有之义。立体评价要求将学生纵向学习的全过程与横向发展的全要素整合起来,要求尊重学生人格的完整性、表现的日常性、成长的动态性、发展的差异性,不仅强化传统评价的功能,还将引领学生学习、教师教学、学校管理等的根本性变革。为了适应教育评价变革的时代需求,中共中央、国务院联合印发了《深化新时代教育评价改革总体方案》,对新时代教育评价改革的理念、要求、保障等进行了总体部署。对照新时代教育评价改革的相关理念,我们可以反思大同中学的学生评价探索历史,这种反思让我们深刻感受到大同中学的学生评价,即使放在今天,也依然具有重要的价值,比如——

大同中学的学生评价尊重学生发展的差异性。具体的人都具有丰富性。这种丰富性带来了个体的差异。就学生而言,每一个具体的学生都是一个独特的个体,其学习和发展的起点、过程和结果都有很大的差异。不论是学分制评价改革,还是最初的特长生认定和"五免"制度,都是基于对学生成长差异的尊重,都是为了建构指向学生个性发展的评价体系。

大同中学的学生评价尊重学生成长的动态性。学生是具体的人,其成长是一个连续的动态过程。拘泥于某一个固定时空的静态评价难以准确评价学生,只有实施贯通学生发展全过程的动态评价,才可能更好地评价学生,发挥评价的育人功能。正因为如此,大同中学的学分制评价体系和综合素质评价体系,一贯倡导把学生各年级学习情况的全过程纳入评价范围,强化过程评价,改进结果评价,探索增值评价,更加关注学生成长状态,通过评价的改革真正实现赋能学生成长的价值。

大同中学的学生评价尊重学生人格的完整性。每一个学生都是具体的人,也都具有完整性。对他们的评价,也只有全面完整才是实事求是、公平合理的。从本质上说,不论是特长生认定,还是"五免"制度,还是后来的学分制评价和综合素质评价,虽然重点不同,但是本质都是指向人的全面发展的评价。这种评

① 沈茜.我国学生评价的历史变迁及其本质反思[J].上海教育科研,2018(5):20-24,90.

价,真正改变了用分数给学生贴标签的做法,创新了德智体美劳过程性评价办法,完善了综合素质评价体系,就充分体现了对人的全面性的尊重。

　　大同中学的学生评价体现了评价的服务功能。评价是从认识世界走向适应世界、改造世界的介质。评价本身不是目的,其目的在于加深对世界的认识,以更好地适应和改造世界。因此,评价具有面向实践的生产性和突出的服务功能。大同中学的学生评价从来都不是孤立的,也不是为了给学生进行"分类定级",学校一直倡导教师通过合理的路径分析评价结果,积极探索基于评价结果的学生生涯指导改进、学科教学改进和课程教学综合改革改进。这就很好地体现了评价的服务性功能,让大同中学的学生评价即便在新时代的课程教学改革背景下依然能够散发光芒,也让评价领域的改革真正成为大同中学课程教学改革基因的重要承载和成效的重要保障。

结　语

以课程供给改革促进学校育人方式变革

教育是培养人的实践活动,何以把人培养好是教育发展必须有的自我追问。要在理论和实践层面回答好这个问题,必须将教育放置在更为深远和广阔的历史时空背景和视野中,通过其自身的不断解放实现文化的传承与创新,促使人性在新时代背景下的圆融和谐,以培养具有坚定理想信念、良好道德品质、宽厚人文科学基础、扎实专业知识技能以及具有好学、反思、创新思维和行动能力的人才,积极推动社会的文明进步,创造人类的美好生活。[①]

教育是活态的,它与时代的发展密切相关,其价值、目的和功能随着社会生产力、科学技术的发展及其对人才素质能力要求的不同而有所变化,尤其反映在教育与人、社会的互动关系层面。因此,讨论教育变革,讨论人才培养,不能够脱离现实的社会环境。

2020 年,全球新冠肺炎疫情的暴发深刻改变了社会发展和教育变革的进程。对于教育而言,现在的确是艰难的时刻,但这也是教育创新的最好时机。我们可以利用这个时机,重新构想教育生态。按照 PISA 创始人安德烈亚斯·施莱歇尔的理解,未来的教育,并不仅仅着眼于知识、技能、态度和价值观,更为

---

① 田夏彪.文化·人性·实践:新时代教育发展路向探思[J].内蒙古社会科学(汉文版),2020(6):189-195.

重要的还在于,调动自己的认知和社会情感资源的能力,行动起来,做出改变。学生的主体能动性应当是学习的中心。OECD(世界经合组织)认为,学习就像是一个罗盘,重要的不是要教学生具体的知识,而是要提供一个罗盘,帮助他们找到自己的方向,帮助他们明辨是非好恶,而显然,对于学校教育来说,课程的持续变革就是赋予学生未来发展"罗盘"的最有效、最直接,也是最重要的方式。

我们仍面临着多重挑战。气候变化,这给我们造成的影响要比疫情大得多。人工智能,这也将彻底革新我们的思考方式和工作方式。在一个充满人工智能的世界里,"人"又到底意味着什么呢? 教育能否帮助我们解答这个问题?

随着课程改革的不断深入,课程改革已经到了需要整体推进的时候了。如何整体推进? 就是同时对课程、教学、学习三维进行重新审视。[①] 回顾大同中学的课程教学改革历史,我们能够深刻感受到:大同中学始终站在为党育人、为国育才的战略高度谋划学校课程教学改革,为国家发展、社会进步培养了大量的高素质人才;大同中学始终坚持自我革新,在守正中传承学校良好的改革"基因",在创新中建构适应时代发展的课程、教学、管理、评价体系,确保学校始终走在高中课程教学改革的前列,发挥了很好的引领与辐射价值;大同中学始终坚持以学生的发展为本,围绕学生全面发展、个性特长,坚定不移地推动课程教学的供给侧改革,让课程教学真正成为学生发展的有力助推和支撑;大同中学始终以系统性思维开展课程教学改革,聚焦课程、聚焦教学,而又不仅仅拘泥于课程和教学。能够通过学校管理、制度建设、文化建设、师资建设、家校联动等,建构支撑课程教学改革的完整保障体系,最终让课程教学的改革顺利实施,让大同的课程理想不断变为现实。除此之外,更为重要的是,大同人深刻牢记习近平总书记的重要教导,"一任接着一任干""一张蓝图绘到底",十几任学校领导,始终不忘立德树人的初心使命,以"功成不必在我"的胸怀和"功成必定有我"的担当,通过接续奋斗不断实现大同课改的光荣与梦想。也正是这种基因的传承,塑造了今天的大同,也将铸就更加美好的未来的大同。

当前,中国经济社会发展进入新时代,新时代呼唤新作为,新时代孕育新使命。对于新时代的学校教育而言,改革创新是时代发展的不竭动力,更是教育发展的时代主题。习近平总书记在全国教育大会上强调,要"坚持深化教育改

---

① 陈国安.论新时代课程改革的趋向[J].江苏教育研究,2020(32):17 - 20.

革创新"，深刻总结了我国教育改革发展的重要经验，为新时代我国教育改革创新指明了前进方向。深化教育改革创新、推动新时代教育改革发展，必须坚持以习近平总书记关于教育的重要论述为根本遵循，①聚焦学校发展的现实问题，守正创新，锐意进取，以改革创新激发教育活力，不断推动学校教育越办越好、越办越强。对于新时代的大同人而言，也就是要秉承大同课改的优良基因，立足新时代高中教育的新背景、新问题、新理念，以持续的课程供给改革促进学校育人方式的系统性变革，真正打造适应新时代教育改革发展需要和人才成长需求的高质量学校人才培养体系。

为贯彻落实全国教育大会精神，全面提高普通高中教育质量，国务院办公厅制定了《关于新时代推进普通高中育人方式改革的指导意见》（下称"指导意见"）。这是新世纪以来国务院办公厅出台的第一个关于推进普通高中教育改革的重要纲领性文件，是全面落实全国教育大会精神的行动指南，是对普通高中教育综合改革的系统设计和全面部署。

当前普通高中已经进入以内涵发展、提高质量为重点的发展新阶段，又面临普及攻坚、课程改革、高考综合改革三项重大改革同步推进的关键时期，《指导意见》的出台，具有重要的现实和战略意义。基层学校贯彻落实《指导意见》，应该运用系统思维，坚持问题导向和目标导向相统整的原则，聚焦育人关键环节和重点领域进行改革实践，实现育人方式的变革。

学校的育人方式变革不应是局部推进，而应是整体变革；不应是被动应对的，而应是主动作为；不应是碎片行动，而应是系统设计。当然，也绝不是"休克式"的，而是在学校文化传承基础上的创新行动。可以按照这样的路径进行系统设计：根据考试和招生制度改革的方案以及学生综合素质评价的要求，结合学校特点，落实国家育人要求，构建学校学生综合素质培养目标，对学校培养目标进行再提炼；以学生综合素质培养目标引领学校的课程变革，突出多样化和选择性，对学校的课程进行再设计；支持学生个性化成长，构建学生发展指导机制；促进教师专业化发展，加强教师专业素养的学术建构；促进包括学校管理机制、信息化系统等在内的学校支持系统的变革，对学校现有课程资源进行有效整合和深度开发，为学生的成长提供强有力的支持。

---

① 樊伟.推动新时代教育改革创新向纵深发展[J].中国大学教学,2020(10):4-7.

　　课程改革，只有进行时，没有完成时。始终站在学生的立场，通过持续不断地守正创新，扎实推动课程的供给侧改革，让课程建设赋能学生发展，赋能教师成长，赋能学校变革，这是大同课程改革"基因"的最终价值指向，也是我们新一代大同人继续努力奋斗的目标和方向。

主要参考文献

1. 赫尔巴特.普通教育学:教育学讲授纲要[M].李其龙,译.北京:人民教育出版社,1989.

2. 佐藤学.课程与教师[M].钟启泉,译.北京:教育科学出版社,1999.

3. 郑金洲.教育文化学[M].北京:人民教育出版社,2000.

4. 崔允漷.校本课程开发:理论与实践[M].北京:教育科学出版社,2000.

5. 大同中学.上海市大同中学[M].北京:人民教育出版社,2002.

6. 虞永平.学前课程价值论[M].南京:江苏教育出版社,2002.

7. 李雁冰.课程评价论[M].上海:上海教育出版社,2002.

8. 孙少平.新中国德育五十年[M].福州:福建教育出版社,2002.

9. 威尔逊.论契合:知识的统合[M].田洺,译.北京:生活·读书·新知三联书店,2002.

10. 杜威.道德教育原理[M].王承绪,译.杭州:浙江教育出版社,2003.

11. 小威廉姆·E.多尔.后现代课程观[M].王红宇,译.北京:教育科学出版社,2004.

12. 梁漱溟.中国文化要义[M].上海:上海人民出版社,2005.

13. 海姆.G.吉诺特.教师怎样和学生说话[M].冯杨,等,译.海口:海南出版社,2005.

14. 钟启泉.课程的逻辑[M].上海:华东师范大学出版社,2008.

15. 张华.课程与教学论[M].上海:上海教育出版社,2012.

16. 朱小蔓.关注心灵成长的教育[M].北京:北京师范大学出版社,2012.

17. 盛雅萍,马学强.沪上名校百年大同研究[M].上海:上海辞书出版社,2012.

18. 皇甫全.现代课程与教学论[M].北京:人民教育出版社,2014.

19. 林崇德.21世纪学生发展核心素养研究[M].北京:北京师范大学出版社,2016.

20. 赵慧.创新人才培养的新视角[M].北京:科学出版社,2018.

21. 刘志军.发展性课程评价研究[D].上海:华东师范大学,2002.

22. 张东江.论思维能力及其培养[J].河北学刊,1993(4).

23. 上海市大同中学.讲究实效　操作有法——大同中学深化爱国主义教育的经验总结[J].上海教育科研,1994(7).

24. 杨兆山.论邓小平教育思想的核心与基本点[J].东北师大学报(哲学社会科学版),1996(2).

25. 余龙进,刘绍龙.爱国主义教育是一门学科[J].淮阴师专学报,1997(2).

26. 顾惠梁.学科德育再探[J].上海教育科研,2000(3).

27. 大同中学.合作与探究:上海市大同中学校本课程开发分析[J].教育发展研究,2000(7).

28. 王策三.保证基础教育健康发展——关于由"应试教育"向素质教育转轨提法的讨论[J].北京师范大学学报(人文社会科学版),2001(5).

29. 沈建民,谢利民.试论研究型课程生命活力的焕发——兼论研究型课程与基础型课程拓展型课程的关系[J].课程·教材·教法,2001(10).

30. 胡献忠.校本课程:概念、意义与地位[J].淮南师范学院学报,2002(1).

31. 李其龙.让每一个学生的特长得到充分发展——德国普通高中阶段课程研究[J].全球教育展望,2002(3).

32. 李琦.建国初期全国高等学校院系调整述评[J].党的文献,2002(6).

33. 吴滨.学校在课程改革中要处理好的几个关系[J].基础教育研究,2003(6).

34. 杨明华,张瑞田.承担名校文化使命　培育时代大同新人[J].上海教育科研,2003(9).

35. 何玉海.课程改革中隐性课程的作用不容忽视[J].教育理论与实践,2004(2).

36. 吴康宁."有意义的"教育思想从何而来——由教育学界"尊奉"西方话语的现象引发的思考[J].教育研究,2004(5).

37. 刘徐湘,胡弼成.教育学中"具体的人"——现象学的视域[J].高等教育研究,2005(3).

38. 郭必裕.课程群建设与课程体系建设的对比分析[J].现代教育科学,2005(4).

39. 彭寿清.学科德育:一种有效的德育模式[J].重庆大学学报(社会科学版),2005(5).

40. 钟启泉.中国课程改革:挑战与反思[J].比较教育研究,2005(12).

41. 杨白莉.素质教育呼唤差异性教学[J].吉林教育,2006(10).

42. 何勇平,范蔚.校本课程的特色与学校更新[J].课程·教材·教法,2006(10).

43. 张烨.重读五十年代的院系调整——基于教育政策借鉴理论的视角[J].华东师范大学学报(教育科学版),2007(1).

44. 查有梁.论新课程改革的"软着陆"[J].教育学报,2007(2).

45. 施扣柱.民国时期上海对私立学校的管理模式[J].社会科学,2007(2).

46. 崔允漷,周文叶.学校文化建设:一种专业的视角[J].教育发展研究,2007(5A).

47. 程智.德育课程化之探微[J].北京教育(普教版),2007(9).

48. 郅庭瑾.为思维而教[J].教育研究,2007(10).

49. 刘铁芳.小心守护学校的历史[J].教书育人,2007(12).

50. 李宝庆.新课程背景下的学校教育哲学变革[J].教育发展研究,2008(18).

51. 胡萨,宁虹.课程:作为一种实践[J].首都师范大学学报(社会科学版),2009(6).

52. 王会亭.复杂性科学视域下的中小学课堂教学改革[J].青岛大学师范学院学报,2010(4).

53. 郝德永.从两级到中介:课程改革的路径选择[J].教育研究,2010(10).

54. 张朝珍,杜金山.指向学生差异的教师教学决策框架[J].全球教育展望,2010(10).

55. 严仲连,马云鹏.论课程价值的实现与理性选择[J].教育理论与实践,

2010(11).

56. 张典兵.德育评价研究 30 年:回溯、反思、展望[J].学术论坛,2011(1).

57. 曲艳霞.学校育人目标:生成与落实[J].中小学管理,2011(7).

58. 黄志红.课程整合:历史及启示[J].教育导刊,2011(8).

59. 刘云生.论学校记忆[J].教育科学研究,2011(11).

60. 高德胜.幸福·道德·教育[J].华东师范大学学报(教育科学版),2012(4).

61. 赵文平.中小学学校课程结构研究的方法论思考[J].教育学术月刊,2012(9).

62. 王菲菲,陈爱武.跨学科课程及其实践探索[J].教育与教学研究,2012(9).

63. 刘启迪.中国课程改革需要文化自觉和文化自信[J].当代教育科学,2012(22).

64. 李润洲."具体人"及其教育意蕴[J].清华大学教育研究,2013(1).

65. 于翠翠.课程整合的现实问题与可能路径[J].教育理论与实践,2013(34).

66. 辛涛,姜宇,王烨辉.基于学生核心素养的课程体系建构[J].北京师范大学学报(社会科学版),2014(1).

67. 靳玉乐,孟宪云.中小学综合素质评价的方法及其改进[J].西南师范大学学报(自然科学版),2014(1).

68. 张志勇.课程改革的本质就是课程民主[J].中国教育学刊,2014(5).

69. 刘娜,杨士泰.立德树人理念的历史渊源与内涵[J].教育评论,2014(5).

70. 沈曙虹.文化传承:学校创新发展的必然使命[J].中小学德育,2014(10).

71. 向晶.追寻目标:学生幸福的教育关照[J].全球教育展望,2014(11).

72. 刘涛.我国教育思想研究的现状与展望——基于对核心期刊文献的计量分析[J].华东师范大学学报(教育科学版),2015(2).

73. 邱德乐.论学生的课程权利[J].课程·教材·教法,2015(3).

74. 田宝华.试论学科德育的问题与出路[J].课程·教材·教法,2015(7).

75. 陈建华.论学校教育哲学及其提炼策略[J].教育研究,2015(10).

76. 陈玉华.学生立场:教育研究与实践的出发与回归[J].中国教育学刊,2017(1).

77. 刘靖文.高中生涯教育的实践与反思:资源整合与途径[J].中小学心理健康教育,2017(18).

78. 李季.第四教育力营造与第一影响源重构——论家校合作共同体建立与协同育人模式构建[J].中小学德育,2018(1).

79. 杨清.论国家课程校本化实施的四个着力点[J].河北师范大学学报(教育科学版),2018(2).

80. 杨强.未来学校:勾勒无边界教育蓝图[J].辽宁教育,2018(2).

81. 毛红芳.从素质教育到核心素养:全面发展教育的中国实践与理论发展[J].国家教育行政学院学报,2018(3).

82. 沈茜.我国学生评价的历史变迁及其本质反思[J].上海教育科研,2018(5).

83. 冯建军.四十年德育改革的中国道路与中国经验[J].东北师大学报(哲学社会科学版),2018(6).

84. 刘尧.开创提升质量的教育评价新时代[J].教育测量与评价(理论版),2018(6).

85. 周波.跨学科学习领域课程的建设[J].基础教育课程,2018(11).

86. 袁国,贾丽彬.人的全面发展:教育改革的基本价值标准[J].教育理论与实践,2018(20).

87. 柳斌.新时代把素质教育进行到底[J].基础教育论坛,2018(27).

88. 郭金华.上海市大同中学德育课程体系的建设研究[J].上海课程教学研究,2019(1).

89. 李成彬,俞佳慧,陈大伟.论分层教学与教育公平[J].教育科学论坛,2019(4).

90. 胡定荣.课程改革历史研究的概念澄清与理论分析框架构建[J].中国教育科学,2019(6).

91. 杨清.论学校课程结构设计[J].河北师范大学学报(教育科学版),2019(6).

92. 孟筱,蔡国英,周福盛.新时代教育发展的历史逻辑、理论意涵与实践路径[J].北方民族大学学报(哲学社会科学版),2019(6).

93. 沈曙虹.学校教育哲学的观念要素与结构体系[J].教育研究,2019(9).

94. 杜时忠,孙银光,程红艳.德育研究70年:回顾与前瞻[J].教育研究,2019(10).

95. 张娜,马致颖.从素质教育到核心素养:我国校本课程开发理念的演进[J].现代教育科学,2019(12).

96. 高政,胡金木.习近平新时代德育工作重要论述及实践要求[J].国家教育行政学院学报,2020(1).

97. 刘复兴,惠文婕.新时代人才培养标准与粤港澳大湾区教育创新[J].中国人民大学教育学刊,2020(1).

98. 李会民,代建军.基于课程统整的跨学科项目化学习设计[J].教学与管理,2020(2).

99. 唐宇.新时代教育发展趋势探究——基于基础教育改革视角[J].基础教育研究,2020(5).

100. 田夏彪.文化·人性·实践:新时代教育发展路向探思[J].内蒙古社会科学(汉文版),2020(6).

101. 樊伟.推动新时代教育改革创新向纵深发展[J].中国大学教学,2020(10).

102. 陈国安.论新时代课程改革的趋向[J].江苏教育研究,2020(32).

103. 张浩良.以课程改革为素质教育的突破口[N].光明日报,1999-11-03(06).

104. 王京生.中华民族的伟大复兴就是中华文化的复兴[N].中国文化报,2012-07-15(10).

105. 曹继军,颜维琦.上海大同中学:笃学敦行 立己达人[N].光明日报,2018-04-09(04).

106. 姜泓冰.上海市大同中学:让青春在这里闪光[N].人民日报,2018-04-10(10).

107. Cremin, Lawrance. A., Curriculum-Making in the United States[J]. Teachers College Record,1971(73).

108. Tanner, D. & Tanner, L. N. Curriculum Development:Theory into Practice[M]. New York:Macmillan.

109. Sergiovanny, T. J. Organization or Communities? Changing the Metaphor Changes the Theory [J]. Eeducational Administration Quarterly,1994(30).

110. Spence · J · Maxcy. Happiness in Education through the

Development of a School Philosophy[J].Education,2001(4).

111. 王孟斑——浦东教育人物专题[EB/OL]. http://ren. bytravel. cn/history/5/wangmengban.html,2021-06-27.

112. 搜狐网.上海大同中学:做"不热闹的课改"![EB/OL]. https://www.sohu.com/a/192136914_227364,2021-06-27.

113. 金佳绪.让城市留住记忆,让人们记住乡愁[EB/OL]. https://baijiahao.baidu.com/s? id=1653877732115174033&wfr=spider&for=pc,2021-07-10.

114. 澎湃新闻.大同中学:学生不应只会做题,要有提疑问的勇气[EB/OL].https://www.sohu.com/a/319082240_260616,2021-07-11.